盛世典藏

——改革开放年代上海收藏业集萃

祝君波 俞璟璐 杨治梽 等著

上海交通大学出版社
SHANGHAI JIAO TONG UNIVERSITY PRESS

内容提要

本书主要反映改革开放年代,在经济、文化双重发展的背景下,上海收藏业和艺术品市场所经历的改革、创新和变迁。

上海在晚清民国形成了中国收藏的"半壁江山"。在计划经济时代,中国的文物和艺术品收藏以国藏、国营为主,传统的文人收藏和民间收藏曾一度沉寂。改革开放之后,上海收藏业展现出了更多的内在活力。收藏以及相关的艺术品市场是一个产业链,它由供给、中介、需求、产品和价格等诸要素组成。本书从拍卖、艺博会、画廊、古玩城、非公美术馆、非公博物馆、艺术家、收藏家等方面选取了八个典型的事例,分别反映上述几个方面的特点及相互关系。并用一篇反映事物发生的时代背景、作用和相互间逻辑关系的概述将这些案例形成体系。这些案例,以历史的观点总结经验,既反映我们走过的历程,又给后人以启示。作为历史性贡献和阶段性成果,值得记载并嘉惠后学。

图书在版编目(CIP)数据

盛世典藏:改革开放年代上海收藏业集萃/祝君波
等著.—上海:上海交通大学出版社,2020
ISBN 978-7-313-20818-7

Ⅰ.①盛… Ⅱ.①祝… Ⅲ.①艺术品-收藏-概况-
上海 Ⅳ.①G262

中国版本图书馆CIP数据核字(2020)第064159号

盛世典藏
——改革开放年代上海收藏业集萃

SHENGSHI DIANCANG
——GAIGE KAIFANG NIANDAI SHANGHAI SHOUCANGYE JICUI

著　者:祝君波　俞璟璐　杨治埜　等			
出版发行:上海交通大学出版社	地　址:上海市番禺路951号		
邮政编码:200030	电　话:021-64071208		
印　制:上海万卷印刷股份有限公司	经　销:全国新华书店		
开　本:710mm×1000mm　1/16	印　张:22.5　插页:4		
字　数:311千字			
版　次:2020年5月第1版	印　次:2020年7月第2次印刷		
书　号:ISBN 978-7-313-20818-7			
定　价:78.00元			

1996年，汪道涵同志（右）参观朵云轩

1999年10月，时任中共上海市委宣传部部长金炳华同志（前排左二）参观木板水印

1993年6月20日,朵云轩首届拍卖会

祝君波在朵云轩首届拍卖会上致欢迎词

张宗宪（二排中）、陈逸飞先生（二排右二）在朵云轩首届拍卖会上

1995年，谢稚柳先生参观朵云轩拍卖会

1999年，金炳华（右三）、王仲伟（右二）等同志出席朵云轩木板水印展览会

2000年元旦，龚学平（中）、金炳华（右二）、陈佩秋（左二）出席朵云轩100周年纪念会

2000年元旦,龚学平(右三)、金炳华(右二)、周慧珺(左二)、陈佩秋(左三)、方增先(右一)出席朵云轩成立100周年纪念会和新楼落成仪式

2000年举办《朵云轩十老画家书画展》

刘旦宅、徐昌酩先生参与创作作品

龚学平先生与祝君波同志交谈

← 陈逸飞在油画创作中

↙ 祝君波先生拜访著名收藏家王世襄先生（左）

↓ 祝君波先生拜访著名鉴定家耿宝昌先生（左）

2008年，世界华人收藏家大会的嘉宾席。左起：马未都先生、丁绍光先生、尹明华先生、陈佩秋女士、余秋雨先生、王仲伟先生、龚学平先生、龚心瀚先生、翁铁慧女士、周慧珺女士

2010年,世界华人收藏家大会举办的京沪收藏家藏品邀请展

2012年,世界华人收藏家大会在台北举办,图为在台北故宫博物院合影

M50创意园区

"上海老街"上的华宝楼

余德耀美术馆外景

龙美术馆浦西馆外景

龙美术馆浦西馆内景

上海大剧院画廊

1993年6月，朵云轩首届拍卖会封面张大千《晚山看云图》(作于1946年)，成交价143万元人民币

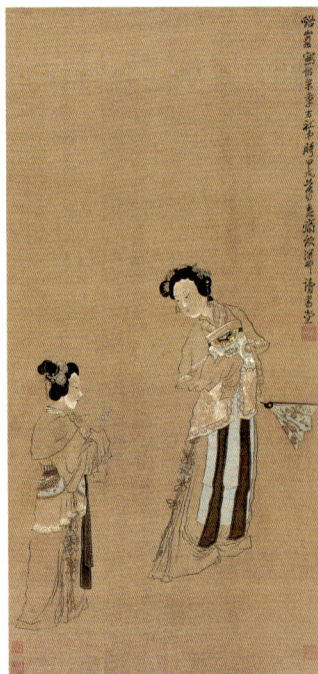

2014年12月，明代陈洪绶的绢本《执扇仕女》轴，以1 430万元成交，创下当时其单品最高价

2013年7月，齐白石《高立千年》轴，以8 050万元创下该年上半年全国书画单件拍品最高价，也一举刷新朵云轩的成交纪录

2011 年 7 月，刘海粟的《黄山云海》镜片以 3 852.5 万元的成交价刷新了朵云轩单件拍品的成交纪录，同时也创造了刘海粟个人作品当时的最高纪录

2006 年，陈逸飞作品《玉堂春暖》在上海泓盛春拍中以 1 100 万元首破千万；又在 2017 年 12 月，中国嘉德拍卖中，以 1.495 亿人民币的价格成为陈逸飞艺术品的最高成交纪录

刘益谦、王薇夫妇收藏的明成化斗彩鸡缸杯

2014年11月,刘益谦、王薇夫妇以3.1亿港币,将巨幅明代永乐御制红阎摩敌刺绣唐卡收回祖国

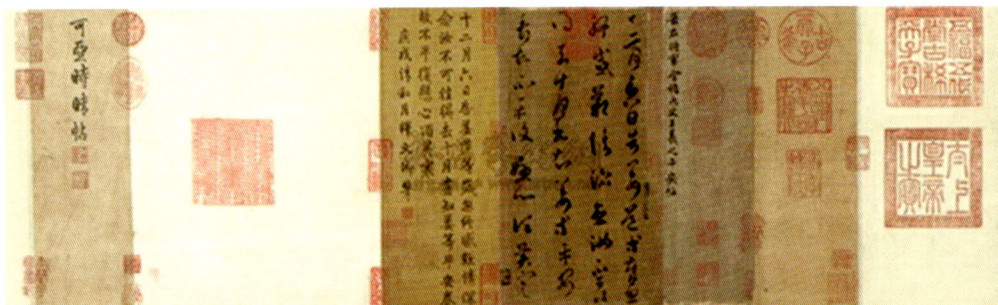

刘益谦、王薇夫妇收藏的王羲之《平安帖》(局部)

作者简介

祝君波

1955年3月生于上海。祖籍浙江金华。1987年毕业于华东师范大学夜大学中文系。1995年复旦大学经济学院硕士生结业。编审。历任上海书画出版社社长兼党委书记、上海人民美术出版社社长兼党委书记、朵云轩总经理兼朵云轩拍卖公司创始总经理、上海市新闻出版局副局长、中国出版集团东方出版中心总经理兼党委书记、上海市新闻出版局副局长(正局长级)、上海世界华人收藏家大会组委会执行副主任、中国期刊协会副会长、上海市政协文史委员会常务副主任等职。2018年5月退休后任上海文史资料研究会常务副会长。从事出版和艺术品贸易40余年。职业生涯中创办了中国第一家艺术品专业拍卖公司朵云轩拍卖行,敲响了中国大陆拍卖第一槌。2007年促成了世界华人收藏家大会的筹建和召开(八年四届)。主要著作有《艺术品拍卖与投资实践教程》《祝君波谈收藏》《典藏文札》《艺术品投资指南》等。

俞璟璐

美国华盛顿大学传播学博士,复旦大学新闻系硕士,美国夏威夷大学传播学硕士。曾任上海视觉艺术学院文化创意产业管理学院教授、学科负责人,上海大剧院艺术设计有限公司暨上海大剧院画廊总经理,美国《查尔斯公报》专栏撰稿人,美国旧金山《时代报》副总裁,美国丁绍光艺术公司副总裁。创办美国联星文化传播公司,参与创办与主管两家美国华语电视台。主要著作有《大众传播学十讲》《中国电视结构与功能:1979—1989年》(英)等。编导与拍摄的电视纪录片《美国旧金山湾区中文教育》《采访实录:第二次世界大战中国战场系列》等在旧金山电视频道播出。

杨治堃

1958年1月生于上海,祖籍浙江黄岩。高级经济师。1994年进入部属研究所从事企业思想政治工作理论研究,任副主编。2000年12月进入上海书画出版社,历任出版社党委副书记、朵云轩集团副总经理、党委书记,主持朵云轩旗下多个公司的经营管理工作,同时兼任古玩公司和拍卖公司的法人、总经理等职。

胡懿勋

出生于台湾桃园,祖籍南京市。曾任职于台北典藏艺术杂志、前瞻公共关系事务所艺术专案部,1985年于台北历史博物馆展览组、研究组担任文物鉴定、策展、研究、教育推广等工作。于台湾淡江大学、台湾艺术大学美术系、辅仁大学、中国科技大学等校担任艺术课程。历任上海大学美术学院副教授,硕士生导师;华东师范大学艺术研究院副教授,硕士生导师;山东工艺美术学院、吉林艺术学院文化艺术管理学院兼职教授等职。

马 琳

博士,上海大学美术学院副教授,艺术管理和当代艺术研究硕士生导师。致力于展览史和艺术博物馆研究,以及"艺术展览与策划"的理论教学与实践。已出版专著《周湘与上海早期美术教育》《展览改变艺术:策展的可能性》《上海早期抽象:艺术史的再研究》《水+墨:在书写与抽象之间》《水+墨:人物画的发展》等。

韦 蔚

上海大学历史系硕士毕业。曾任《大美术》杂志、艺网责任编辑、策划,《东方商旅》杂志栏目编辑,《浦江纵横》杂志编辑,上海世界华人收藏家大会组委会文献编辑、论坛组织等职。2014年起参与上海嘉定"海上文博苑"项目博物馆的筹建工作。编撰有世界华人收藏家大会文献:《大会论文集》《大会演讲录》《中国收藏学》《中华收藏家名录(近现代篇)》等书。

蒋潇榕

出生于上海。长期在艺术品行业从事策划、咨询、培训工作。历任上海崇源艺术品拍卖有限公司市场策划,上海雅昌文化发展有限公司华东地区艺术家事业部负责人,上海唐朝拍卖有限公司运营总监,宝龙集团文化板块策划总监,翼树文化项目总监等职。

程 沁

上海大学美术学院美术史系硕士毕业。现为上海嘉诚收藏艺术研究中心主任。2011年进入上海市文联工作,期间担任电视专题片"文联名家谈艺"项目组负责人。2008—2016年参与上海世界华人收藏家大会总共五届的论坛组织、文献的编辑与出版工作。2014年起参与"海上文博苑"项目博物馆内容筹建工作。

总序一

[签名]

21世纪非同寻常，科技创新让经济展翅腾飞，文化产业的崛起更为我们的时代增添了无比瑰丽的色彩。

如今，文化产业在不少西方发达国家已经成为经济支柱产业，其经济产值及对社会文化的影响远远超过了传统产业，并且引发了"以知识为资本""以创意为核心"的根本性的经济发展新模式。人们认识到，文化艺术在金融资本支撑下，与高新科技相结合，可以成为支持和服务于持续发展的新型产业的强劲推动力。

我国在进入市场经济之后，随着人民生活水平的不断提高，对于文化娱乐的需求也随之增强，对文化产业所提供的产品与服务从质与量两个层面都提出更高的要求。这就为中国的文化产业发展提供了难得的机遇和发展空间。目前，我国的文化产业虽然起步较晚，但其发展的趋势却令人瞩目，已经成为我国经济结构调整的一个重要环节。

分析世界各国的文化创意产业发展途径，我们可以看到其核心是人才，尤其是创意人才和精通文化艺术的经营之道的人才。因此，我国文化产业人才的需求与培育被提到前所未有的重要地位。现在，全国高校文产专业如雨后春笋般出现和发展，但教学质量却存在不少问题。一是不少教师来自艺术、文学等专业，对于文化产业不甚了解，或知之甚少，根本没有运作经营的实践经验；二是文化产业专业常常设于艺术学院或其他学院，这些学院又往往只作为综合大学的点缀，对其建设不可能倾注足够的资源。正因为如此，教学一般都承袭传统方式的讲课,与实践环节脱离。三是生源不甚理想。四是缺少实习场所。凡此种种,使得我们培养出的人才,与实际要求差距较大。有鉴于此,我们认为,对于文产专业的人才培养,除了加强实习环节之外,至关重要的是教学内容与教学方式的优化,其中案例教学系统的建立与完善,对于缺乏实践经验的同学来说尤为重要。

案例教学始于美国哈佛大学,20世纪80年代开始传入我国工商管理专业的教学中。我认为文化产业管理专业的教育也应大力提倡案例教学。因此,对于案例的收集、整理与诠释应成为文化产业专业教学改革的重要一步。

可喜的是,在我国经济迅速发展的三十多年中,文化产业从初创、探索阶段至今,已经出现了不少成功的案例,从理念创新、集资改制、设施建设与运营管理,到产业化运行等均有精彩生动的案例。例如,上海第八届全国运动会超前的集资理念及其运行;上海东方明珠电视塔将单纯的发射塔综合建设成集发射、观光旅游、餐饮、娱乐等多功能于一身的经验;上海大剧院冲破阻力打破常规,以国际一流水平剧院为目标的建造与管理;民营的华谊兄弟传媒集团从电影业扩展到多元化娱乐领域,成为知名的上市企业;上海现代人剧社创办20余年,现在每年演出新、老剧目和场次已赶上甚至超过国有院团,社会声誉日隆,经济上也早已进入良性循环等。这些探索与实践从中国实际出发,提供了具有现实意义的运行模式,为发展具有中国特色的文化产(事)业提供了有益思路和宝贵经验。收集整理、总结分析和阐释国内这些成功的案例,让它们成为高等院校文化产业专业的教材或教学辅助材料,便是我们出版"文化产业经典案例丛书"的初衷。

以经典案例为范本,通过剖析具体而生动的经验,加以总结提高,是文产专业最行之有效的一种教学途径,有助于改变在讲课中空对空、从理论到理论的现象。一个成功案例的总结和推广,远胜于长篇大论的空洞说教。案例使学生对产业运作具有感性认识,获得对文化产品与服务的市场化运作和文化企事业经营管理的真知灼见,从而得以体会与了解实践的甘苦、实践的智慧和实践的力量。

经典案例以方案策划实践或项目运作为基础,研讨实践中出现的问题,阐释解决问题的方案,层层展开,诠释案例运行所处的政治、经济、文化、社会心理的背景,阐述与文化产业相关的观念、理论、模式,总结案例成功的因素及其过程。在教学中讲解这些案例,能让学习者切实地了解实践过程,各环节之间的关联,感受创业者、经营者勇于探索、敢于创新的勇气与睿智。案例教学中师生的课堂讨论,将启发莘莘学子的思考能力,拓展他们的思路和分析能力,有利于学生对理论知识的深入理解与融会贯通,提高学生创意思维和解决问题的能力。

实践永远比理论更加精彩。在新兴的文化产业中不断出现的新的思维方式、理念,新的商业模式、文化形式与新的产业形态,将持续地为典型案例的整理提供新的热点和内容,案例教学通过解析实践传递新时代的智慧,使我们不断地受到深刻的启迪,更新知识结构,增强对新知识的了解。

实践也是探索。我国文化产业正处于发展过程中,对于其间出现的诸多问题,如文化艺术与商业化产业化之间的双重关系,科技发展及应用对社会文化、社会习俗及心理所产生的影响,政策与法律对于市场的推动与限制作用等,至今尚未能进行深入的社会调查和理论研究。前瞻性和科学性的理论指导之缺乏束缚了我们的手脚,影响了文化产业的进一步发展,所以,案例不只对改进教学有益,也必将为研究机构提供重要的第一手的素材与独特的见解。

我们期待从事文化产业的有志之士积极与我们联系,为我们讲述实践探索中的心路历程及其感受、经验教训,让你们的实践具有更大的号召力和影响力,并融入知识传播和文化产业人才培养进程,使文化产业精英及其团队经营管理的经验成为教育的财富。

在如今经济全球化与全球文化多元共存的格局下,具备国际视野是走向全球化的必要条件。然而,借鉴也是一门学问。简单的模仿、生硬的搬用绝不可能实质性地提高我们的竞争力与影响力。由于我国的政治、经济、社会、文化和群体心理具有其自身的特点，因此，我们必须切合实际地借鉴他国的成功经验，以独特的视角精选引进、汇编一批对我们有借鉴意义的、具有特色的国际上的典型案例，为从事文化产业的人士，为培养创意人才的教育机构和研究机构提供一套实用性较强的案例教材和参考书，促进文化产业专业教育和人才培养逐渐成为一门完整的、开放的、发展的学问。

文化产(事)业领域多元宽广，犹如浩瀚的大海，深藏着无数的奇珍异宝。我们收集出版这些案例好比撷取大海中的一颗颗色彩斑斓的珍宝珠贝，如果能吸引你的目光，或能引起你的遐想和关注，为你所珍爱，那么，我们奉上"文化产业经典案例丛书"，也算尽了自己的一份心力。

汪天云

那些年,我们追求卓越

新年伊始,流传着年轻人对历史文化的评价:百年中国求富强,文化站在路中央!

谁都明白:改革开放到了必须与文化携手共进的年代!否则,在新一轮的国家发展中,作为民族经济,无法真正挺起脊梁。

我们可以举千百个案例,说明文化的特殊和重要。

但我们很多文化发展战略,常被经济和其他利益染指、"绑架"、倾轧或瓦解……

党的十七届六中全会史无前例地把文化的大发展大繁荣,提到了国运兴衰的高度。党的十八大为进一步推进社会主义文化大发展大繁荣吹响号角——"一定要坚持社会主义先进文化前进方向,树立高度的文化自觉和文化自信,向着建设社会主义文化强国宏伟目标阔步前进。"

我们为之鼓舞:发展公共文化事业和文化产业写上了旗帜!

我们深知任重道远,还须上下求索。

为此,我们举学院乃至社会之力,创编了这套文化产业经典案例丛书,作为教材乃至教育文化建设的新奉献。

在这里,镌刻着一行行艰难困苦、拼搏前行的足迹,傲立起一座座享誉神州、驰名海外的文化地标(东方明珠电视塔、上海大剧院、东方绿舟青少年活动基地等),有令人刮目相看的一项项大型文化体育设施及赛事(八运会、八万人体育场、东亚运动会、万宝路足球赛等),有上海大舞台、上海艺博会、上海文艺院团改革,还有在传媒业和教育界缤纷绽放的盛大网络……所有这些,都彰显了上海城市的气派、上海文化的锦绣,也是人们喜爱上海的理由。

透过这一系列对上海文化产业开创性的宏大构建,从物理层面到心理层面的传奇巨变,我们看到的是人文精神的复兴和民族文化产业的蓬勃推进!

这不是对既往历史的一般性回眸,而是对上海文化产业经典价值的"回采"。所以,这里汇聚的不仅仅是历史风云,更可贵的是经验、理想和责任!

在创业经验、事业理想和敬业责任的交融中,我们先被震撼。我们怀着崇敬和感恩的心情,挥洒真实而简练的文笔,来描绘上海文化产业的瑰丽长卷,勾勒筚路蓝缕开创文产伟业的群芳谱,讴歌那文化产业领军人物的睿智、胆魄和一个个创建者的人格风采!

他们带领一支支团队,创写了一部部现代神话;

他们浇灌一片片心血,融汇成一簇簇产业之花。

流光荏苒,佳木成林。

上海的文产群雄,在浦江两岸、申城南北以大智慧、大手笔布局,市委市政府领导和创业先驱,全都孜孜以求,甘愿呕心沥血,志在建树一个个利在当代、功在千秋的文产大项目,让人感奋他们的远见与胸怀、创新与卓越。无数故事和细节,闪耀着思想光泽,至今令人震撼,启迪匪浅。团队成员披星戴月不计报酬,酷暑严寒抱病工作,一天工作十六七个小时。往往常年不歇,始终在第一线。这是何等卓越的表率!我们每个参与编写者,在采集史料时,曾试图诠释那些令人难以想象、难以计算、难以理解的奇迹背后的奥秘;在访问当年功臣时,又被他们不沽名、不钓誉的高尚情怀所折服。

今天的我们,已经沐浴着文化大发展大繁荣的浩荡春风。看上海文化的现代版图,风景这边独好!艺术院校的学子要走向社会,融入一支支创意管理团队,太需要有这些经典案例和理论分析,来鼓舞锐气、借聚智慧和毅力扬帆远航。年轻学子知道自己的校长当年曾经为上海文化产业耕耘，很想问津、"淘宝"，学到真本领。我们就萌生创想，要编这套上海文化产业经典案例丛书，来满足教书育人的需要，让"老兵新传"有传人！

这些感怀，凝结成我们不倦、不懈地编辑丛书的驱动力。

这套书的创生过程，有经典传奇的鼓舞，有激情点亮的愿景，书里书外，着实能汇聚起精、气、神！在进一步解放思想、改革开放的前提下，我们将充分认识龚学平校长所倡导的大文产理念和实践轨迹，增进对峥嵘岁月的历史解读力，迸发文化创意和文化自信力，再创跨世纪的新辉煌！

搁笔，等待您的开卷。凡是参加此书编创的人员都有一种荣幸和自豪感。

我们，站在巨人肩上。真诚讴歌一个时代的史诗和强音：那些年，我们追求卓越！

古人云：他山之石，可以攻玉。

丛书给我们"攻玉"的力量、信心和智慧。

习近平同志多次强调：要重温榜样和示范，成功的案例，给予我们的力量，不仅巨大，而且深远。

我们遵照而行，我们笃信这种力量的持久、广远。

我们出发了，用我们的文笔和当年的照片。

我们继续努力，继续追求卓越和创新，同时也盼望这套丛书贯穿着的进取精神能够在您那里得到延续！

希望我们的努力，也能被后继者编缀为富有启示意义的新书。这不是奢望，而是诚祈！

在这套书的编创过程中，我们得到了上海社会科学院文学所、上海文广集团、上海东方明珠（集团）股份（有限）公司、上海东方绿舟青少年活动基地、上海大剧院、上海东亚（集团）有限公司、文汇报、解放日报、上海电影集团、上海大学，以及上海市教委、上海市科委、上海市文广影视出版局、上海交通大学出版社等单位、部门的鼎力相助,我们深表感谢!

编书、出书的事,是平常、平静的。

但这套书,在平常中掀动着激越和豪情,在平静中牵引起人们许许多多难以平静的追忆和联想……

有些创业者,英年早逝;

有些奉献者,告老还乡;

但他们的音容笑貌、伟大精神,将和我们的文字和图片一起永驻,久久地播撒于我们的精神家园。

二〇一三年元月

目　录

第一章

上海艺术品市场概述

（祝君波）

收藏始于人类的本性和需要。秋收冬藏,从储藏食物起,超量的东西要保管,有收藏是很自然的。文化、思想、艺术凝聚在一定形式的载体中,于是收藏这些载体如石刻、青铜器、古书籍、器物、书画、雕塑、手稿、文献,就是自然的行为。中华民族具有悠久的收藏历史。孔子说,"吾好古而敏求",现在全球最顶尖的华人收藏团体香港敏求精舍,就是以此命名的。据说老子是中国最早的图书馆馆长和文物馆馆长,但他收藏了什么东西,已无从考证。

我国的收藏起于中原一带,由历代帝王的宫廷收藏和文人收藏形成两大系统,影响至今。宫廷收藏是一种政府收藏,延续到今天中央和省市二级庞大的收藏机构。文人收藏以古代官、商、士为主体,曾起过很大的作用,几起几落,经过改革开放,又呈现恢复和发展的势头。

古代的皇帝有极强的权势,他们征集宝物的能力很强。普天之下,莫非王土。所以,人间的宝物也自然归他所有。梁元帝、隋文帝、唐太宗、宋徽宗时代以及康雍乾三代,内府的藏品极为丰富,当然,遭遇战火和自然灾害也多,集中在一起受到的破坏也极为巨大。

历史在明代出了一个拐点。日理万机的皇帝不再亲自掌管内府收藏,而把这部分权力下放给太监。发不出薪俸的时候,将书画、文物"折俸"给官员,导致藏品大量流向民间。在明代出现了另一道收藏风景线,私家收藏兴旺了起来,松江的董其昌、苏州的文徵明都是当时的代表。

现在有一种风气,研究上海的历史,讲上海的故事,似乎越古越好,已推到了6 000年以前。而上海城市的发展以及价值,在国际国内的影响,对国内的示范意义,并不在远古而在近代。把近现代上海的故事讲好了,情况讲清了,就是把上海的主要价值挖掘出来了。

讲上海的收藏也是如此。就空间来说,松江、嘉定、奉贤、金山、青浦、南汇、宝山、崇明等十区县是五十年代末、六十年代初分两次划拨上海的,就时间来说,上海明以前或者近代以前的收藏,与其他地区相比,一点也不典型。文物的创作、保存、流转和收藏,都产生不了全国性、甚至区域性的影响。

中国由农耕文明向近代文明转变,比西方大约迟了150年。而早期上海的崛起大约在晚清民国时期。所以,本章集中于晚清民国、新中国和改革开放三个时期。这是三段互有联系但各有明显差异的时期,对全国研究收藏史有启示意义。

一、晚清民国时期

上海的收藏与北京不同,各自发展形成了中国收藏业的两种不同模式。北京以明清宫廷收藏以及皇亲国戚、达官贵人收藏为主,形成在皇家琉璃厂旧址基础上发展起来的古玩字画业。上海的收藏以江南文人收藏为基础,即官、商、士为主体,起步比北京晚,但势头比较猛,也成为收藏业的"半壁江山"。晚清至民国初期,一方面国力渐衰,另一方面上海由农耕文明转向近代文明,大都市开始发端,外来资本、民族资本云集上海,接纳世界先进的电力、制造业,又引进现代建筑、交通、生活方式和文化教育,成为全国一等的大都市,生活较为安全和便捷。大部分封建遗老、达官贵人移居上海,加上在此地生活的洋人日多,产生了收藏和交易的需求,形成了市场。历史上所谓中国收藏的"半壁江山",主要指晚清民国这个阶段的上海。藏品丰富,藏家云集,交易市场形成,与北京各有特色,形成南北交相辉映之势。

笔者在世界华人收藏家大会工作时,曾编辑出版了《中国收藏家名录》(近现代)一书,收录有成就的收藏家300余人,其中上海105人,北京80人。上海加江浙两省合计139人,比例之高,实属罕见。郑重的《海上收藏世家》中收录与上海有关的收藏家43人,收藏行为大多发迹和兴盛于民国。这些收藏家中比较有名的有沈曾植、盛宣怀、曾熙、庞元济、黄宾虹、张元济、李瑞清、狄平子、丁福保、赵叔孺、沈钧儒、张静江、周湘云、丁辅之、吴启周、卢芹斋、叶恭绰、徐森玉、鲁迅、钱化佛、马叙伦、袁克文、吴湖帆、郑午昌、陈定山、孙伯渊、张大千、章乃器、方介堪、张鲁庵、刘靖基、顾廷龙、张文魁、许汉卿、傅雷、胡惠春、徐邦达、谭敬、戚叔玉、马衡、马宝祥、王季迁、潘达于、钱君匋、钱镜塘等，对中国文化、艺术事业影响极大。其中有一些后来移居北京、海外，对当地中华文化的传播也起了重大影响，如马衡、张葱玉、徐邦达对于北京的收藏文化，王季迁、张文魁对于北美书画的鉴藏，张大千、陈定山、徐伯郊对于港台地区收藏事业，都是功莫大焉的。而他们的收藏基础和开端都是在上海确立起来的。这一族群，可以分成官、商、士三种人。官僚，如盛宣怀、张静江、袁克文、叶恭绰，但占的比重不大。商人包括实业家是一大特色。如周湘云、刘靖基、庞元济等。数量最多的士即文人阶层，占的比重最大，其中有很多书画家和教授。比如吴湖帆、张大千、钱君匋、戚叔玉、施蛰存等。我们可能对于很多书画家、教授参与收藏的现象难以理解。事实上，在民国时期名画家和名教授有丰厚的收入，一个教授月俸几百大洋，而普通工人如一个码头工人月薪6至10元大洋，相较而言画家、教授属于高薪阶层。当时艺术品价格低廉，文人既有经济能力，又有鉴赏条件，还有借鉴藏品的内在需求。因而文人成为收藏家是可以理解的。

这一时期的收藏家对保护中华文物、促进后来的国有博物馆建设贡献最大。当时，随着清王朝统治的终结，宫廷的收藏有部分流入民间，连年军阀混战，原先收藏者的文物也处于危险之中，上海海派收藏家对大批收藏品加以保护，避免了中华文化的损失和宝物失散，其中潘家、徐悲鸿、张大千、吴湖帆等的重大贡献，都有历史记载。1900—1949年内忧外患，战争不断，当时中国现代的博物馆体系尚未建立起来，所以这一代收藏家代替机构，对保存文物有巨大的贡献，非言语所能表达。

有收藏家和收藏需求，就有物品、物流和商流，上海成为古玩市场中心，就是水到渠成的事了。光绪二年（1876年）《沪游杂记》云："古玩铺，兵灾后搜罗甚富。"说明古玩市场已有出现。最早的经营者是站在街头巷尾的收购者，后来他们进入了茶馆谈生意。经营者坐在茶馆泡壶茶待客，专注于从茶客中收购古玉、字画、唐三彩、牙雕竹刻、瓷器名壶。运气好时，收到东西在同一店里又加价数倍转卖给另一位茶客。

这种茶馆古玩市场，在上海最有名的两处，一是城隍庙的四美轩，还有五马路即广东路的怡园，古董客最喜欢在这里泡茶、见客、看古董。还有二马路现九江路清池浴室隔壁的文明雅集茶馆也富特色，泡浴、饮茶连在一起，茶馆老板就是任伯年的入室弟子俞达夫。他们开茶馆以画会友，来者多为文人墨客、丹青名家，所以古玩、字画在这里交易兴盛起来。

独立的古董街兴盛于广东路，因为茶馆古玩市场模式已无法满足需要，最多时街两边近河南路口有古玩地摊一百多处。

1911年辛亥革命以后，北方的皇亲国戚、遗老遗少大批南下上海，同时紫禁城的大批官窑古瓷、御画、奇珍异宝也流落沪上。1921年，古董大亨王汉良集股筹资在广东路江西路口大兴土木，不久中国古玩商场建成对外营业。由于位置奇佳，军阀官宦、商贾豪绅、公子哥儿络绎不绝，很快店铺面积无法满足需求。1934年，古玩商又在老古玩商场对面新开了7开间门面的古玩店。

与此同时，书画店、碑帖古书店也在今黄浦区的范围内大量涌现。据收藏界前辈耿宝昌亲口所言，他的店开在昭通路（近福州路）这条小马路上。张宗宪先生也说，张家的店也在昭通路上，客人很多，在这条街上进进出出，风光无限。书画店有成立于1900年的朵云轩，还有上海荣宝斋、九福堂、九华堂、清秘阁、王星记、艺苑真赏社等，大多设在福州路、河南路。据朵云轩前辈王壮弘先生告知，当年长乐路、巨鹿路交叉处的三角花园，是上海有名的古书、碑帖交易地，他在那里设过摊。

除了有形的店铺交易，还有无形的生意。一些大客、要客，大多直接通过古董商、经纪人在家中或办公室交易，有人直接送去货源。

收藏品还有一条出路，就是与洋人的交易，除了来沪洋人喜欢逛古董店以外，大多直接出口欧美和日本。最有名的卢芹斋、吴启周开办的卢吴古董公司，将大批博物馆级的珍贵的文物，如昭陵八骏、秦鎏金龙头、唐韩愈《夜照白图》、西周提梁卣等卖往欧美。日本人开的山中商社，也兼营文物生意，卖往日本的文物不少。但当时全年的交易额尚没有一个具体的统计数据。

作为市场的组成部分还要提到海上画派的出现和油画在上海的创始。尤其是前者，对上海以及全国，都有广泛的影响。

收藏品准确地说可以分成两大主题，一是文物、古董、珠宝；二是艺术品或者美术品。中国的美术品主体是书画，一般又把古代书画纳入文物，现当代书画纳入美术品。国际上也大致如此分类。

上海的文物主要来自周边地区。书画，本地有海上画派。曾有书列出老海派代表人物60人，这是一股很大的创作力量，以张大千一生几万张作品来估算，60名家加上准名家，是强大的供货能力了。

海上画派最早有赵之谦、任伯年、虚谷等开创者，后有无数大家，包括吴昌硕、张大千、徐悲鸿、吴湖帆、冯超然、弘一法师、丰子恺，都是在二十世纪中国画坛有影响的人。

而以西画论，上海无疑是引进西方绘画的大本营，出了一大批留学欧美归国的艺术家。如刘海粟、徐悲鸿、林风眠、颜文樑、吴大羽、张充仁等，对美术教育、美术创作和艺术收藏起了积极的推动作用。

二、新中国前30年

1949年中国共产党领导人民掌握了政权，实践社会主义理想，国家政治、经济、社会和文化四个方面，都与民国时期大相径庭。政治制度是为工农兵大众服务；经济制度是在消灭私有制的前提下，实行计划经济的模式；文化实行垂直领导，分成中央和省市两级，文化的价值取向是实现社会主义新文化。简单地概括是"兴无灭资",倡导无产阶级文化,消灭资产阶级以及一切剥削阶级的文化。与新闻、出版、教育这些核心层文化相比,收藏本来处于怡情玩赏的边缘范围,但由于与美术创作所倡导的红色取向,与产权的国有化运动有联系,收藏业也发生了很大的变化。这个变化细分一下,又可以划成1949—1965年和1966—1978年两个大的阶段,但两个大的阶段其内容、形式大体相似,在程度上则有很大区别,其特点如下。

(一)确立国有博物馆为主体的收藏思路

国家投资建立上海博物馆、上海美术馆、上海自然博物馆、上海图书馆等机构,重视国有收藏。将这些机构建成收藏、研究、展览的中心,实施对国民的爱国主义教育和知识文化的传播,起到了很大的积极作用。其中尤以上海博物馆、上海图书馆的收藏成就最为显著。上海博物馆大部分的藏品在这一时期征集,总体达100余万件,其中精品达12万件。方式来自向社会征集和收藏家的捐赠。在此基础上,形成了古代书画、陶瓷、青铜器、碑刻、玺印、玉器等十几个中国传统艺术的收藏门类,为后续发展打好了基础。如王羲之《上虞帖》、王献之《鸭头丸帖》、西周大克鼎、西周晋侯苏钟16枚、春秋子仲姜盘、战国商鞅方升、唐代孙位《高逸图》、怀素《苦笋帖》等珍品,都是这一时期征集的代表性文物。

上海图书馆在这一时期继续通过征集藏品和接纳捐赠,建立了自己庞大丰富的收藏体系,其中尤以古籍善本、珍稀碑帖、手稿、稀见印刷品最具价值。2018年11月,上海图书馆举办"缥湘流彩——中国古代书籍装潢艺术馆藏精品文献展",展出明清特别是近现代著名收藏家项元汴、黄丕烈、龚心钊、吴湖帆等私家装帧的珍贵典籍100件,其中38件为一级藏品,24件为二级藏品,堪称上海图书馆"镇馆之宝"。这只是冰山一角,已可窥见上海图书馆家底的殷实。

(二)确立以国有文物商店为核心的经营体制

20世纪50年代初期,私人经营文物艺术品尚被允许。但由于政治、经济环境的变化,也由于有的不法古董商走私经营,政府加以限制,文物艺术品的经营规模逐渐被压缩。经过1956年的社会主义改造,广东路的古玩市场改名为上海文物商店,上海的书画店统一合并到朵云轩(1960年挂牌),古书、碑帖经营统一归到上海图书公司即上海古籍书店,同时政府批准上海工艺美术品公司、友谊商店也有文物经营权。1960年国务院发文,全上海的文物经营机构统一归文化部门而非商业部门领导。在上海,除朵云轩和古籍书店归市新闻出版局主管外,其他文物经营机构都由文化局或文管会管理。

根据中央的规定,此时已取消民间文物交易市场及私人交易。上述国有文物店担任的三项任务:一是征集最优质文物划拨国家博物馆或低价转让给博物馆。二是根据周恩来总理"少出高汇、细水长流"的文物外销政策,授权文物商店统一组织文物外销、举办展览,为国家创收外汇。出口文物由上海文管会加盖出口鉴定火漆印,由文物商店出具文物出境发票。三是在相关商店设内柜,面向来华外宾、领导干部、高级知识分子(主要是艺术家)提供服务。

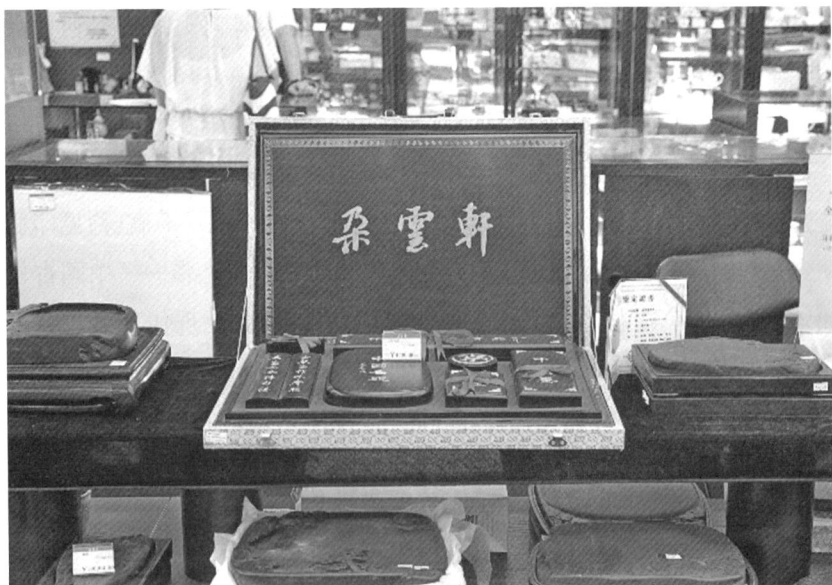

朵云轩内景

上述机构在三年困难时期、"文革"时期及"文革"结束后发还抄家物资时期,都发挥了征集、转销作用,以低价大量收购文物、字画,一方面保护了国家文物,另一方面提供给以上三条渠道出货。也有一些机构——主要是朵云轩和文物商店——则有意识地建立自己的本部收藏,以期传承研究和后人学习。

1986年国家古书画鉴定组巡访上海,发现上海地区国营机构包括文物商店、朵云轩有丰富的收藏时颇为惊讶。足见这一时期上海文物经营机构收藏力度之大。

(三)收藏家队伍的变化

上述所言民国时期上海有大收藏家一二百人,还有相当数量的准收藏家。除收藏家以外,还有一大批行家及艺术品和文物的经营者。加上周边地区的收藏家也以上海为进出货的码头,构成了整个市场的需求。

50年代倡导社会主义新文化后,收藏已被视为玩物丧志的颓废行业,加上国有单位的统一经营和逐步限制,直至禁止民间交易政策的发布,老一代的收藏家一种情况是出于爱国主义思想,将文物捐给上海博物馆等机构;二是有经济困难,有文物变现家用的需要,低价转让给国家文物收藏机构;三是还维持一定量的收藏,私下在家里、朋友圈内赏玩、交流。但总体上此时的收藏群体人数和藏品数量大为减少。

新中国成立以来最值得一说的是"红色收藏家"的出现。"红色收藏家"指的是革命干部群体。他们戎马一生,经历了战争考验。进城以后有了和平建设的环境,其中一部分又有文化素养和收藏爱好的,则用自己的薪水开始了收藏。在北京有康生、陈伯达、邓拓、田家英、孙大光等人。在上海有谷牧、王一平、李研吾、曹漫之、白书章、罗竹风等人。五六十年代,新旧书画无交易市场,价格低廉,乏人问津,他们抓住机遇,都形成了自己不错的收藏。其中以王一平先生的收藏成就最高,历经改革开放,他有一些博物馆级的精品包括林良、文徵明、华嵒的书画,在晚年大多捐给上海博物馆,值得嘉许。

　　这一时期,海派书画名家也有一些承续传统,继续或者开始收藏。包括名家刘海粟、钱君匋、谢稚柳、唐云、程十发等人,他们为了绘画借鉴,都收藏自己钟情又可艺术借鉴的作品。钱君匋收书画印章,程十发收古书画及陈老莲的作品,唐云收八大山人的作品以及曼生壶,都卓有成果。他们的收藏精品后来也大多捐给家乡政府或上海政府。如钱君匋捐献给家乡桐乡县政府及设立艺术馆,程十发捐给上海文化局及设立程十发艺术馆,唐云捐给杭州设立唐云艺术馆。

(四)十年内乱对收藏事业打击破坏

　　"文革"初期扫"四旧"和抄家,文物存量丰富的上海地区被毁坏的文物无法统计,抄家入库的总计约420余万件。为此曾设立专门的仓库和机构,由上海文物清理小组负责存储和保管抄家物资。此事涉及的家庭颇多,尚无公开的档案可以查证。

　　上海的"文革"抄家,一方面是对文物的破坏极大,很多文物损坏、遗失或被工艺品机构出售;另一方面,是对收藏人的心理打击,使他们一时不敢从事文物收藏。

　　直到"文革"结束,拨乱反正,平反冤假错案,才开始陆续发还抄家物资中的文物和字画,到80年代中后期,基本告一段落。解决办法是有原物还原物,无原物的还相仿的替代物,无法还物品的以现金折付(书画、瓷器每件付12元)。

　　发还抄家物资时,大部分原物主或继承人得以在政治上平反,心情比较舒畅,于是将一部分精品捐给国家文物机构,一部分变卖出售给文物商店以补贴家用,也有一些自己留存,或至90年代国内拍卖会兴起时再出让。在此过程中也有不少家庭不去兑付现金折物。

三、改革开放新时期

　　改革开放使上海的收藏事业面临市场化、国际化和开放性的广阔前景,面临中华民族再度崛起、经济发展、一部分人先富起来的形势。文物、艺术品收藏在恢复后有了更大发展,呈现了盛世收藏的大好局面。

改革开放时期,文物和艺术品收藏空前活跃,政府的政策更加开放,收藏家和艺术家两个主体形成互动力量,艺术品经营也更加多元化,出现了百年不遇的繁荣发展局面,为增值人民财富、传播文化艺术、提高市民的文化艺术素养起了很好的推动作用。

特别是党的十一届三中全会后修订《宪法》,明确保护私人财产不受侵犯,修改了《文物保护法》以及发布新的鼓励文化创意产业、艺术品市场繁荣发展的政策法规,颁发了《拍卖法》,开放民间经营文物和民营进入拍卖业的政策。上海市政府设立文物局,也出台了一系列促进艺术品市场发展的政策。2017年还出台了《关于加快本市文化创意产业创新发展的若干意见》(简称"上海文创50条"),把艺术品收藏产业列为上海四大文化创意支柱产业。下面从几个方面进行具体介绍。

(一)藏宝于国与藏宝于民的政策并举,恢复和促进了私家收藏

改革开放初期,上海收藏家队伍青黄不接,晚清民国时期形成的那一代收藏家逐步退出,新一代的收藏家尚未成长起来。

随着上海以及全国经济快速发展,我国GDP总量超过日本位居第二,上海以及周边地区出现了一批超高净值人士和高净值人士。超高净值人士为家有富裕可流动现金3 000万美元,高净值人士为家有可流通现金100万美元。依照人类需求的特点规律,他们中的一部分会进入收藏以及艺术投资领域。其中最有名的是刘益谦、王薇夫妇,他们从20世纪90年代起,在全球著名拍卖行大量购藏顶级的艺术品和文物,包括陈逸飞《踱步》在内的一大批新中国红色油画,包括明代成化鸡缸杯、永乐唐卡在内的一大批古董,包括王羲之《平安帖》、明代《十八应真图》在内的古代珍稀书画,包括意大利莫迪尼亚《侧卧的裸女》在内的西洋美术品,多次被国际知名的Artnew机构评选为影响世界的收藏家。刘益谦现象的出现,说明当代海派收藏家已具有超越历史的趋势,展现出勃勃生机和时代气息。

代表传统书画家等专业收藏人士的如韩天衡、童衍方、徐云叔、徐伟达、许四海、王克勤、季崇建先生等人。他们都从事艺术创作和学术

韩天衡美术馆
外景

韩天衡美术馆
内景

活动，眼光独到，通过专题研究将收藏与创作相联系，走出了一条以艺养藏的道路，成为海派收藏的佼佼者。其中韩天衡先生以在嘉定创办美术馆而闻名。制壶名家许四海也以收藏古旧名壶称雄收藏界，1992年办有上海最早的私立博物馆。

继承老一代收藏后来居上的有王时驷、钱道明、吴元京、汪裸、汪顶先生等人，他们耳濡目染有了浓厚的兴趣，在原有家藏基础上添砖加瓦，形成自己的特色，继续活跃在收藏舞台上。

新一代企业家蜕变收藏家而知名的还有红树白云馆陆氏父子，他们介入收藏较早，又有正确的方法，占据先机，在古书画和铜胎掐丝珐琅的收藏方面获得成功，出版了画册，以量多质优而出名。秦森集团的秦同千先生、荟珍屋主人赵文龙先生以及闻道园主人王卫先生等以收藏古建筑、建筑构件、珍稀家具而知名，开辟了收藏与旅游业相结合的新模式。冯毅先生以收藏青铜镜、天物馆柳志伟先生以收藏陶瓷古玉、嘉定李家明先生以收藏瓷器和竹刻为特色，在沪上颇具格局和名气。

在发展上，特别值得一提的是出现了一批特色收藏。如赵宝培先生在非洲经营企业以后，从20世纪90年代起收藏了非洲20余国的近二千件非洲雕塑，涵盖石雕、木雕、铜雕、陶雕等多种质材、多元风格的藏品，开创了收藏的新领域。于善明先生以收藏历代名人绘竹画而自显特色，樊克勤先生以收藏历代佛教人士创作的书画独具一格，都形成了专题特色。以上挂一漏万，恕不一一。

民间收藏组织的兴起也属时代特征。一方面满足了民众的收藏需求，另一方面也为培养高端收藏家建立了平台。1986年10月，吴少华先生创立上海收藏协会，目前拥有会员5 000余人。他们分设13个专业委员会，开展收藏展览、鉴赏学习活动，成为上海收藏的活跃力量。

在市文联领导下，上海收藏鉴赏家协会也于2005年成立，现任会长陈鹏举，目前有会员250余人。这是一个文化层次较高的收藏社团，积聚了一批专业人才，也有品位较高的收藏，成为上海收藏界很重要的一支力量。

（二）文物经营主体的变化，国有、民营共同发展

上海原来仅有的几家经营机构朵云轩、文物商店、古籍书店、友谊商店古玩分店在这一时期都还在继续经营，其中除了朵云轩等机构在90年代初创办艺术品拍卖行发展较快以外，文物商店大多维持原有业务，与鼎盛时期不可相比。另有一些工艺品经营机构随着国有企业抓大放小的方针，转制为民营企业或混合所有制企业，如上海工艺美术品服务部、豫园华宝楼等。

发展比较快的是非公经营体的出现。1980年前后在上海东台路、会稽路一带出现了自发的旧货、古玩集市，几起几落，到1990年后尘埃落定。上海市出台政策，允许150余个古玩摊位正常对外营业。1995年春，豫园商场华宝楼旧工艺品市场也改名为古玩市场，受到中外客户的欢迎。此后古玩市场发展到10余家。

除民营外，90年代初上海出现了外资画廊，如香格纳画廊，以经营油画和当代美术品为主。到了2015年，外资拍卖行在上海正式营业，如上海佳士得注册成立，举办了每年春秋两季的国际拍卖。

到了90年代，经营主体出现了国有、民营、外资共同发展的格局。

（三）文物艺术品经营模式的多元化发展

从民国到新中国时期，上海的文物和艺术品经营一直以门店零售为主体，方式相当单调。改革开放初期则是门店加展览会的经营模式，即集中一段时间的货源举办藏品展销会或画家作品展览会，有的还印制图录，吸引远方的客户来看展和购物。

进入90年代，上海的经营者去海外考察，看到国际上的经营方式比较多元，受到启发，加以模仿、创新，形成了今日上海多渠道的经营方式，使卖出和买进都更为便捷。

1. 拍卖行

1992年4月起，朵云轩率先去香港与当地永成拍卖公司合作，举办了四场拍卖会，取得了较好的经济效益。其中一幅张大千画作拍到77万港币，一幅吴昌硕花卉拍到46万港币。完成了学习取得了经验，又

1992年4月,香港永成与朵云轩合作拍卖会现场

1992年4月26日,朵云轩与香港
永成公司首次合作拍卖的图录

1993年6月20日，朵云轩首届艺术品拍卖会在静安希尔顿酒店成功举行，被业界和媒体称为敲响了中国拍卖第一槌

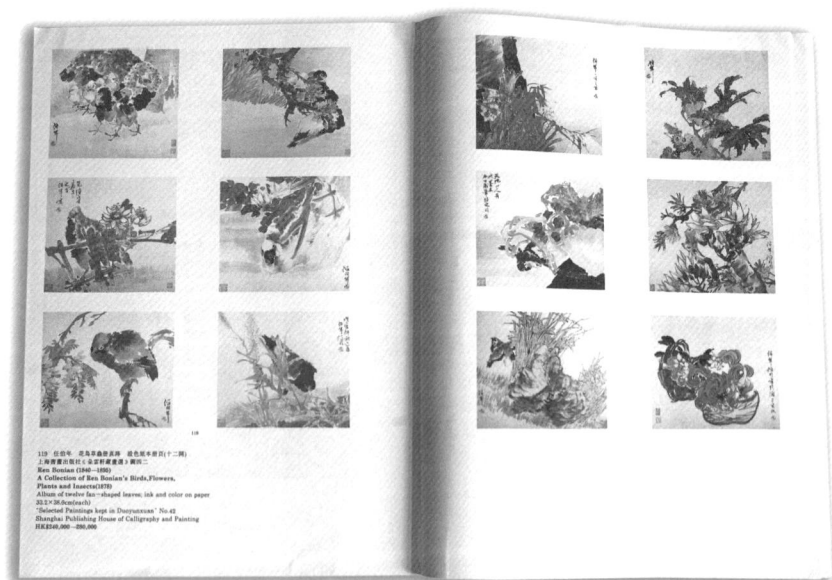

朵云轩首届拍卖会精品任伯年《花鸟草虫册》，成交价104.5万元人民币

积累了张宗宪、罗仲荣、王仲方、陈德曦、许祥杰、杨启霖等一大批客户资源。1992年8月,朵云轩艺术品拍卖公司在上海成立,也是全国第一家冠名艺术品的专业拍卖行。1993年6月20日,在上海静安希尔顿酒店举办首场拍卖会,总成交830余万港币,成交率74.5%。张大千《晚山看云图》以143万元、任伯年《花鸟草虫册》以104.5万元成交,成为1949年以来首次单件破百万元的艺术品。现场座无虚席。此场拍卖被誉为敲响了中国内地艺术品拍卖第一槌。此后,上海先后有德康、上海拍卖行、上海国际、上海东方国际、敬华、崇源、上海工美、泓盛、天衡、城隍庙、嘉泰、道明、嘉禾、上海保利、上海荣宝、上海匡

朵云轩首届拍卖会封面张大千《晚山看云图》(作于1946年),成交价143万元人民币

时、上海明轩、上海佳士得等拍卖公司成立。最多时经营文物艺术品的拍卖行有60余家之多。

拍卖行以中介形式出现,以拍卖师主持、价高者得为交易方式,印制精美的图录,在豪华酒店举办展览和拍卖,这种新颖的方式很快受到收藏家、委托人和竞标人的欢迎。上海成为仅次于北京的拍卖中心,受到国际、国内的广泛关注。拍卖行比传统门店更有竞争优势,尤其是拓宽了时间和空间,使远程的客户也能在当地竞投艺术品,这大大提升了交易机会和价位。这使上海市场迈上了一个新的台阶。拍卖行以及大批非公拍卖行的出现,也促使传统国有文物店面临竞争和

大剧院画廊

转型,起到了促进改革的作用。随之,在90年代中后期,上海也成立了拍卖协会以及艺术品专委会。

2. 现代画廊

荣宝斋、朵云轩是中国传统的书画店。自明清以来延续三百多年。于是,有人引进了西式画廊。西式画廊以简洁明亮的空间、现代的陈展方式、代理人制度、策展人方式进行艺术推广,经营的画家少,但有选择性,专业化程度比较高。上海西式画廊有华氏画廊、逸飞画廊、民生画廊、大剧院画廊、奥赛画廊、香格纳画廊、卡赛画廊、东画廊等,曾经经营得比较成功和长久。国画(水墨)画廊曾经做得比较好的有路画廊、朵云画廊(朵云轩二楼)、煌杰画廊、敬华空间、海艺画廊、集古斋、景云斋,也有一些画廊持续时间比较短,没有产生大的影响。

3. 画廊集聚区

上海比较有影响成规模的画廊聚集区有莫干山画廊区、红坊画廊区。画廊聚集区以画廊多、集约化程度高、交易量大、位居市中心而受到业界人士欢迎。除了商业作用外,也成为传播艺术的渠道之一,许多初出茅庐的画家在此被推向市场,所以具有活力。近年由于房地产开发,这两处场地已改作他用,原有业务日渐衰败。

4. 古玩店和古玩城

东台路、华宝楼都由街边摊逐步走向室内古玩城,这是上海也是全国性的趋势。更早的20世纪60年代,香港已出现荷李活道古玩店,店铺沿街两侧展开,游人如织,至今经久不衰。

上海中福古玩城是比较成功的一家,有店铺二百多家,以品格较高、位置居于市中心福州路而具发展优势。近20年相对趋于稳定,没有大起大落。另一处云洲古玩城由肇嘉浜路的钱币、邮票地摊改建而成,由街入户,成为一大经营特色。21世纪以来,虹桥古玩城异军突起,最多时有店铺七八百家,超大规模。近年也已衰退。其他如大同古玩城、天山古玩城、静安古玩城、上海古玩城(普陀)、多宝古玩城、有方古玩城,模式大同小异。

5. 艺术博览会

（1）上海艺术博览会

1997年创办。在上海市政府支持下,由上海文化发展基金会主办,成为固定的艺术画廊、画家、经纪人的作品交易平台。创办以来,有来自法国、德国、俄罗斯、瑞典、意大利、荷兰、比利时、挪威、冰岛、瑞士、英国、奥地利、西班牙、日本、韩国、新加坡、马来西亚以及中国台湾、香港、澳门40多个国家和地区1 000多家画廊或艺术经纪机构参展。众多名家大师在这一平台上亮相,诸如毕加索、马蒂斯、伦勃朗、马塔、达利、雷诺阿、莫奈、夏加尔、朱德群、赵无极、齐白石、张大千、徐悲鸿、傅抱石等。每年总计有40多万人次观看展览。其中法国沙耶格画廊携来参展的罗丹雕塑《思想者》以100万美元成交,恺撒的雕塑名作《大拇指》以260万元成交,张大千《重嶂千人图》以550万元成交。上海后来由这个艺博会分化出多个不同类型的艺博会。

（2）上海廿一当代艺术博览会（ART 021）

创办于2013年,由应青蓝、包一峰、周大为联合创办。前两年展览选取"小而精"的概念,以展示当代艺术为特色,在外滩源举办。2015年托马斯·韦斯特哈根(Thomas Wuestenhagen)及柴成炜加入主创团队,博览会移师上海展览中心。每次三个板块。一是主画廊单元。以经营21世纪当代艺术画廊为主,一般有80—100家来自全球的画廊参与。二是Approach单元。参展画廊以策展的形式呈现其代理艺术家的个展,或不多于三位艺术家的群展。三是特别节目。如2017由李小山策划的"永远的绘画"展示几位在年龄、阅历和作品面貌上差距很大的艺术家的作品。ART 021作为年轻的团队,有着时尚跨界视野下对经典的创新,已成为国内代表性的年轻博览会品牌。

(3)西岸艺术博览会

西岸艺术与设计博览会创办于2014年,每年在黄浦江边的西岸艺术中心举办。博览会邀请亚洲、欧洲及美洲逾百家画廊参加,主要展出全球现当代绘画、雕塑、影像及装置作品。2018年扩大规模,首次以"双馆"亮相,在2万多平方米的空间内汇聚来自亚洲、欧洲、北美洲和南美洲43个城市115家国际重要画廊。经过时间的沉淀,西岸艺博会已成为徐汇滨江一个重要的艺术品牌活动。随着徐汇滨江周边文化设施的连带效应,如龙美术馆、余德耀美术馆、上海摄影艺术中心、油罐艺术馆、香格纳画廊等众多知名文化艺术机构入驻此地,上海西岸聚集的人气,也间接给西岸艺博会的发展创造了良好条件。

6. 互联网展示和交易

随着互联网技术的发展和广泛应用,有机构在上海寻求传统艺术品交易与网络技术的结合,目前尚在尝试中。泓盛在线钱币、邮票等的交易方面走在全国前列。朵云轩等机构也已开设艺术网店,作为主渠道的补充。

7. 艺术投资基金

一种用金融手段投资艺术品的方式逐渐出现。在2010年、2011年、2012年时达到高峰,先后由民生美术馆等多家机构尝试。以固定的时段、固定的回报率向私人募集资金,用于购入和卖出艺术品,以差价盈利

余德耀美术馆外景

余德耀美术馆内景

及还本付息。此种模式存在风险,尚无成熟的经营模式和监管方式。

8. 上海自贸区艺术品保税区

艺术品保税仓库设在上海自贸区内。藏品和艺术品在此入境可以暂存,免交高额的税收,是一种保存、展示和促进交易的辅助方式。

以上是在现有《文物保护法》《拍卖法》等制度框架下,上海已经进行的交易方式。从中看到已由传统单一零售店发展到今天展示、拍卖、交流、经营的多种方式,总体上是一种更开放的趋势。

四、艺术家、博物馆及上海艺术品产业

(一) 艺术家的职业化和市场化

在我们所处的时代,艺术品或收藏品的存在结构发生了很大的变化。由于自然保存不当,"文化大革命"的巨大破坏,以及国有博物馆和私立博物馆(美术馆)的大量建立使可流通文物减少。市场上文物的存量减少加上中介机构增加,拼抢货源现象很普遍。这样,人们的眼光自然投向在世的美术家、工艺美术家。在中国,主要是书画家、油画家和工艺美术师。

在计划经济时期,这些专家大多被固定在某个机构,领取工资只为某机构服务,交换单位、跨地区流动以及在一个机构工作为全社会服务成为极困难的事。优质艺术家和平庸艺术家在收入分配上差别也不大。改革开放,把艺术家从计划经济的模式中解放了出来,他们或一岗多职,或者成为自由职业的画家,画什么? 怎么画? 成了他们的专业趋向。艺术家的收入也大为改善。从"文革"刚结束时著名艺术家朱屺瞻、陆俨少、谢稚柳、程十发、唐云等人一平方尺卖15元,发展到后来完全由市场定价、由拍卖行定价。他们出国办展、艺术访问也大为放宽。一个人的资源可以为一个单位服务,也可以为多个单位服务,资源的利用也更充分了。以上海中国画院、上海油雕院为例,计划经济时画家拿工资,没有其他收入,而改革开放的时代,他们工资外收入大大增加,真正体现了优质优价。上海人民美术出版社历史上有108将(名画家)之

说，他们大多被固定在单位画连环画、年画和宣传画，现在他们的能力包括退休以后的能力也充分发挥了出来，像贺友直、颜梅华、韩敏、汪观清都成为社会人。贺友直先生在退休后还被聘去中央美院当教授。书法家也如此，不再由国家而是由市场来养活。

油画雕塑的市场化比中国书画启动慢一些，到90年代中后期也大为拓展，画家一边完成国家任务，一边自由地创作、卖画，也很普遍。

最后是工艺美术师，雕玉的、刻砚的、做壶的，随着所在的厂大多关闭，工艺美术师也走向建立自己的独立工作室，由以前产品靠单位品牌走向创制个人品牌。精英分子走上了评"大师"的道路，手有绝技，走遍天下都不怕。

以上，说的是创作主体的变化，他们向市场大量提供作品，促使市场成熟。

目前艺术家、工艺美术师出现了两种情况，一是一岗多职，这些艺术家有体制内的一个职业，如大学教师、画院画师，然后兼职卖画；二是完全自由职业，走出校门就自己成立创作室或工坊，在社会上打拼，寻找需求。现在缴纳养老金的社保系统也给全职艺术家以一定的保障。

（二）收藏高级阶段——博物馆的建立

在由农耕文明向现代文明转变时期，中国的博物馆起步比较晚。私人收藏家相信独乐乐，不想露宝、怕露宝。皇帝把文物置于内府，也是个人独享。乾隆皇帝刻了一方印盖在他喜爱的画上，"子子孙孙永宝之"，把国宝视为他的私人财产，希望传之于子子孙孙。法国国王开启了办博物馆天下共享的思路，这是走向了现代文明。中国皇帝直到末代一位，并没有这样的意思。中国办公共博物馆的第一人是近代张謇，他于1905年在南通办了"南通博物苑"，比故宫博物院还早。

民国时期中国只有几十家博物馆、美术馆，进步人士有这样的办馆意识，但国家战乱不断，财力有限。除北京故宫、南京中央博物院外，总量不多，与几千年文明史不相匹配。新中国时期办了不少国营博物馆，也因经济不发达，财力有限，又对文物重视不够，无法起到收藏加文化传播中心的作用。如上海博物馆原来在河南路的展览条件就很有限。

改革开放年代，这一切发生了巨大变化。据国家文物局统计，到2018年末我国共有博物馆5 136家，其中国有3 736家，非国有1 400家。这说明国有博物馆从有到多、到好，有了3 700多家。非公的从无到有，达到了1 400余家。至2018年岁末上海博物馆总量131家，其中非公的32家。1936年，我国第一家美术馆开设在南京。2018年末上海美术馆89家，非国有的67家，占四分之三。上海是全国民营美术馆体系最完备、数量最多的城市。

上海国营博物馆、美术馆在改革开放时代有了耀眼的发展，建造了一大批现代建筑，如上海博物馆、上海美术馆（中华艺术宫）、上海航海博物馆、自然博物馆、上海科技馆、闵行海派艺术馆。也有部分利用老建筑的，如上海历史博物馆、当代艺术博物馆（工厂）。这些标志性建筑场馆宽敞、设备先进，加上藏品和陈展方式的改进，常设馆和引进世界大展，已成为市民参与文化生活、吸纳知识、接受艺术熏陶的场所，为城市的发展增添了内涵。上海举办和引进的大展如晋唐宋元展、英国

与吴美术馆
相互连贯的
吴美酒店

百物展、董其昌大展,都产生了很大的影响。上海民营博物馆、美术馆的成绩十分骄人。数量多,规模大,层次高,在亚洲区处于先进行列,包括龙美术馆(浦西、浦东两个馆)、震旦博物馆、余德耀当代艺术馆、苏宁美术馆、宝龙美术馆、观复博物馆、上海玻璃艺术馆、昊美术馆、喜玛拉雅美术馆、许四海壶艺博物馆。八九十年代,日本、台湾私立美术馆、博物馆比较多,现在上海后来居上,设施、规模和藏品都显出不凡的气派。如龙美术馆西岸馆有33 007平方米,展品系统,档次比较高。该美术馆收藏的中国古代书画、古代瓷器、文物、当代艺术,品质都很高。龙美术馆还定期举办大展,如英国创意大展、墨西哥银器展,成为上海的文化新地标。震旦博物馆设在黄浦江边的震旦大厦,博物馆由日本著名建筑设计家安藤忠雄设计,场馆及陈展一流。陶瓷、玉器和石雕三大类显示了藏品的实力。余德耀当代艺术馆收藏了1 000多件艺术品,展出的当代艺术具有代表性。同时还引进贾科梅蒂、雨屋、无人之际、上海星空等大展,成为吸引年轻人的好去处。苏宁博物馆收藏中国古代书画品质很高,而且聘请一流专家设计陈展以及布展,提供了很好的学术资料。宝龙美术馆是后来创办的,但在馆展和引进大展上结合得比较好,时有亮点推出。玻璃艺术馆把玻璃工业与艺术结合,既展示生产工艺,也表现艺术,还有现场互动,观众反应很好。昊美术馆与昊美酒店相互连贯,相互导入观众和客流,酒店也有艺术气氛,文商相结合,办出了特色。这些博物馆、美术馆还与社会合作,以开放的姿态接纳社会展览、活动。如品牌之夜、各类秀场,以活动

K11举办的印象派大师莫奈展

收入补贴博物馆的运营费用。

上海的私人美术馆、收藏馆反映了时代的开放和进步。私人收藏由独乐乐进到众乐乐，让民众分享展品。除了陈展方式以外，还举办论坛、培训、互动，通过出版和传媒的形式提供给人们研究。现在，上海每年出版的私人藏品集数量不少，反映了一种开放度。

除此以外，还出现了专门举办大展的艺术公司。如上海天协等，举办过毕加索、莫奈、雷诺阿、梵高等艺术大展，与诸展览场所结合，展期比较长，收门票费，也形成了一种新的模式。

（三）上海艺术品产业

2017年12月，上海市出台《关于加快本市文化创意产业创新发展的若干意见》，明确提出"努力把上海建设成为世界重要艺术品交易中心之一"。未来，人们将清晰地看到这些目标成为现实：进一步优化艺术品产业发展布局，完善艺术品产业发展专业配套服务，积极培养和引入合格的市场主体。据文汇报记者范昕撰文可知，2016年上海426家艺术品经营机构创出59.36亿元的交易规模。其中专业画廊约300家，全年交易额约12亿元；拍卖机构约80家，举办拍卖会293场，拍卖额为34.26亿元；举办艺术品交易展会8个，艺术品交易额约为8亿元。2019年2月上海电视台报道，上海2018年艺术品总交易额达到91亿人民币，说明市场化程度和产业规模进一步扩大。

经上海口岸进出口的艺术品数量8 450件，出口贸易5.1亿元。艺术集聚区3个，占地面积10.1万平方米，吸引150余家机构入驻。

产业结构在一定程度上也是市场结构，经历改革开放40周年，上海艺术品市场进一步成熟，市场五个要素更为明晰、关系紧密。

1. 供给方

艺术品市场也有提供者。上海市场的供货方主要是本地艺术家（包括在世艺术家和已故艺术家）。进入新世纪的在世美术家有程十发、刘旦宅、陈佩秋、颜梅华、韩敏、韩天衡、方增先、杨正新，年轻一代的画家有乐震文、车鹏飞、韩硕、施大畏等人。已故的水墨画名家数量庞大,如吴昌硕、徐悲鸿、张大千、赵之谦、钱慧安、任伯年、虚谷、弘一法师、吴湖帆、沈尹默、谢稚柳、林风眠、唐云、刘海粟、陆俨少、朱屺瞻等人。油画包括林风眠、颜文樑、吴大羽、庞熏琴、刘海粟、朱屺瞻、陈逸飞,都是作品比较畅销又产生高价位的画家。古代的除外,外来的艺术家难以计数,但作品在上海也有相当的沉淀,如齐白石、傅抱石、潘天寿、黄宾虹、郭沫若等一批书画家的作品,上海存量不少。

以收藏论,上海本地的收藏家历史上有数百人,现代又涌现出一二百人,加上大批行家,形成了一个强大的供货量。上海藏家的实力深不可测,不仅供给本地市场,而且提供给北京、浙江的拍卖行。

元明清以来,上海周边画派林立。如元四家、明四家、清初四家、浙派、皖派、金陵画派、扬州画派、吴门画派、西泠八家等,对上海影响很大。这些画家的资源大多流向上海。此外,上海周边是工艺品的生产基地。比如玉器,扬州工、上海工都是一流的。又如紫砂壶、嘉定竹刻、苏州绣品,也形成了一个供货群。

2. 需求方

第一层,博物馆、美术馆的收藏需求。由于国有机构动用资金的流程繁复,额度受限,直接出资购买收藏规模不大,但也有类似上海博物馆以450万美元购买美国安思远《淳化阁帖》,上海图书馆以巨资收藏翁同龢藏书的事例。

第二层,本地收藏家收藏和投资的需求。目前已有数百位个人的收藏人和投资人,包括收藏行家。刘益谦是其中代表人。

第三层,本土年轻的收藏家,特别是留学归来的年轻人,他们以收藏当代艺术、当代水墨画为主。

第四层,来自海外的收藏需求。上海初期的艺术品收藏以海外人士为主,现在购买力在下降,但还占一定的比例。其中以港台为主。

3. 中介形成

中介是供给和需求之间的桥梁。我们前面还提到,上海的中介引进了拍卖行、艺术博览会、古玩店、现代画廊等机构以后,已基本满足供求双方的需求,同时,有的中介本身也有储存和转让文物艺术品的功能,如画廊和文物店。古代以来私人的直接交易方式如今越来越显得不重要了。

4. 艺术商品

上海的艺术市场与各地相仿,以中国书画为主,书画又分成古代书画、近代书画和当代书画三个组成部分。约占市场50%的份额。其次为瓷器,包括古玩以及工艺美术品。这个占到35%的市场份额。第三为油画、当代艺术品,约占10%。其他的包括海外艺术家的作品,至少占5%的市场份额。早先中国市场卖的都是中国货,自从中国成为世界第二(有时第三)位的艺术市场以后,来自海外的画廊带进了很多艺术品,包括西方的艺术品、西方的装置艺术。从上海佳士得拍卖可见一斑。海外名家油画、雕塑以及装置也占一定比例。

这里要特别强调的是,拍卖市场中文物的比例比较高,包括旧书画、碑刻、器物和旧工艺美术品。而在画廊、艺术公司层面,当代的艺术家、工艺美术师作品占的比重大。近些年新的紫砂壶、新工新料的玉器也价格不菲。珠宝、钻石也受到部分收藏家的钟爱。

在讨论上海艺术商品的时候,我们特别要介绍一下本土艺术家的作用和特点。在90年代中期以后的市场,上海的书画市场陆俨少、刘旦宅、程十发和陈佩秋居于市场高价层次,加上他们活跃在这一时期,引领市场和价格的作用比较明显。其中陆俨少的《杜甫诗意百图》曾创出当时全国拍卖的最高价,刘旦宅的红楼人物也创过全国的高价位。另外油画方面,出现了以陈逸飞为代表的一批实力派人物,在全国起过重要作用。90年代以来,陈逸飞一直引领油画市场的高价位。他的《浔阳遗韵》《踱步》《黄河颂》都开创了当时的高价位。他的作品无论是红色系列、西藏系列,还是老上海女性系列、周庄系列,都深受市场欢迎。"陈逸飞现象"指改革开放初留学西方、后又回归故土的这批中西合璧的油画家以及创作。此类艺术家包括陈逸鸣、陈丹青、夏葆元、魏景山先生等。

陈逸飞在作品《黄河颂》前

5. 价格体系

我国在民国和计划经济时代,文物和艺术品的价格是互相独立的。少数专家制定价格,与海外无联系、与市场不接轨。另一个特点是被严重低估,珍贵的文物书画,卖一个"青菜萝卜价",与应有的价位不相符,与同时代全球产业的艺术品、文物价格也无法比。

90年代以来随着经济发展,买家涌现,买气旺盛以及拍卖行的"三公开"(公开、公平、公正)竞拍,这两个现象有了很大改变。

一是中国艺术品市场价格体系建立了起来,比较公正、透明、可查询。这包括上海几十家文物艺术品拍卖行的数据,艺博会的标价,众多媒体的传播。尤其是百度、雅昌艺术网以及各大拍卖公司的网站,都及时传播上海的价格。上海的价格是仅次于北京、香港的重要信息源。

二是上海作为长三角的龙头,也形成了自己的价格高地,促使艺术品、文物向上海汇集。近10年比较有影响的拍卖有2014年春朵云轩拍卖香港朱昌言先生的藏品如吴湖帆系列,成交率和成交价奇高;道明

2010年6月,《张大千仿巨然晴峰图》于天衡拍卖,以7 280万人民币成交

五周年拍卖宋代尺牍2.7亿人民币,其中北京政治家唐坰旧楷书《致胡宗愈仲慰帖》成交价9 128万人民币;天衡于2010年6月拍卖《张大千仿巨然晴峰图》成交价7 280万人民币,于2011年秋季拍卖弘一法师《华严集联三百联》(三册)成交6 095万人民币。在拍卖史上也值得一提。这些价位对藏家有吸引力,促使艺术品从海外回到上海,形成文物、艺术品的倒流。这是好现象。

6. 艺术品延伸业务

艺术品产业和市场的形成,也拉动了周边产业的交易。受益最多的一是印刷业,艺术品、文物大量高端印制的需求,产生了雅昌这类专门服务艺术的印制和传播业务公司。其他综合性的印刷厂也把印画册当作一大生意。二是传媒业的发展,收藏成为出版社、电视、杂志的一大选题来源。三是酒店业和交通业的火爆。每年春秋两季几十家的拍卖活动,形成很大的一块会展和旅馆生意。各项艺博会也促使旅馆、展厅的兴盛。此外,由于收藏业具有一定学术和技术门槛,也催生了一批专业岗位,从事艺术经营和文博美术馆职业的人数大量上升。

在这一部分特别值得一提的项目,有如下几个。

(1) 世界华人收藏家大会。

2007年始,在中共上海市委宣传部领导下,组成了组委会,由陈东任主任,祝君波任秘书长(后任执行副主任)筹备召开世界华人收藏家大会。持续10年共召开了五届,在团结全球华人收藏家以及推动收藏事业发展方面起了积极的作用。其中第一届于2008年10月在上海国际会议中心召开;第二届于2010年在上海展览中心召开,同时举办京沪收藏家藏品展;第三届于2012年11月在台北举办,与台北清玩雅集成立20周年同步举行,组织参观了清玩雅集20周年藏品展,举办了"故宫之夜"以及主题论坛"收藏,回归人文的精神家园";第四届于2014年11月在上海国际会议中心举办,组织参观了上海私立美术馆和博物馆。以上每届与会700—800人,其中核心层收藏家及专家250人,引起媒体广泛关注。

世界华人收藏家大会是上海对全球华人收藏界的贡献。虽然方式较为松散,但通过大会主题论坛、采访收藏家、参观收藏展览、出版论文、联谊交流,吸引了收藏界、拍卖界、传媒业的参与,起到了以文会友、加强团结、积极引导的作用,给各地代表留下了美好的回忆。

(2)上海的艺术培训和其他论坛。

自2009年起,上海交通大学海外学院率先组织艺术品收藏高级研修班。以一年制、半年制等方式聘请业界专家研发课程,聘请专家讲授文物(艺术品)鉴定、欣赏和经营知识。课程以成年人、社会精英为对象,以讲课、游学和实践三者结合的方式,吸引了众多人士参与。最多时一年同时开设数班,每班达百余人。课程涉及文物、美术品、书画、珠宝等内容。上海大学、华东师大等学院也开设收藏专业硕士生课程。

除此之外,在艺博会、上海图书馆、金融机构,也不定期地组织讲堂和论坛,起到研究讨论和培训教育的作用。

(3)媒体传播。

由于收藏内容丰富,拍卖业和艺术产业兴起,引发群众广泛的兴趣,促进了媒体的发展。影响比较大的先后有《新民晚报》黄金海主持的《古玩宝斋》专版,《解放日报》陈鹏举主持的文博专版,《东方早报》的艺术评论,上海电视台先后有《好运传家宝》《收藏》《投资艺术》节目,起到了很好的传播效果。上海拍卖协会创办了《拍卖报》,在传播全球拍卖信息、引导投资和艺术欣赏方面作用也很大。专业的刊物在上海公开出版的主要有《典藏》(大陆版)、《大观》。

进入互联网和移动时代,上海活跃的在线收藏类媒体有雅昌艺术网、在艺、99艺术网、艺品生活,大多视频和文字阅读相结合,新闻性和专业性相结合,适合移动阅读,传播面更广泛。

当然,近年来上海文物艺术品市场也面临来自北京、香港、浙江的挑战,竞争力有所下降,优势有所丧失。尤其在高端艺术品货源竞争和高端综合性人才培养方面,出现了短板。这是需要引起重视,加以弥补的。

第二章

朵云轩的中华第一槌

（杨治埜）

谈到现时的中国文物艺术品拍卖，人们总是会谈论起1993年朵云轩敲响的第一槌。实际上在朵云轩之前，深圳、北京都曾经拍卖过艺术品，为什么大家记忆犹新、津津乐道的仍是朵云轩的"第一槌"？

当然，在中国说起文物艺术品经营，北京和上海都是绕不开的地域，一个是政治文化中心，一个是经济最发达地区，都具有厚实的文物艺术品收藏传统。作为文物艺术品的经营重镇，上海开启了中国艺术品专业拍卖之先河，而北京则成为当今中国艺术品拍卖之高地。世事沧桑，回首往事我们不能不把目光投射到二十多年前的20世纪90年代，乃至更远的距今一百多年的20世纪初。

一、朵云轩的历史及其经营特色

朵云轩笺扇庄于1900年（清光绪二十六年）7月3日创办，开张之初的朵云轩设在上海的抛球场南二马路，即如今的黄浦区河南南路九江路口的朝南洋房。目前见到的朵云轩早期《经营项目通告》，其文字是以朱砂色印在四围云纹笺纸上的，引言便是："盖以鱼网龙须早结名流之契，鹤翎凤尾奉扬君子之风，惟笺与扇由来尚已。本号竭秘府之搜罗，供文坛之驱使，千锤百炼云烟则挥洒自如，六角七轮风雅则古今共赏，固无奇之不备，亦有美之必臻。爰胪品目，藉资采择。"通告罗列的经营项目除各色名笺、雅扇外，还有徽墨、湖笔及八宝印泥，兼涉书画装裱等。

20世纪初叶，在当时的上海河南路、福州路一带云集了大量的笔墨笺扇店铺。为了打开市场，朵云轩笺扇庄主人精心开发文房四宝、笺纸雅扇，所选用的材料十分讲究（如书画用纸来源于安徽宣城、扇货来源于苏杭），又注重独创和品质，朵云诗笺、画笺很快便风靡一时。随着

创立之初的朵云轩经营范围

笺纸雅扇、文房四宝经营及书画装裱业务的逐步扩大,朵云轩相机从事起中国书画的经营业务,并逐步成为上海同行业中的翘楚。据档案馆的档案记载,至1944年朵云轩的资产已达40万元,远远超过了当时河南路、福州路一带的九华堂、九福堂等经营业务相近的店家。

1956年1月至1957年12月,朵云轩实现公私合营,1958年4月,朵云轩与九华堂、九福堂人员等一起并入上海市黄浦区文化局领导的上海古旧书店。1960年11月,朵云轩同上海古旧书店下属的荣宝斋(内有原先朵云轩等人员)、九华堂、九福堂等九家笺扇庄、画店重组,脱离黄浦区的领导,成立出版社直属于上海市出版局。

1961年元旦,朵云轩在南京东路422号挂牌,成为以木版水印生产为主,兼顾经营销售的出版单位。经营范围包括文房用品、书画、碑帖、印章等收购经销,及以后的字帖、毛泽东诗词和鲁迅诗稿等手迹的出版业务。朵云轩从此揭开了自身发展史上崭新的一页,经营范围及经营实力得到了有力的拓展和补充,从而更有计划有规模地从事征收各类名人书画、碑帖和珍贵古玩的业务。

朵云轩于1966年8月改名为上海东方红书画社,1972年1月易名为上海书画社,1978年2月定名为上海书画出版社,同时恢复朵云轩名号。在以后的30余年中,朵云轩和上海书画出版社是一个单位两块牌子。在朵云轩业务不断拓展的同时,由朵云轩印制业务派生而出的上海书画出版社已逐步发展成为以出版中国书法、绘画和篆刻艺术图书为主的专业美术出版社,年出版新书300余种,其影响名冠全国专业图书市场。

20世纪末的十年是朵云轩大踏步前进的时期,先后依托品牌优势成立了上海朵云轩艺术品拍卖公司、上海朵云轩古玩有限公司、上海朵云轩文化经纪有限公司。

步入21世纪,朵云轩又先后成立了上海朵云轩电子商务有限公司、上海朵云轩艺术进修学校、上海朵云轩文化实业有限公司及上海朵云轩艺术发展有限公司。

二、朵云轩的中国书画经营基础

20世纪60年代初朵云轩重组后,朵云轩的主要经营项目除传统的木版水印、笔墨纸砚等外,海派书画的收购经营亦是一项重要内容。

朵云轩丰富的文物艺术品庋藏及其中国书画的经营,常常成为人们茶余饭后的谈资。这里讲两件事,以便于对朵云轩的艺术品收藏有个大致的了解。

1983年6月,文化部文物局成立“中国古代书画鉴定组”,由谢稚柳、启功、徐邦达、杨仁恺、刘九庵、傅熹年、谢辰生等七人组成。该组每年两期对全国各地的博物馆、图书馆、大专院校、文物商店收藏的中国古代书画进行全面系统的考查、鉴定。鉴定组历时八年,行程数万里,足迹遍及25个省、市、自治区,121个县市,208个书画收藏单位及部分私人的收藏,过目书画作品六万余件。

1986年,中国古代书画鉴定组在上海相继对上海博物馆、上海美术馆、上海中国画院、上海文物商店、友谊商店等11家单位收藏的古代书画进行了逐一甄别。鉴定组来到朵云轩后,令鉴定组专家大感意外的是除上海博物馆外，朵云轩的古代书画藏品数量及品质超乎想象。其中，清代和民国初年的书画藏品数量甚至超过了上海博物馆。专家们在朵云轩工作了三个半月，细细审鉴了当时朵云轩所藏重要的中国书画作品。

全国古代书画鉴定工作结束后，鉴定组将鉴定认可的中国古代书画汇编著录，先出版了单辑成10册的《中国古代书画目录》，随后陆续出版了24卷本的《中国古代书画图目》。结果，朵云轩有1 172件书画被收入《中国古代书画目录》，竟超过了上海地区除上海博物馆外其他9家单位总和的1 097件；有212件书画被录入《中国古代书画图目》。此后，上海博物馆、辽宁省博物馆等分别从朵云轩选调了84件和218件书画珍品充实库藏，其中有宋赵汝愚《楷书书札》、元佚名《重山殿阁图轴》等难得一见的绝品。

朵云轩书画收藏的实力，经鉴定组专家的揄扬和《中国古代书画目录》等书籍的公开出版，由此盛名远播。

我国的书画、碑刻浩如烟海，博大精深。但其中鱼龙混杂，如何分辨真伪优劣极其不易。朵云轩的业务员们，长期埋首于书画碑帖的故纸堆，翻阅大量的典籍、资料和工具书，细心揣摩，反复比较，探究真迹确凿的迹象，辨识赝品复制伪造的蛛丝马迹。正是经过这样长期的艰苦努力和知识积累，朵云轩的业务员们练就了一双火眼金睛，凭借着精湛的业务技艺抢救出不少珍贵的书画、碑帖、印章，为国家文物的保护

上海南京东路朵云轩大楼

和鉴别作出了重要贡献。

1949年以来，朵云轩先后收集拓片（本）数十万片，其中有唐《化度寺碑》《淳化阁帖》真本、《戏鱼堂帖》《潭帖》《绍兴米帖》、唐拓《七译金刚经》、元刻《松雪斋帖》等一些孤本珍本，单是宋明以上的善本就有上千本。如今，这些珍籍善本多已成为国家历史博物馆以及上海博物馆、辽宁省博物馆的珍藏。

20世纪60年代初朵云轩重组之后，书画碑帖等收藏逐步形成规模。当时为了发掘和收购中国古代书画碑帖等，业务人员骑着三轮车，走街串巷张贴朵云轩征集收购告示，吸引市民前来出售字画等文物艺术品。有时了解到点滴信息，业务人员总是上门求访，由此获得了诸多价值连城的珍宝。

宋拓《王羲之圣教序》的获得，就是一个生动的事例。一次，朵云轩业务员王壮弘先生来到茂名路张家花园的一户人家，翻看主人取出的一堆价值不大的碑帖时，内中掉出两张残片，王壮弘一看，竟是宋拓《王羲之圣教序》中的两页。原来这部拓片已被主人家拆散，用来作垫纸了。王赶紧动员主人寻找散片，经翻箱倒柜勉强凑出了大部，缺失的两页却遍寻未得。一连几天，王壮弘天天前去帮忙寻找，最后终于从煤炉灶头旁边找了出来。经过精心装裱，这部渡尽劫难的国宝级碑帖又重现光彩，后经征调成为国家历史博物馆的镇馆之宝。

朵云轩依托自身的品牌优势和精深专业素养的业务员队伍，长期从事艺术品的经营业务。除了上海，还将经营的触角延伸至全国各地及境外。朵云轩专业人员中的方去疾、梁子衡、彭仁甫、庄澄章、王壮弘、马成名、张荣德等，在业界具有相当高的知名度和权威性，一支涵养深厚、技业优秀的专业人员队伍推动了朵云轩书画等文物艺术品经营的稳步前行。

三、朵云轩拍卖的时代背景

朵云轩经营的文房四宝在海内外一直享有盛誉，深受书画家的推

朵云轩大楼一楼商场

崇;朵云轩运用木版水印技艺印制的大量笺纸和复制的名家名作,具有极高的艺术品位和逼真的艺术效果;朵云轩丰富的文物艺术品特别是中国书画藏品及其经营轶事成为人们久久传颂的谈资。上述三大经营特色和亮点成就了朵云轩在业界的重要地位。

1978年12月召开的中共中央十一届三中全会开启了中国改革开放的历史进程。1984年10月召开的十二届三中全会,通过了《中共中央关于经济体制改革的决定》,指明了我国经济体制改革的方向。

在20世纪70年代中期到80年代,为了创汇支持国内建设,朵云轩经营的大量书画商品被征调到诸如香港集古斋等对外窗口经销。在国家乃至企业的转折期,朵云轩的经营方式开始逐渐从传统的计划经济模式向依据市场需求进行调整的转型。

当时,随着国内经济体制转型和文物艺术品市场的逐步放开,一方面,国家文物政策规定,各省市国营的文物商店是文物经营的主渠道,可文物商店的传统经营思维束缚了经营方式的转变。然而,随着市场的放开，随着个体经营者的不断涌现，对文物艺术品未来的预期，使得拥有艺术品的藏家和物主不愿把藏品出售给国营企业，文物艺术品的征集收购越来越困难。另一方面，香港、台湾等地的古董及书画经纪人纷纷涌入内地，辗转各地搜寻古玩字画，凭借着其业务眼光和成熟的艺术品营销手段，个个赚得盆满钵满。笔者曾亲耳听到一位台湾画商说过，当年他来大陆到朵云轩采购当代海派书画家作品，开始是5元一幅，后来是10元一幅，再后来是15元一幅。都是几百件几百件地买。一般情况下，花几十万就能带走成百上千件名家字画，真是物超所值。而朵云轩好不容易征收来的货品通过门店销售，却卖不出好价钱。

"如何做大朵云轩的规模，提高书画经营的业绩"的课题摆在了时任上海书画出版社（朵云轩）社长、党委书记祝君波同志的面前。

事有凑巧，1991年冬天与祝君波熟识的香港九华堂堂主刘滦先生来上海，传递了香港的文物经营生态发生重大变化的信息。苏富比、佳士得两家世界顶级艺术品拍卖行进军香港，以此为腹地瞄准内地市场，以其在世界范围征集的高端中国文物艺术品集聚香港进行拍卖，吸引了众多内地高端客户。香港当地几位实业家已创办了一家华资拍卖公司——永成古玩拍卖有限公司，创办者擅长古玩杂项，而对中国书画则比较陌生，希望与朵云轩合作，强强联手创出自己的品牌。

祝君波敏锐地捕捉到这一商机，但毕竟是与境外公司的合作，朵云轩没有以往的经营经验可资参考，这一步究竟该如何跨出？

20世纪90年代前后，国内外局势变化在对于国内如火如荼的改革开放如何继续推进、如何克服瓶颈的关键时刻，邓小平同志发表了"发展才是硬道理"的南方谈话，明确提出社会主义国家也有市场经济的论述。鼓励人们积极解放思想，抓住机遇，大胆闯，大胆试。邓小平的南方谈话犹如一场及时甘霖，使企业经营者坚定了按市场经济中商品的本质属性进行运营的信心，这不仅成为国内各行业改革的强大动力，也是朵云轩与境外公司开展经营合作的定心丸。

1992年4月26日，朵云轩与永成古玩拍卖有限公司首次合作的春季拍卖会取得巨大成功，其中朵云轩提供的多件书画都拍出了远高于朵云轩平日门市经营的价格，如图录第100号齐白石《双鸭芙蓉图》轴起拍价12万元，成交16万港元；第101号溥儒《山水》四屏估价10万元，成交18万港元。那时人民币与港币的兑换率约1：1.18。通过拍卖会平台，有的平时在朵云轩门市只能卖数千或数万元的书画，到香港只是换了个买卖方式，成交价就翻上去好几十倍。祝君波等亲赴香港拍卖会的朵云轩3位同仁通过拍卖会还结识了不少藏家。拍卖会后，朵云轩的同仁们都非常兴奋，由此萌发了创办拍卖行的想法。

回沪后，朵云轩根据香港的行情进一步调整了思路，与永成第二次合作的拍卖会所提供的书画更加注重适销对路。1992年9月27日，永成秋季拍卖会取得总成交额超过1 000万港元的不俗业绩。朵云轩提供的17件书画成交224.5万港元，这比朵云轩平时卖掉几百件字画的收入还高，这更坚定了朵云轩要在内地自己举办拍卖会的信心。朵云轩与香港永成公司的合作共有四次，即1992年、1993年的各两次。

参加香港的拍卖会，包括考察了与永成差不多同时举办拍卖的佳士得、苏富比拍卖会，使人眼界大开，了解了一种艺术品新的推介平台，学习观摩到国际先进的艺术品经营方式，这是以后朵云轩创办专业艺术品拍卖公司的最佳镜鉴。同时，也不能不感受到"卧榻之侧"的无形压力，苏富比、佳士得拍卖行比较完善的艺术品拍卖模式、灵活的艺术品征集手段、广泛的人脉渠道和成熟的宣传策划方式，无一不彰显着朵云轩与之的巨大差距。有压力才会有动力，内地艺术品拍卖行业只有迎头赶上，才能牢牢掌握艺术品拍卖及艺术品市场的话语权和主动权。

四、朵云轩的第一次拍卖

1992年5月26日，朵云轩请求成立艺术品拍卖行的报告送呈上级主管单位——上海市新闻出版局，三天后的5月29日，市新闻出版局批复同意在浦东创办朵云轩拍卖公司。1992年8月21日，上海朵云轩艺术品拍卖公司获颁上海市工商管理局下发的《企业法人营业执照》。1993年1月，上海市文物管理委员会批复同意朵云轩艺术品拍卖公司具有文物拍卖资质。

在筹备拍卖公司的过程中，书画和鉴定大家谢稚柳先生题写了公司招牌，他还和程十发、马承源、汪庆正共四位先生一起担任了公司的首批顾问，后来追加了陈佩秋和刘旦宅两位先生。永成公司的黄伟明先生给出很多具体的指导，帮助解决了一些拍卖业务操作上的难题。

1993年2月20日，朵云轩在静安希尔顿酒店举行了拍卖公司成立大会。老市长汪道涵和时任上海市委宣传部副部长龚心瀚、市新闻出版局局长徐福生等同志出席大会并讲话。公司当时编制15人，实际员工仅总经理祝君波、副总经理曹晓堤等4人。而南京东路朵云轩顶楼加盖的一间办公室和一个会议室，就是公司的全部办公场所。几位朵云轩同仁在这个简易房里，紧锣密鼓地筹办第一场拍卖会。

为了筹办朵云轩首届书画拍卖会，业务人员几乎全体出动，到全国各地征集拍品，但收效甚微。如今习以为常的艺术品拍卖在当时并不为国内大众所熟知，人们还是习惯于银货两讫、当场买断的传统做法。对拍卖公司先收下物品，拍卖成交结算后支付货款，拍品拍不掉再退还物主的做法，很多人不理解、不适应。尽管朵云轩业务员兵分两路分别到杭州、南京、扬州、镇江、常州、苏州以及北京等地征集拍品，但拍品总量差强人意，拍期将近而拍品量仅近百件。于是朵云轩门市和库存的一些书画精品被调来补充拍品，其中包括张大千的《晚山看云图》、任伯年的《花鸟草虫册》和蒲华的《设色山水》册页。最后，连征集带补充共有155件拍品上拍。

为了敲好"第一槌"，朵云轩特邀上海大学的徐建融教授担任艺术顾问，并负责图录编辑。徐教授非常细心，精心设计了兼顾拍卖节奏的拍品顺序。朵云轩请上海书画出版社编辑张雄先生进行图录版面设计。图录印出后，朵云轩拍卖公司在香港举办了部分拍品的预展，在北京、深圳两地举行拍品巡展。为了使社会公众更多地了解拍卖形式，根据海内外相关的拍卖资料,朵云轩还在上海社科院举办拍卖知识系列讲座,由徐建融、祝君波及曹晓堤主讲。这应该是国内最早的艺术品收藏和拍卖培训活动。

除了以拍品巡展和拍卖知识培训来招徕客户外,朵云轩还做了重要收藏家诸如香港的张宗宪先生、罗仲荣先生、新加坡的杨启霖先生等重点客户的工作,也得到了他们的大力支持和帮助。为了多做客户工作,朵云轩还加大了图录投送力度,当时印了 5 000 册图录,尽可能发送到有需要的客户手中,同时有针对性地进行招商。图录发出去后,朵云轩也做了很多宣传,引起了海内外人士的关注。

著名记者谷苇先生在《文学报》发表的《艺术品拍卖纵横谈》长篇述评,在醒目的题记中写道:"朵云轩艺术品拍卖公司春拍即将开槌。此前,北京、深圳、西安的艺术品拍卖成绩不甚理想。上海此举成耶?败耶? ——人们关心着。"余传诗先生写的另一篇长文《朵云轩,你能启动这个市场吗?》刊发在 1993 年 6 月 17 日的《光明日报》上。这些,都反映了人们的期待和担忧。

引入香港的拍卖方式不能照抄照搬,比如在香港参加拍卖的登记手续比较简单,另外,成交确认以英国式的拍卖师记录为凭的方式,在内地也显然行不通。朵云轩开创性地设计了具有"中国特色"的两个办法,一是凭身份证或护照领牌登记,并复印存档;二是设计了"成交确认书",落槌后当场填写,由竞买人签名备份。有了本人的签字确认,在以后的钱物交割或法庭诉讼时就有了过硬的凭证,可以省却不必要的麻烦。这两个方法获得了很好的效果,也为后来全国各家拍卖公司所沿用。

1993 年 6 月 20 日,经过多月精心准备的"朵云轩首届中国书画拍卖会"在静安希尔顿酒店二楼宴会厅举行。下午 1 点 30 分拍卖会开槌之前,酒店大厅人头攒动挤得水泄不通。竞买号牌被领走 120 多个,相对于 155 件拍品这个领牌比例是非常高了。当然还有更多的人是来观摩,来看热闹的。酒店外 150 元一张的拍卖会门票已经被黄牛炒到了很高,场内 400 个席位早早便座无虚席。知名艺术家谢稚柳、程十发、陈逸飞,文物界精英荣宝斋米景扬、瀚海秦公、嘉德王雁南和甘学军、苏富比溥文、佳士得袁小姐、兰馨蔡国声等都亲临现场。座位不够,很多专家只能席地而坐。

拍卖会第 1 号拍品丰子恺《一轮红日东方涌》轴从 4 万元起价,在竞拍声中一路走高至 12.8 万港元,谢稚柳先生登台敲下开拍第一槌,全场响起雷鸣般掌声。该拍品被香港收藏家张宗宪先生竞得。接着,各位藏家对心仪的拍品竞价不止,在拍卖第 102 号张大千《晚山看云图》轴时再掀高潮,从 80 万元起拍,一直争抢到 130 万元落槌,加上佣金以当时的天价 143 万元成交。这是新中国成立后第一件过百万元的拍品,引得全场轰动。其后第 119 号拍品任伯年 12 开《花鸟草虫册》从 24 万元抢到 95 万元落槌,加上佣金以 104.5 万元成交。一场拍卖会竟有 2 件书画拍品超过百万元成交,这在当时几乎是不可想象的,朵云轩首拍便创造了历史。

朵云轩首届拍卖会为吸引世界各地的收藏家,使用的计价单位是港币。整场拍卖会 155 件晚清迄现当代名家书画精品,被专程前来竞拍的台、港、澳及内地买家竞得 117 件,成交总额为 829.73 万港元,成交率高达 75.48%。

这场拍卖不仅是上海开埠 150 多年来举办的首场大型文物艺术品国际拍卖会,也是中国内地第一次专业的文物艺术品拍卖会,其场面之壮观,气氛之热烈,竞拍之激烈,令人瞩目。这场拍卖会后来被人们冠以中国大陆文物艺术品拍卖"第一槌",被誉为"中国艺术史上具有里程碑意义"的事件。

但是也有些不同的声音,认为朵云轩拍卖不是"第一槌",理由是之前在 1992 年 10 月 3 日及 11 日,深圳市动产拍卖行在深圳博物馆举办了"首届当代中国名家字画精品拍卖会"、北京市文物局等主办由北京市拍卖市场执槌的"1992 北京国际艺术品拍卖会"相继举行。

若从单纯的书画拍卖角度而言,似乎朵云轩首拍还在上述两家拍卖之后。但我们不能忽略了作为专业的艺术品拍卖会所必须具备的相应条件,朵云轩不仅是中国大陆第一家正式注册的专业艺术品拍卖公司,引进了国际通行的艺术品拍卖方式,而且还特地汲取了业内各专业人士的建议,制订了拍卖业务的相关规程(这些规程后来成为大陆艺术品拍卖行业最早的规则)和拍卖操作办法。同时朵云轩作为一家具有经营中国书画90余年历史的老字号,拥有一支资历深厚业务过硬的鉴定专家队伍、丰富的书画库藏和广大的客户群体,在当时具备他人所不具备的竞争要素。而且朵云轩当时获得上海市政府的全力支持和鼓励,最难忘的是汪道涵先生不仅出席拍卖公司成立大会及首拍后的庆功宴,还在之前或之后,多次找朵云轩的同志到其家中交谈,给予很多指导,勉励大家说艺术品市场是继股票和珠宝以后,一个很重要的市场,并提出了"拍卖公司要注重拍品质量和服务质量"的要求。

专业的艺术品拍卖公司,专业的艺术品审鉴人员,规范的拍卖流程和方式,拍卖会的高成交额和高成交率等特点,使朵云轩首拍成为一场专业和规范的艺术品拍卖会,向社会公众奉献了一场令人回肠荡气、回味无穷的艺术品饕餮盛宴。因此,朵云轩首拍被业内视为"中华艺术品拍卖第一槌",可谓实至名归,无可争议。

朵云轩成功敲响第一槌,不仅使世人看到中国文物艺术品拍卖市场崛起的无限希望,更如同一拍激起千重浪,之后,中国嘉德、北京瀚海、北京荣宝、中商盛佳及四川翰雅等各地拍卖公司纷纷创立,拍卖市场出现了百舸争流的局面。

朵云轩首拍的成功不仅在业界引起极大的反响,媒体在拍卖后也进行了充分的报道。1993年7月3日《解放日报》发表的由该报记者胡国强先生采写的长篇特稿《槌声响起——记朵云轩首届中国书画拍卖会》,给人留下深刻印象。文中写道:"大陆艺术品拍卖业是在改革开放中刚刚起步的。朵云轩首届书画拍卖会虽然比北京、深圳、西安等地晚了一拍,但它却是最成功的,对大陆艺术品市场的形成,意义不可估量。""我们相信,只要改革开放不断推向进步,中国的艺术品市场终究会逐步形成并走向成熟。当这一天来临的时候,请不要忘记1993年6月20日,上海静安希尔顿酒店这紧张激烈、动人心魄的一幕。"胡先生对朵云轩首拍的地位及其意义的评论是极其准确的。说来也是有缘,估计当年连胡先生自己也不曾料到,15年后的2008年8月他成为朵云轩的上级主管单位——上海文艺出版总社的党委书记。翌年9月,胡国强等组成的文艺出版总社的领导班子,决定将朵云轩与上海书画出版社分立,朵云轩开始了自己新的发展历程。

朵云轩首拍后,1993年5月成立的中国嘉德国际拍卖有限公司,于1994年3月举行首届大型春季拍卖会。1994年2月北京翰海艺术品拍卖公司成立,并于同年9月18日举行首场拍卖会。

1994年7月,国家文物局发布《文物境内拍卖试点暂行管理办法》。

1995年6月,中国拍卖行业协会在北京成立。同年12月15日,国家文物局批准,在中国嘉德、北京翰海、北京荣宝、中商盛佳、上海朵云轩、四川翰雅等6家企业实行文物拍卖直管专营试点。

1996年7月5日,第八届全国人大第二十次全体会议审议通过《中华人民共和国拍卖法》,于1997年1月1日正式实施。

2002年10月28日,第九届全国人大第三十次常委会审议通过修订后的《中华人民共和国文物保护法》,自公布之日起施行。

2003年6月19日,国家文物局颁布《文物拍卖管理暂行规定》,7月14日实施。

2003年7月1日,《文物保护法实施条例》颁布施行。

2011年9月,中国拍卖行业协会立足拍卖业首个行业标准《文物艺术品拍卖规程》(SB/T10538—2009)的宣传、贯彻和实施,启动了"第一届中国文物艺术品拍卖标准化达标企业评定"工作。2012年朵云轩拍卖公司成为首批44家达标企业之一。

2013年,朵云轩拍卖公司获评中国拍卖行业AAA企业。

2014年,朵云轩拍卖公司获评上海市拍卖企业信用资质等级5A级拍卖企业。

目前,上海朵云轩拍卖有限公司是中国拍卖行业协会文化艺术品拍卖专业委员会副主任单位、上海拍卖行业协会文化艺术品拍卖专业委员会主任单位。

五、朵云轩的重要拍卖

综观二十余年来的朵云轩拍卖史,与整个中国大陆的文物艺术品拍卖史相互交织和促进。20世纪90年代中叶,在全国文物艺术品拍卖公司呈星火燎原之势时,朵云轩也曾探索与大陆以外地区拍卖联动模式。1996年年初及年中,朵云轩与"台湾甄藏国际拍卖公司"曾两次以电话连线形式合作,在上海举办该公司拍卖会的分会场。年初的一次分会场设在希尔顿酒店,年中的一次分会场设在海仑宾馆。上海的拍卖客户在分会场举牌,由连线电话报价到台湾拍卖会现场。当时的连线拍卖合作是由祝君波与甄藏公司法人刘国基谈成的,打的是"两岸三地"的概念。现在回想起来,在网络还不发达的年代,这样跨地区合作的事例不说绝无仅有,可能也是凤毛麟角。这说明朵云轩拍卖公司在创办并成功立足后,追求新发展的尝试也是多方位的。

朵云轩在拍卖中坚持发挥自己中国书画拍卖的强项,曾创出不少新纪录。2003年初我国遭遇"非典"肆虐。年中"非典"过后,原先蛰伏的艺术品市场突然爆发,画廊与拍卖业迎来转机。这年12月18日结束的朵云轩2003秋季拍卖会经过两天的激烈竞价,收获了朵云轩10年来单场拍卖会及单件拍品成交的最高纪录。拍卖会成交总额8 636万余元,第835号拍品倪田120开《摹任熊大梅诗意册》以880万元成交。

不经意间,中国文物艺术品拍卖市场经历了栉风沐雨的十年,从初期的热情迸发,到尔后的市场低迷,拍卖业经历了从感性到理性,直至循序渐进的发展。朵云轩拍卖公司作为国内首家专业艺术品拍卖公司,见证并经历了这十年的坎坷,坚持执业操守,成就了自身辉煌。由朵云轩拍卖公司推出的拍品,无论其品质的可靠性,还是艺术性内涵,以及其市场价值定位,都得到业内人士的一致认可。

2014年12月,明代陈洪绶的绢本《执扇仕女》轴,以1 430万元成交,创下当时其单品最高价

十年来,文物艺术品拍卖企业由最初限定审批的全国6家到全面放开,市场竞争异常残酷且日趋激烈。朵云轩拍卖以专业稳健的经营理念、规范公正的运作实践,始终行进在中国文物艺术品拍卖行业的前列,由此也名登世界上公认的中国几家规模较大的有公信力的专业艺术品拍卖公司的行列。

2004年对于朵云轩拍卖公司而言是值得记上一笔的。

这年3月14日收槌的朵云轩第28届艺术品拍卖交易会,经过三天的激烈争夺,总计2 246件拍品的总成交额达2 800余万元,总成交率高达98.2%,均创朵云轩拍卖史上小拍的新高。特别是其成交率,也是迄今为止中国书画拍卖总量超过2 000件的单场拍卖会中罕见的。接踵而至的朵云轩2004春季拍卖会,经过三天的激烈竞拍于7月1日圆满落幕,成交总额高达1.56亿元。这是朵云轩单场拍卖会成交额首次突破亿元大关。结束于12月31日的朵云轩2004年秋季拍卖会,拍卖成交总数1 488件,成交率83.7%,成交总额1.38亿。该场拍卖会值得一记的是第131号拍品明代陈洪绶的绢本《执扇仕女》轴,以1 430万元成交,创下陈洪绶单件作品的最高价,同时也刷新了朵云轩艺术品拍卖会单件拍品最高价纪录。

2004年,朵云轩拍卖公司进行了改制,公司名称由上海朵云轩艺

术品拍卖公司更改为上海朵云轩拍卖有限公司,拓展了原先专注于艺术品的经营范围,并改制成有限责任公司。另外,注册资本也由原来的1 000万元增至1 100万元,除原股东上海书画出版社外,增添了新股东——书画社的上级主管单位上海文艺出版总社。

随着2003年下半年艺术品市场的爆发,2004年对于整个文物艺术品拍卖行业来说,酝酿着行业结构或说布局的重大变化。北京保利、北京匡时、浙江西泠印社等拍卖公司应运而生,翌年上述三家公司都举行了首拍。从此,全国文物艺术品拍卖版图完成重构,拍卖业进入了更加激烈的群雄逐鹿的"战国时期"。后来居上的北京地区开始逐渐确立其市场优势地位,并形成全国拍卖高地。

2005年秋拍至2009年春拍是大陆文物艺术品拍卖市场的盘整期,各拍卖公司使出浑身解数应对整体疲软的市场,朵云轩拍卖公司也不例外。其间,朵云轩拍卖的亮点是于2007年12月23日结束的公司成立15周年庆暨2007秋季艺术品拍卖会。该场拍卖会的古代书画专场

2007秋拍现场

郑板桥《劲节清风》轴　　　　　李鱓《富贵多寿》轴

中，第661号拍品郑板桥的《劲节清风》轴拍出了896万元的高价，第689号拍品李鱓的《富贵多寿》轴拍出了470.4万元，分别创造了郑板桥和李鱓作品成交价的最高纪录。

　　承接2009年秋拍开始的拍卖市场的复苏趋势，2010年6月30日收槌的朵云轩春季艺术品拍卖会，总成交额达30 561.82万元，是朵云轩拍卖首次突破三亿元大关，成交率83%。两天的拍卖会共推出十四个专场1 967件拍品。新设的古今印谱专场，是全球首个印谱拍卖专场，涵盖了明清、民国乃至当代精品印谱，时间跨度约五百年，琳琅满目的各色印谱犹如一部浓缩版中国印谱发展史。不管市场风云如何变幻，拍品为王、品质为上始终是朵云轩拍卖追求的目标。2010年春拍显示了朵云轩拍卖在专场拓展和板块设置上的初步尝试,效果是明显的。

2011年7月4日收槌的朵云轩春季艺术品拍卖会,以6.47亿元的总成交额创下朵云轩拍卖历史新的纪录,也是朵云轩单场拍卖会成交总额首次超过六亿元关口。书画名家拍品连创新高,其中,第273号刘海粟的《黄山云海》镜片以3 852.5万元的破纪录成交价在2 000多件拍品中拔得头筹,不仅刷新了朵云轩拍卖19年来单件拍品的成交纪录,同时也创造了刘海粟个人作品的最高纪录;第279号郭沫若巨幅书法作品《行书毛主席词》镜片拍出1 955万元,第95号岭南画派代表人物黄幻吾的《幽壑飞瀑》镜片拍出161万元,第98号郑午昌的《万壑松风》轴拍出471.5万元,第385号应野平的《三峡壮游》镜片拍出391万元;2011年是朱屺瞻先生诞辰120周年,由其家属提供的老人百岁作品第45号拍品《异味谁赏卷》拍出356.5万元,上述价格均创出作者个人作品新的成交纪录。第1182号拍品吴昌硕的《富贵神仙》轴也以858万元的高价拍出;第251号拍品陈佩秋的《朵朵红》镜片经过几十轮激烈竞价以253万元成交。吴湖帆、关良、钱松喦等海派名家作品的表现也可圈可点。在油画雕塑专场中,第1753号拍品杨飞云的油画《同行》以1 092.5万元的成交价拍出其个人作品的第二高纪录,第1754

郑午昌《万壑松风》轴

刘海粟《黄山云海》镜片

号拍品刘孔喜的坦培拉木板作品《青春纪事之六——离离原上草》以391万元创出其个人作品价格新高。诸多中国书画、油画作品连创记录,为当年的中国艺术品市场增添了绚丽的一笔。

在拍卖市场连年走强的背景下,各种资本争先恐后进入艺术品收藏领域,资本逐利性的无限放大,使得一些拍卖公司违规手段迭出,虚假拍卖风行。一场拍卖会的巨额成交额与实际缴税额严重不对称,致使中拍协于2011年6月上旬紧急约见有关拍卖机构,工商财税部门也介入调查。朵云轩作为艺术品拍卖业为数不多的国有拍卖企业,始终坚守自己的道德底线和社会责任,坚持依靠规范和真诚取信客户、开拓市场的经营战略,以真实拍卖吸引各方客户近悦远来,聚集起稳固的市场人气。

朵云轩2011秋季艺术品拍卖会是在拍卖市场经历了两年高峰期后,市场舆论普遍视为拐点时举行的。为期三天的拍卖于2011年12月16日圆满落幕,总成交额达到5.59亿元,成交率74.6%。成交率的严重下滑,印证了拍卖一旦出现向下预期,市场陷入观望态势已成必然。追涨杀跌,不仅是股市法则,也已然成为艺术品市场的法则。普通拍品已经激发不了买家的冲动,而真正坚挺的仍是书画大家的精品和一些高附加值的重量级拍品。

2012年12月30日,为期四天的朵云轩20周年庆暨2012秋季艺术品拍卖会完美落幕。该场拍卖会共设22个专场,上拍3 004件拍品,诞生了7件千万元拍品,一举创下拍品件数最多、单届拍卖会千万级拍品最多、单件拍品成交价最高、总成交额最高的四个"朵云轩之最"。总成交额7.45亿元,成交率83.47%。

2012年是朵云轩拍卖公司20周年华诞,作为中国文物艺术品市场发展的推动者和见证者,二十年来朵云轩一直走在中国文物艺术品市场,尤其是海派艺术市场的最前端。虽然正值沪上寒风凛冽的严冬时节,但拍卖会举办地的四季酒店内火热异常,观展人群络绎不绝,藏家、媒体、艺术品爱好者共襄盛事。而拍卖现场气氛也堪称火爆激烈,号牌你落我举,拉锯战时时上演,走道内站满了各路买家,仿佛回到了艺术品市场最鼎盛的时期。其中,博古斋藏书画专场之第402号拍品张大千青绿山水绢本《烟江叠嶂》轴及第415号拍品吴湖帆《临韩滉五牛图》手卷分别以5 232.5万元、2 012.5万元成交。古代书画专场中第1171号拍品文徵明《溪山清远》书画合卷以7 475万元的成交价在此次秋拍中称冠群芳;第1132号拍品八大山人《一水荷花》(含高邕临本)两件手卷以1 610万元成交;油画雕塑专场之第2546号拍品陈逸飞油画《助妆》以2 127.5万元成交;近现代书画(一)专场之第81号拍品张大千《五亭山

江寒汀《百鸟百卉册》选二

张大千《烟江叠嶂》轴

吴湖帆《临韩滉五牛图》手卷局部

色·行书风蝶七律》金笺镜片两件以1 552.5万元成交;第380号拍品江寒汀4本100开《百鸟百卉册》以1 403万元成交。莅临现场的买家都由衷赞叹:"姜还是老的辣,朵云轩真的太牛了!"值得一提的是,朵云轩20周年秋拍首开邮品钱币专场,成交额1 790.25万元,成交率高达96.23%,为朵云轩拍卖进军新门类开了个好头。

2012年12月27日,新华社刊发记者孙丽萍女士的文章《拍卖,唯诚信!——朵云轩拍卖公司20年启示录》一文,从"敲响'第一槌'、竖'诚信'招牌","鉴定艺术品真假是'大是大非'","坚守艺术和学术的'风雅'"三个方面揭示了朵云轩拍卖公司以诚信和规范经营作为自己安身立命的根本,从而在拍品品质把关、拍卖真实成交、尊崇艺术内涵诸多方面赢得藏家和社会公众的信赖,成为中国艺术品拍卖市场真正的"验金石"和"定海神针"。文章引发社会和收藏界广泛关注。

在中国文物艺术品市场普遍进入调整期的大环境下,2012年全国春拍成交总额较上年同期下挫近一半,秋拍仍延续下探行情,各大拍卖公司业绩较春拍大幅"跳水"。在此背景下,朵云轩全年拍卖总成交额达12.7亿元,继2011年首破10亿元大关后再创历史新高,在中国文物艺术品拍卖市场深度回调的情况下,上演了一出逆势上扬的戏码,为一直

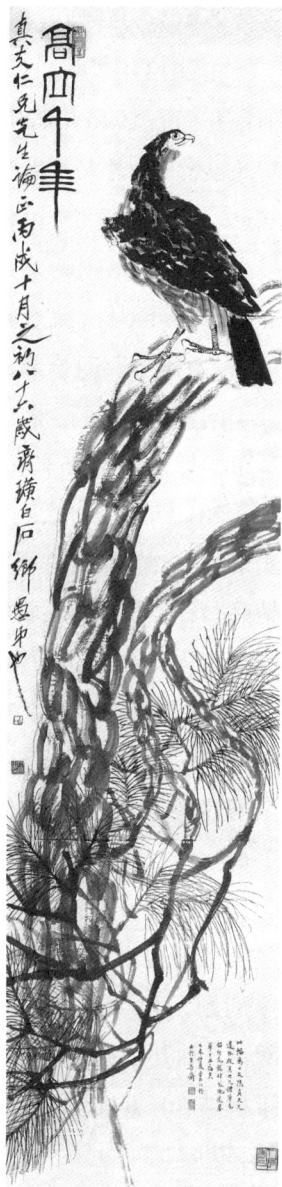

2013年7月,齐白石《高立千年》轴,以8 050万元创下该年上半年全国书画单件拍品最高价,也一举刷新朵云轩的成交纪录

支持爱护朵云轩的藏家、买家带来了满满的信心与春风拂面般的暖意。

在2013年7月9日结束的朵云轩春拍中，第86号拍品《高立千年》轴是齐白石1946年赠国民政府张镇将军的松鹰图，尺寸为296厘米×70.5厘米，是老人一生罕见巨制，一展其苍莽雄健的笔力和拙朴厚实的气息。经反复竞价，以8 050万元创下该年上半年全国书画单件拍品的最高价，也一举刷新朵云轩单件拍品成交价的历史纪录。

2013年6月，朵云轩拍卖公司为应对市场严峻挑战，整合资源自我加压，组建朵云四季部，承担每年四次的小拍工作。朵云四季首期拍卖会于同年9月举行，推出拍品1 300余件，成交总额2 155余万元，在整个市场低迷的情况下取得开门红。

2014年，面对宏观经济面的不确定性、市场银根紧缩，以及整个拍卖市场白热化的竞争等外部压力，朵云轩及时调整拍卖业务策略，聚焦精品，深挖海外私人收藏，成功征集到一批优质拍品。其中，香港著名收藏家朱昌言先生所藏书画，特别是一批数十年深藏不露的吴湖帆作品，来源清晰，极为珍罕。朵云轩拍卖公司精心策划，度身定制了两个朱昌言藏品专场，并首度在上海、杭州、厦门、北京等四地举办春拍精品全国巡展，充分利用微信、网站等社交新媒体，主推朱昌言藏品，在社会上产生广泛影响，达到了未拍先热的效果。

2014年6月27日下午，朱昌言藏书画专场开拍，场内座无虚席，过道也挤得水泄不通，中央电视台、新华社、上海电视台等主流媒体早早到场，等候见证激动人心的时刻。首件第301号拍品程十发《锦葵双鸽》轴开拍即引发激烈争夺，最终以115万元成交；第315号拍品谢稚柳佳作《策杖访友》轴仅2平方尺（约合0.222平方米），以50万元起拍，以471.5万元易手；其后，张大千、吴昌硕等名家精品也轻松拍出过百万元高价。最终，专场79件拍品无一流标全部成交。随后登场的朱昌言藏吴湖帆书画专场，荟萃了这位海派大师难得一见的山水、花卉力作，场内叫口不断，高潮迭起。三件吴氏精品——第415号拍品《大龙湫》轴、第416号拍品《花卉》屏轴四件、第417号拍品《荷花鸳鸯》轴接连登场,受到场内外买家激烈拼抢,分别以 1 150 万元、1 437.5 万元、1 035 万元成交。短短十多分钟内,不仅诞生三件千万元级拍品,而且每平方尺单价超过 500 万元,不仅为吴氏作品的市场价格标出新高,更彰显出朵云轩百年品牌魅力。在全场热烈的掌声中,这一专场不负众望,再创"白手套"佳绩。朵云轩推出的朱昌言藏品专场,成为当年全国中国书画春拍的最大亮点。在朱昌言藏品专场完美表现的带动下,朵云轩春拍在不利的市场形势下表现稳健,欣喜不断。如金石缘专场,第 1329 号拍品吴昌硕刻李国松自用田黄章以 253 万元成交,第 1409 号拍品 61 克极品黄金黄田黄素方章更是以 460 万元高价成交,轰动金石界。

吴湖帆《荷花鸳鸯》轴

六、朵云轩拍卖的台前幕后

常言道,聚沙成塔,集商成市。一个繁荣市场的基础,必定是众多行业的兴盛,拍卖也不例外。上海地区的文物艺术品拍卖在新世纪前后曾达到过自己的高峰,在全国名列前茅。那时,上海许多老艺术品拍卖公司各显神通,新拍卖公司相继成立,文物艺术品拍卖你追我赶,达成众人拾柴火焰高的喜人局面。而后,与朵云轩几乎有相仿艺术品经营背景的上海文物商店与市文物管理委员会合作,创建新的专业艺术品拍卖公司,更是在上海地区形成与朵云轩两强争雄的市场格局。

可是近年来,上海地区的文物艺术品拍卖业绩与全国拍卖市场的第一方阵渐行渐远。上海作为全国经济最发达地区,竞争要素齐备的艺术品市场理应创造出令人期待的拍卖业绩。可是,或许是上海人浸入骨髓的市场规则意识和理智秉性,不适合疯狂的炒作和虚幻的泡沫,或许是上海艺术品拍卖市场本身还有待于真正意义的健全和完善,近十年来随着艺术品拍卖的一轮轮热潮,文物艺术品落槌天价迭出,上海地区整个文物艺术品拍卖业绩不升反降,不少专业艺术品拍卖公司的偃旗息鼓,加之原先以物资拍卖为主业旁及艺术品拍卖的公司在严峻的市场竞争中的难有作为,上海文物艺术品拍卖市场份额不断萎缩。陷入了本地藏家不送拍上海的拍卖公司,内地、香港乃至境外高成交额的艺术品由上海买家收入囊中的令人深思的怪圈。

与此同时,北京地区新的大型专业艺术品拍卖公司高调创建、文物艺术品拍卖纪录不断刷新,市场的集聚效应终于显现。北京,以顶级文物艺术品上拍率的不断提升和远高出各地的拍卖成交额傲视全国拍卖市场。上海,虽然握有文物艺术品拍卖的先机,但整体市场卜滑,只能无奈目送文物艺术品拍卖中心的北移。北京渐成文物艺术品拍卖高地。

在香港地区,佳士得、苏富比两大拍卖行始终坚持其高端艺术品经营路线,其中国文物艺术品的成交额和成交率依然雄冠港地艺术品拍卖市场。

北京、香港及长三角地区成为目前国内文物艺术品拍卖市场鼎足而三的地区。

时光如白驹过隙。我们把目光回溯到朵云轩拍卖公司创办初期。那时祝君波兼任董事长、总经理,配以懂专业的业务副总经理,可以说朵云轩拍卖的经营是祝君波"大胆落墨",业务副总"小心收拾",形成了互为表里、相得益彰的经营架构。公司的拍卖业绩处于行业第一方阵。祝君波1999年起除担任上海书画出版社的社长、党委书记外,又兼任上海人民美术出版社的社长、党委书记,到了2000年9月又被提任为上海市新闻出版局副局长。无暇分身的祝君波及时找来了80年代中期从朵云轩离职赴日本深造的张荣德先生担任拍卖公司的总经理,负责拍卖公司的日常经营。

从朵云轩拍卖公司的几任业务老总来看,张荣德更像是个职业经理人,这可能是其在日本的读书生活和字画鉴定生涯的经历所形成的特质,从其以后的从业角色来看,张确实较他人具有更强的职业意识和职业操守。继张担任公司业务主管的是公司一位副总经理。其中还有个插曲,2005年初改制后的朵云轩拍卖公司向社会公开招聘业务副总经理,曾有数人应聘,最后选择了一位懂行的外地文物商店的副总经理担任公司的业务老总。新任业务副总经理承担了当年的春拍工作,春拍过后估计是无法融入或说不能适应当时的公司氛围,同年9月该副总从公司离职,之后其担任了初创的北京保利拍卖公司的副总经理。

外引专业人才的不成功,使公司又重新采用了在内部选择业务主管的办法,还是由原来的副总经理继续接手公司的业务工作。2009年初,公司董事会按照新的经营要求聘任了一位没有任何经营管理经验但业务审鉴能力较强的业务员担任业务副总经理。新任业务主管励精图治,又恰逢拍卖市场步入"牛市",公司拍卖业务风生水起,创造了好多新纪录。

公司业务主管的不断变更,对公司整体业务架构的确立和经营理念的稳定是不利的,其造成的直接后果便是公司缺乏连贯的经营目标和业务架构的不完整,更麻烦的是每次随着业务老总的变动势必被带走或丧失一批核心客户。这些对于一个竞争性极强行业中的拍卖公司是致命的。这或许是朵云轩拍卖公司这些年来与行业第一方阵渐行渐远的一个原因。

进入新世纪以后,随着人们生活水平的提高,大城市特别是经济发达地区,人们在丰衣足食之余,热衷于收藏艺术品,有的将之作为股市、房市之外的新的投资项目。加上媒体的推波助澜,原先小宗的艺术品收藏一下子成为全民关注的热点。目前大陆的艺术品拍卖机构犹如过江之鲫,层出不穷。据中国拍卖行业协会统计,截至2017年底,不计台、港、澳地区,全国文物艺术品拍卖公司多达396家,较2013年净增13家(新批46家,吊销文物经营许可证30余家),仅上海地区就有71家。

朵云轩拍卖公司从创办之初至今都是完全的国资企业,国企具有得天独厚的优势,但也会受到体制、机制的局限。朵云轩拍卖公司在竞争中手脚难以伸展,在经营手段方面不似其他所有制的拍卖公司那样可以腾挪变化。

比如,根据中拍协(中国拍卖行业协会的简称)自2011年起每年公开发布的对上一年度文物艺术品拍卖市场的《统计年报》,2010年以来,在全国同行中朵云轩拍卖公司的所得税贡献一直排在前五位,在拍卖成本耗费可控的情况下,所得税额一方面说明公司的盈利水平,另一方面也说明作为国企承担利润指标是必定的。这与民营或个人承包的企业账面上税前利润不高,但个人或企业都过得很滋润的情况相比可谓天差地别。

又比如,在拍品征集中常常会碰到委托方提出的各种苛刻条件,如"买断",如"保底"(也是一种买断,与先期买断的差别在于拍卖事后,即拍卖场上没有达到委托人底价的,拍卖公司应以底价买断),如"负佣金"(委托人不但不付佣金,还要求在拍品成交结算后获取买方佣金的一部分)。拍卖公司作为中介平台,根据法律规定是不能买断的,也不可能"保底",但民营或个人承包的拍卖公司可以个人名义买断然后上拍,或者权衡整批拍品征集效果而同意保底。对其而言钱都是自己的,无非是这个口袋到那个口袋,只要总体盈亏达到预设目标即可。而国企的资本金是国家的,个人不可能越俎代庖,国企人员不能触碰法律底线。对于负佣金,民营或是个人承包的企业都能做,道理同上,但国企不可能做。对于国企的财务审计是完全按照公开的法律和拍卖规则来的,负佣金不但是违规的,而且还存在"国资流失"的严重问题。

再者,国营企业强调"三重一大"原则,简言之即重大事项或大额资金使用必须开会确定。而在实际经营工作中,市场经济中时间就是金钱,时机稍纵即逝。这或许又可从另一方面说明朵云轩拍卖的应变能力不及其他所有制拍卖企业的原因。

在拍卖行业竞争异常严酷的今天,一个公司拍卖业绩的高下和影响力往往取决于拍场上重量级拍品的多寡,一些能造成社会热点的拍品必定是各家拍卖公司趋之若鹜的,而往往在这些拍品的征集方面,朵云轩总是逊人一筹,个中原因不言而喻。

逆水行舟不进则退。近十多年来,朵云轩拍卖因各种原因使得关键的业务活动丧失先机,拍卖业绩随着上海文物艺术品拍卖的整体下滑而逐渐步入慢车道,本身体制机制的短板和孤掌难鸣的无奈,错失了公司更进一步发展的大好时机。

七、朵云轩拍卖的重要意义

每个能在历史上留下浓墨重彩一笔的故事,都有其内在的发展逻辑和独到之处,朵云轩拍卖也概莫能外。朵云轩之所以能够成就"中华第一槌",自有其企业经营理念创新和敢为天下先的勇气,也有天时、地利、人和的协调关照。前面所叙述的时代背景可谓天时;朵云轩在业界的影响力及其专业资源(包括但不仅限于人脉、藏品、专业人才),上海经济蓬勃发展的区位优势是谓地利;而上海市政府领导及有关部门的关心支持以及社会公众的热情参与是人和。

朵云轩拍卖"中华第一槌"的横空出世,及之后朵云轩拍卖公司参与起草、修订的中国文物艺术品拍卖行业的诸多规程、规则,无不彰显着朵云轩拍卖对中国文物艺术品拍卖市场筚路蓝缕的开拓之功,朵云轩拍卖开启并引领了中国文物艺术品拍卖市场波澜壮阔的发展历程,这是社会和行业的共识,毋庸置疑。

回首中国大陆文物艺术品拍卖行业二十多年的发展历程,朵云轩拍卖作为先行者和参与者,同样伴随着拍卖市场的不断发展进步而逐渐成长。朵云轩拍卖的成长和发展，一方面受益于市场的充分竞争和沪地艺术品收藏的丰厚传统，得益于朵云轩百年品牌的影响力。另一方面也是朵云轩拍卖公司长年来始终秉持诚信规范的企业运作，秉持公开、公平、公正的行业原则，秉持专业审鉴和业绩求实的职业操守，竭力奉献品质上乘的拍品，竭力提升服务质量等多方面努力的结果。朵云轩拍卖正是以自律、真诚和稳健的经营风格获得众多藏家和业内人士的信赖，为推动中国文物艺术品拍卖市场的规范和繁荣，推动买家及收藏家队伍的不断发展与壮大，起到了行业标杆引领和压舱石的重要作用，从而赢得了拍卖行业中举足轻重的地位。

目前，朵云轩拍卖专场主要偏重于中国书画，拍卖门类相对狭窄，专场数屈指可数，单场拍卖会的成交额在全国同行中已经跌出前十之外。面对文物艺术品拍卖市场的残酷竞争，朵云轩人坚守底线，浸润于自己百余年的历史传统，不受任何利益诱惑，努力维护自己的品牌口碑，打造真实的拍卖业绩。

从中拍协已经连续公布七年的对各文物艺术品拍卖公司多项经济指标进行统计的数据来看，朵云轩的年度成交总额虽然差强人意，但公司的各项经济指标与自己的拍卖业绩基本吻合。2017年8月19日公布的《2016中国文物艺术品拍卖市场统计年报》披露，2016年朵云轩拍卖公司的营业税、所得税均分列全国第7、第3位；企业纳税总额、主营业务利润分列全国第7、第9位。同日，第二届中国文物艺术品拍卖排行榜"青花奖"揭晓，该奖项是中国拍卖行业协会艺委会、《中国拍卖》杂志社联合依据上一年度全国文物艺术品拍卖经营统计数据，经比对、核实，并由评审委员会审核后推出，具有权威性和客观性。朵云轩拍卖公司蝉联"青花奖"最高奖项"十佳企业"称号，并获"结算能力奖""佣金能力奖"及"区域领先奖"。

在风云诡谲的市场中，如何审时度势确立合乎市场发展趋势的经营目标，如何在困境中奋起，重塑"中华第一槌"的风采，将是朵云轩人必须直面的重要课题。朵云轩绝不会自馁，更不会妄自菲薄，将继续秉持主动创新的理念,努力改善经营及业务模式,积极克服自身存在的不足。朵云轩拍卖公司将充分发挥自己的文化积淀和品牌优势,深入挖掘艺术品经营的人文内涵,依托朵云轩(集团)拥有的收藏研究、营销拍卖、印制展示、电子商务、培训教育等多种功能和相对完善的产业链条,努力整合博物馆、艺廊、会展、经营等各经营公司的业务力量,深化体制机制改革,借力艺术金融,在各项艺术交流、展示、交易等活动中寻觅商机,释放自身产业潜力,深挖各种艺术资源,拓展拍卖业务板块,为上海文化产业助力,致力于以自身实践再造朵云轩拍卖新的辉煌。

　　(朵云轩历年拍卖书画、瓷杂、碑帖拓片、印章印石等成交情况见"附录"中附表1-6。)

第三章

艺博会时代下的上海艺术博览会

（马　琳）

在"双年展"热，"美术馆时代"之后，我们现在似乎又进入了"艺术博览会时代"（简称"艺博会时代"）。从国内范围讲，大约有几十个不同规模和组织形式的艺博会相继出现。其中比较专业的有上海艺术博览会，上海艺术博览会当代艺术展（SH Contemporary，2014年命名为博罗那上海当代艺术展），艺术北京当代艺术博览会（Art Beijing），中国国际画廊博览会（CIGE），香港艺术博览会（ART HK）。从全球范围讲，知名的博览会有巴塞尔艺术博览会（Art Basel），弗里兹艺术博览会（Frieze Art Fair），马德里国际当代艺术博览会（ARCO）和纽约军械库艺术博览会（Armory Show）。全球艺术博览会的火热，不仅为各艺术机构和艺术家提供了一个展示与博弈的平台，同时也让观众了解全球当代艺术的发展和艺术市场的新动向，难怪有媒体称现在是"艺博会时代"。

艺术博览会（简称艺博会）作为区别于画廊的二级市场，是一种将艺术和商业活动结合起来的商业运作模式。顶级的艺术博览会更是具备强大的资源整合能力和品牌影响力，能在艺博会期间将世界各地的画廊、收藏家、策展人、艺术家、艺术爱好者、艺术机构、艺术媒体等汇集在一起，不仅是一个艺术品展示和交易的平台，更是形成了一种内涵丰富的"艺博会现象"（Fair Phenomenon）。上海艺术博览会从1997年举办以来，已走过18年的历程，共有来自50多个国家与地区的千余家画廊或艺术经纪机构前来参展，有10万多件艺术作品参与了展示与交易，有约60万人次的中外观众观摩了历届上海艺术博览会。同时，上海艺术博览会以"国际化、市场化、精品化"为方向，在成功举办的基础上，力争与国际知名艺博会运作模式接轨，如确立画廊在艺博会上的主导地位，举办慈善预展招商酒会，推出各种富有创意的专题展，举办艺术市场研讨会等，一度为国内的艺术博览会谱下范式。从某种程度上

上海艺博会的一楼展览

来说,上海艺术博览会经过这十八年的发展历程,其组织机构、参展主
体、展览方式都发生了很大的变化,形成了自己独特的运作模式,有其
成功的经验和存在的问题,从一个侧面折射了我国艺博会行业的发展
历程。

一、上海艺术博览会的发展历程与运作模式

中国艺术博览会的兴起是与中国艺术市场的发展紧密相连的,也
与政府的资助分不开的。1993年11月,由政府资助的中国艺术博览会
在广州开幕。这是中国当代艺术史上的第一次博览盛会,因此吸引了
众多海内外艺术家、画廊、评论家和收藏家的注意。随后艺术博览会蓬
勃发展,北京、上海、杭州、大连等城市也相继举办了艺术博览会,其中
以北京、上海、广州三地规模最大。尽管这些艺博会在发展过程中遇到
了很多问题,但它们对中国艺术市场发展的影响是深远的。上海艺术
博览会创办于1997年,是在借鉴了北京、广州和国际著名艺博会成功
经验后建立的,其宗旨是"促进中外文化交流,繁荣发展艺术市场",以

"高质量、高规格、高品位"为办展目标。作为当今亚洲规模最大,颇具影响力的上海艺博会,其在十八年的发展过程中发生了很大的变化。

(一)组织机构的变化

从组织机构上讲,上海艺术博览会的发展经历了从政府行为到市场行为的过渡。中国的艺博会在发展初期,都是由政府主办的,例如1993年在广州举办的第一届中国艺术博览会由国家文化部艺术局主办。1994年第二届中国艺术博览会由国家文化部办公厅和广州市人民政府主办。1995年在北京举办的第三届中国艺术博览会由文化部办公厅主办,中国文化艺术总公司承办。1997年,上海艺博会成立,主办方是上海文化发展基金会和上海市政府。这反映了在我国艺术市场发展的初期,艺博会都是靠政府的拨款或是政府的支持才能得以举办。政府不仅在招展、宣传、招商上给予政策上的倾斜,同时在海关、公安、运输等各个环节上进行协调,不难看出政府在艺博会形成之初所起到的推动与调控管理的作用。

从早期艺博会的定位上,我们也可以看出当时主办方对艺博会的模糊理解。政府一方面认定艺博会的市场行为,另一方面又把艺博会视为一种繁荣艺术创作的大型艺术展览活动,正如1993年首届广州中国艺术博览会的开幕致辞中所说:"博览会从繁荣创作和培育市场着眼,改变以往国家拨款举办艺术展览的单一模式……使中国艺术博览会能为进一步推动我国艺术创作的繁荣和艺术市场的发展,为增进国际文化交流,做出自己的贡献。""此次不同于以往由国家拨款举办展览的模式,是以向参展单位或艺术家出售展位的方式进行展销。"这像是把当时的艺博会看作是一次不用国家拨款的全国性美展。高天民在《艺术博览会与中国

上海艺术博览会的LOGO

文化战略》一文中指出了这一现象。他认为这种观念不独为主承办者
所有，也普遍存在于当时与会的艺术家中。他们或者认为这是一个由
文化部主办的又一种形式的高规格的全国美展，这对于大多数缺少机
会或能力而无缘于审查严格的全国美展的画家来说，艺博会是圆梦的
好机会。相比之下，上海艺博会从1997年创办时就十分在意自己的文
化形象和定位，在1997年上海开幕式的致辞中就提出"促进文化交流、
规范艺术市场、推动艺术发展、繁荣"的宗旨和"国际化、精品化、规范
化、多元化"（1997年上海艺博会画册前言）的目标。

　　在运营管理上，上海艺术博览会由上海文化发展基金会直接管理。
由于文化项目的管理、政策设置涉及很多政府管理部门，例如把关文化
意识形态的广播电视局，还有文化局等。这些部门的管理职能划分得
很细。为了把这些部门的资源整合起来，就需要成立一个组织委员会，
并由副市长一级的领导作为组织委员会的主任。这样做就为举办重要
活动提供了方便。2005年以前，上海艺术博览会均是由该组织委员会
办公室来进行运营管理，主要是组织委员会秘书长、办公室主任操作，
其他方面的领导不加干涉。这符合当时所提出的"政府项目、市场运
作、企业化管理"的理念，是上海市政府确认的方向。上海艺术博览会
组织委员会（简称组委会）办公室是一个组织形态很灵活的机构，一年
组委会最多会开三次会议。会议主要是联系政府各方相关部门以及艺
术委员会（简称艺委会），以确定该年上海艺术博览会的举办时间、规
模、定位、档次、侧重点、未来市场走向等问题。

　　首届上海艺术博览会作为上海市政府的重大文化项目，主要是起
到活跃文化市场以及把文化艺术带入市场运作的作用，而非单纯牟利
的商业项目。上海市政府更关注的是上海艺术博览会的社会效益以及
安全问题，并不需要其上缴利润和创收。组委会办公室作为艺术博览
会的承办机构与上海市政府没有利润的划分，具体操作模式是组委会
首先将场地租下来，然后将除去安全通道之外的面积分割成块分租给
展商，除了所收取的展位租金外，其他收益将投入到下一届艺术博览会

的运作成本中去。接下来的几届上海艺博会都是照此模式在运行。

随着市场的不断发展和对非营利机构功能认识的加深，国家政府部门开始退出主办方，艺博会逐渐走上纯商业化的道路。例如1997年北京第五届中国艺术博览会由国际旅游年组委会和中国文化艺术总公司联合主办，文化部不再担任主办方。2005年，在上海市委宣传部的支持下，上海艺博会国际展览有限公司成立，全权负责对上海艺术博览会的经营性运作。上海艺博会国际展览有限公司是一个承办政府项目，并完全市场化运营的私营企业。这为上海艺术博览会真正走上市场化道路写下了关键的一笔。从2005年第九届上海艺术博览会始，其组织机构转变为上海文化发展基金会、上海艺术博览会组织委员会为其主办方，上海艺博会国际展览有限公司为其承办方。上海艺博会国际展览有限公司力图以专业化与国际化的运作方式打造上海艺博会的品牌，并成立了由艺术评论家、艺术史家、专业策展人组成的学术委员会，由艺术经营者、艺术家、相关政府人员组成的艺术委员会，由展览策划与营销、媒介宣传与推广、企业赞助与公关、艺术产品设计与维护等几方面的专业人员组成的执行委员会，将艺术、市场、会展与管理等方面的人才聚集在一起分工合作，使其在操作层面达到专业化的高度。这种以公司化独立运作，将现代企业管理模式与项目运作有机结合这样的组织架构，无论在资本运作的专业度，市场开发与维护，还是品牌化经营与合作等方面，都是官方体制主导下的政企不分的艺术博览会模式所无法比拟的。另外，在经营上，上海艺博会将品牌建设与推广当作自身生存与发展的重中之重。树立起自身的品牌并强化与其他博览会的区别，逐渐成为它的发展策略，这也符合世界艺博会行业的发展现状。

（二）参展主体的变化

从参展主体上，上海艺术博览会也是经历了从个体艺术家参展到以画廊为主体参展这一过程的转变，这也反映了中国艺术博览会的特色。按照西方艺术博览会的运作体制，参展商一定是画廊，这是最基本的条件。但在90年代初的时候，当时中国的一级市场还很不发达，真正专业意义上的画廊屈指可数。比如在上海,除了国营性质的百年老店"朵云轩",真正意义上的画廊寥寥无几。在这种情况下,想要向西方艺博会那样招展高质量的画廊显然是不可能的。

所以在中国的艺博会发展之初,主办方虽然提出以画廊机构为参展主体,但实际参展主体是由个体艺术家、专业画院、艺术团体、艺术院校和画廊构成,国画、油画、雕塑,传统的、当代的,甚至还有珠宝、陶瓷等,不分类别、不分区域地混杂在一起,使人产生"摆地摊"的感觉,艺博会变成了艺术类产品的大杂烩。可以说至今没有真正意义上"二级市场"式的艺术博览会。有的艺术博览会虽然不接纳画家个体,但是也不全是画廊,而是画廊加"艺术单位",严格地说,这仍不是以画廊为主体的"二级市场"。既然市场要按"级"设置和管理,那么首先要强调市场的本质。要想建好"二级市场",那就先要建好"一级市场"。然而现在的"一级市场"状态不容乐观。在80年代一哄而起的画廊业的萎缩不值得可惜,有些名为画廊,严格地说并不具备现代艺术市场的特征。艺博会已经存在八个年头了,能够到博览会来买展位的画廊的数量依然很少,指望以真正的画廊"填满"艺博会的展位,尚待时日。所以,艺博会依靠什么来建立"二级市场"也是一个不可回避的困难抉择。此外,"艺术单位"是一个很模糊的概念,更不能算是"一级市场"形态,参展的专业画院、艺术团体、教学单位、艺术行政机构等从哪个方面说都不具备"一级市场"的性质和功能。在一级市场不成熟的情况下,作为二级市场的艺术博览会在品质上很难有保证,更不要说有所提高了。从市场规范的角度讲,不仅个人艺术家不能参展,那些不具备商业身份的机构也不能参展(如院校、画院、非营利艺术中心)。王林在《中国的美术文化亟待建设》一文也指出:"艺术博览会应该是画廊展示、推出自己的艺术家和艺术品的场所,严格地说,画家自己到博览会上摆摊设点,无益于市场建设。正规的艺博会必须是画廊有一定历史,有推出的画家,有相应的档案资料,既是艺术商品交易会,又是艺术创作展示会"。在这种模糊混乱的状态下,上海艺术博览会率先在参展制度的规范化方面做出了努力。

从1997年举办之初上海艺博会就将其目标定位为"国际化、精品化、市场化",并将目标盯在了画廊这个市场运作主体上。其高起点的规范性不仅为国内其他艺术博览会提供了参照,而且使上海艺博会向国际化、规范化、专业化的方向迈进了重要的一步。经过几年的努力,上海艺术博览会所呈现的整体格局中,画廊的比例每年都在逐步提高。比如1997年上海艺术博览会参展的画廊与艺术单位共117家,达参展数量的88%,海外画廊参展数量达到54家。从第二届开始,组委会将国际市场的宣传、招展等工作与各国艺术代理商进行商业合作。例如,组委会在法国就全权委托给一位巴黎的艺术代理人,而且组委会特意将较为成熟的巴黎艺术家优先安排在三楼。美国方面也是授权给代理商,还有欧洲的比利时、奥地利等都是如此运作,以国际化的商业运作模式来保证上海艺术博览会的国际化和规范化的市场定位。1998年第二届参展画廊与艺术单位占到了95%。1999年第三届时,主办方明确提出"拒绝个人参展"。

到了2000年,上海艺博会杜绝个人参加展览,只接受画廊与艺术机构参展,专业性也进一步加强,将展示目标主要集中在现当代艺术品上,吸引了诸如上海艺博画廊、香格纳画廊、华氏画廊等当时比较优秀的画廊参展,体现出与艺术博览会国际规则接轨的特征。"人们对2000年上海艺博会普遍产生好感,一方面是由于该届艺博会的组织工作较往年有明显进步,另一方面,上海艺术博览会被当作上海国际艺术节的一个固定项目而受到了上海市政府的大力支持。与上海艺博会前后开幕的还有上海国际艺术双年展,展会期间还有十多个外围展览在上海市的各个画廊举行,一时间整个中国美术界目光都在上海定格,还吸引了大量海外华人艺术家、艺评家和画廊经营者来到上海,这为上海艺术博览会营造了一个非常理想的氛围。"2000年第四届上海艺博会还邀请中国艺博会、广州艺博会、大连艺博会、西湖艺博会同行赴会,展示形象并实现交流互动。

为了促进艺术品市场的规范与发展,扶持国内画廊业的发展,2003年,上海艺博会在上海美术馆举办了首届"上海艺术博览会画廊邀请展",有来自全国的42家画廊被邀请参展。这个展览项目初衷是扶助画廊经营,所以艺博会无偿向画廊提供展位,但对展出作品的原创性方面有较高的要求。除了每年一次精心为画廊搭建展示和交易的平台之外,上海艺博会还加强了在日常工作中对画廊的扶持和推介。在艺博会的官网为参展画廊提供宣传渠道,定时发布画廊动态和信息。上海艺术博览会通过这些举措,也使得许多艺术家转变观念,积极寻找适合自己的代理画廊,力求通过画廊来进入艺术博览会和市场。这种将画廊作为主体的概念和方法,不仅推动了画廊的发展,也同时在逐步规范市场,使二级市场艺术博览会的健康发展建立在良性的一级市场的发展上。

(三)展览制度的改变,引入策展人制度

上海艺博会的展览平台可以分为两个部分,一个是商业平台,一个是学术平台。商业平台主要包括画廊展和VIP服务系统,学术平台主要包括主题展、论坛与公共项目。从1997年到2005年,上海艺博会主要是注重于商业平台的画廊展。画廊展是艺博会展览的主要形式,展出作品是由画廊申报,经艺博会艺术委员会审核通过后展出。在这里,艺博会主要是为画廊搭建展示和交易的平台。因为从本质上来说,艺博会作为一种商业活动,其最终的目的是为了营利。

2006年,上海艺术博览会增加专题展,引入策展人制度,推出"上海艺博会青年艺术家推介展",目的是挖掘新生力量,为年轻艺术家搭建一个展示平台。同时在展览期间还举办相应的艺术论坛。"青年艺术家推介展"的创办,在国内各种艺博会中还是首次,显示了上海艺博会的学术追求。后来这个板块作为固定的展览项目,成为上海艺博会的特色。

从2006年到2013年,"青年艺术家推介展"更多关注的还是展览的学术性。比如在2006年,"青年艺术家推介展"邀请批评家王林担任策展人,并邀请殷双喜、顾丞峰、陆蓉之等10人组成专家推介团,联手向公众、藏家和画廊推荐具有发展潜力的青年艺术家。在专家推介的基础上再作评选，最终确定了50名平均年龄在35岁以下的青年艺术家参展。其中，上海籍的青年艺术家占据了14席。本次"青年艺术家推介展"设金奖1名，银奖2名，铜奖4名。在预展晚会上，组委会还专门举行了颁奖仪式。

到了2014年，"青年艺术家推介展"的主办方产生了变化，上海市美术家协会参与"青年艺术家推介展"的青年艺术家推介工作，并和上海艺博会组委会共同举办。推介展更多地关注作品的市场状况。推介展还扩大了参展艺术家范围，包括韩国、台北、香港、澳门等国家和地区的专业艺术院校学生都可以报名申请，上海艺博会青年艺术家推介展评审委员会最终从报名的近500幅作品中挑选了50名青年艺术家的134幅作品参展。在扩大参展区域的同时，作品的形式也更多样化，影像、装置等作品也在展览中出现。同时为了突出青年艺术家是艺术未来的主题，从展场的整体设计、标识导览、布展等方面进行了全新的设计。"上海艺博会青年艺术家推介展"至2014年已经举办了九届，作为一个发掘新生力量，展示青年创作才华的平台，为画廊和收藏家提供了解青年艺术家的窗口。

上海艺术博览会推出"上海艺博会青年艺术家推介展"

二、上海艺术博览会经济

(一) 设立主题, 吸引藏家

上海艺博会毕竟是商业机构, 如何吸引藏家, 提高现场成交率, 是艺博会的最终目的。因此, 在吸引收藏家方面, 上海艺博会也做了种种尝试和努力, 比如举办预展酒会, 设立VIP休息室等来增强收藏家的现场体验。1999年, 上海艺博会在组团考察了世界几大艺博会之后, 将慈善预展酒会的模式移植进上海艺博会, 同时根据上海艺术市场的特点, 将这一活动和更广阔的社会层面的需求进行了嫁接和融合, 从而形成了集慈善、招商、宣传等功能于一体的慈善预展酒会, 成为上海艺博会中的一个亮点。出席慈善酒会的有来自中外各大银行和合资企业的老总、上海画廊的从业者、批评家和收藏家等。这些嘉宾可以优先参观并购买参展作品。如今, 这个活动已变成上海艺博会的传统活动。

近几年来, 上海艺博会注重对本土收藏家的培育, 增加了VIP服务部分。其目标主要是艺博会的目标客户, 通过专业的服务系统地将展会呈现于客户面前, 比如专业导览服务, 媒体服务, VIP专项服务等。这从每年的主题就可明显看出。如2010年提出"让收藏成为风尚"的理念。2011年主题是"艺术就是财富", 蕴涵了"收藏传承""投资理财""美化居室""礼品馈赠"这四大艺术品投资消费概念, 满足社会上不同阶层、不同品味的需求。2012年上海艺博会得到中国工商银行上海市分行的全程支持, 提出"收藏艺术, 点亮心灵"的口号。2013年主题是"让消费爱上艺术", 希冀艺术品收藏的行为显得更为"家常"和平易近人。这些主题的理念除了在高收入人群中推广艺术品收藏与投资理念之外, 还力图与更广阔的社会层面相结合, 希望能在更多的市民大众中普及并树立艺术品消费观念, 使社会各个群体能够进一步关注艺术品市场, 参与艺术品消费。2014年的主题明确提出"收藏就是时尚"。VIP服务部分成了整个展览商业活动核心经营的部分。2015年的主题是"家居渴望艺术", 力图把艺术品消费和极为贴近市民生活的家居环境塑造联系起来,让更多的家庭意识到艺术在家居中所发挥的重要性,由此关注并参与艺术品消费,踏出接触艺术品的第一步。这些主题(见表3-1)的共同点:一是告诉参观者需要收藏艺术品;二是教你怎样收藏艺术品。

表3-1　2003—2015年上海艺术博览会主题一览

年　份	主　题
2003	用艺术美化我们的空间
2004	投资艺术品打开理财新天地
2005	跟随画廊选择投资理财正确之路
2006	投资艺术就是储蓄未来
2007	收藏艺术享受财富
2008	画廊为收藏者领航
2009	金融危机
2010	让收藏成为风尚
2011	艺术就是财富
2012	收藏艺术,点亮心灵
2013	让消费爱上艺术
2014	收藏就是时尚
2015	家居渴望艺术

(二)上海艺术博览会的成交量

作为上海地区历史最久、根基最深的艺术博览会,它的定位比较多元化,既有当代艺术,也有现代艺术和传统艺术,虽不为当代艺术界所叫好,但良好的群众基础和买气却让其他当代艺术博览会和画廊羡慕不已。根据艺术市场所呈现的特点,艺博会不断调整组织格局,根据上海艺术品消费市场多层次的特点,努力营造高、中、低三档价位的消费格局。艺博会的基本思路:以国画、油画、版画、雕塑等为展示主体,打造品牌,树立形象。用高质量、高品位的艺术品来积极引导和培育艺术市场的购藏群体。同时,针对房地产销售和家具布置,组织富有艺术品位,但价格能够被工薪阶层接受的各类装饰艺术品参展,如民间工艺品、家具装饰摆件、小件雕塑、美术印刷品等。以此来引导消费,从而使整个艺博会形成一个具有立体互动分层结构的大市场。

这种分层次、分价位的艺博会结构,适应了各种层面的艺术品消费需求,市民参与的程度也很高,每年来参观艺博会的人数在不断增加,作品成交量也逐届上升,从首届的几百万元成交额上升到目前的过亿元,为参展画廊和收藏家搭建了交易的平台。比如在2000年上海艺博会上,法国沙耶格画廊带来参展的罗丹著名雕塑作品《思想者》(限量复制品),以100万美金的价格被浦东联洋土地发展公司购藏,成为我国艺博会上最大的一笔境外作品成交,这在当时引起了极大的轰动。2002年,恺撒的雕塑名作《大拇指》,以260万元人民币被购藏。2003年,张大千的《重嶂归人图》以550万元人民币成交。在2003年上海艺博会闭幕当天,美国参展商伊曼纽尔-伽弗戈艺术公司承诺向艺博会主办单位上海文化发展基金会捐赠一尊大型青铜雕塑《思想者》,并于2004年1月运抵上海,放置在上海图书馆前。这尊雕塑高180厘米,材质为青铜,浇注序列号为第25号,市场价值100万美元。这也是上海文化发展基金会成立17年以来,首次接受艺术品捐赠。即使在2009年经济危机之后和艺术市场不景气的状态下,上海艺博会每年的成交量依然让人侧目。根据上海艺博会组委会统计,2013年上海艺博会在观众人次和成交量上刷新了以前的所有纪录,观众人次超过6万,为历届最高,成交量则突破了2011上海艺博会曾创下的成交纪录,增长了1千万元,达到了1亿4千万元人民币,创历史新高。2014年上海艺博会观众约5万人次,全部成交量约为1.4亿元人民币,与2013年创造的上海艺博会历届最高成交纪录持平。2015年上海艺博会观众约5万人次,全部成交量约为1.41亿元人民币,比2013年创造的上海艺博会历届最高成交纪录有微幅上涨。可以说,上海艺术博览会在商业上的运作取得了很大的成功(见表3-2)。

表3-2 2004—2015年历届上海艺博会现场成交量一览

年 份	成交量（万元）
2004	2 600
2005	5 200
2006	6 000
2007	6 700
2008	4 200
2009	5 000
2010	7 000
2011	13 000
2012	约10 000
2013	约14 000
2014	约14 000
2015	约14 000

2000年上海艺博会，法国沙耶格画廊携来参展的罗丹著名雕塑《思想者》（限量复制品），以100万美金的价格被购藏（左图）
2002年上海艺博会，恺撒的雕塑名作《大拇指》（限量复制品），以260万元人民币的价格被购藏（右图）

三、上海艺术博览会的品牌延伸

2007年,上海艺术博览会的范围有所扩大,增设国际当代艺术展,也就是上海艺术博览会国际当代艺术展(SH Contemporary,简称"上海当代")。"上海当代"是上海艺博会的品牌延伸项目,由上海艺术博览会组委会、上海市国际文化传播协会、东上海国际文化影视集团、意大利博洛尼亚展览集团共同主办。为了与其他艺博会拉开差距,"上海当代"从一开始就以"当代艺术"为主题,由意大利博洛尼亚展览集团操盘,宗旨和目的就是突出国际化、专业化的品质特点,一度成为中国最具活力的当代艺术博览会。从2007至2014年,"上海当代"已有9年历史,2007年的第一届是最盛大、最具影响力的一届,接下来的几届在全球经济危机的影响下,规模有所缩小,2013年曾停办。

2007年首届"上海当代"由巴塞尔艺术展前任总监洛伦佐·鲁道夫(Lorenzo A. Rudolf)担任艺博会艺术总监,瑞士艺术经纪人和收藏家比埃尔·胡伯(Pierre Huber)担任艺博会创意总监,他们两位都曾经是巴塞尔艺术博览会的组织成员,所以他们把巴塞尔艺博会的运作模式搬到了"上海当代",要打造一个亚洲最高规格的国际性当代艺术品交易盛会。这主要表现在画廊的评选制度与学术性两方面。

从画廊参选评选机制来讲,"上海当代"的评选委员会在筛选画廊时,对参展画廊的

2007年,上海艺术博览会开始增设国际当代艺术展

质量进行严格把关,会综合考量其经营理念、代理艺术家、展览方案,以确保艺博会的品质。正是有了这样的评选机制,参展画廊把优秀的作品都带来了,而收藏家会感到在此购买艺术品是有保障的,这反过来又吸引了更多画廊和收藏家的加入,艺博会的评选门槛也在不断提高,从而形成一个良性循环。例如2007年,"上海当代"共有来自美国、法国、意大利、德国、西班牙、澳大利亚、俄罗斯、韩国、日本、印度、中国等23个国家的130多家画廊入选。其中,欧美画廊占55%,亚洲其他地区画廊占24%,中国本土画廊仅为21%,显示出国际化的主导模式与严格的画廊参展制度。

"上海当代"非常重视展览的学术性,主题展和专题展都是邀请著名策展人进行专业策划。例如2007年首届推出"杰出艺术家"和"惊喜的发现"单元,这两个板块成了展览的亮点。"杰出艺术家"选择了15位亚洲知名艺术家和他们的作品,以独特的表现手法来诠释和展现其最新的作品。"惊喜的发现"为新兴的亚太地区未知名艺术家提供首次向国际艺术界展示作品的机会,有20个展示和方案。这一方式源于在整个亚太地区精准的调查研究,旨在将新一代艺术家融入世界当代艺术体系,探索新的主题。2011年推出"新水墨"板块和"影像室"板块等,从而为艺博会塑造出浓厚的艺术学术氛围。同时将论坛作为艺博会的另一学术重点。2007年的"上海当代"论坛由专业主题论坛和公共教育两个不同板块构成。2011年又在艺术家、批评家、策展人和收藏家之间推出了一轮广泛的对话。这些论坛和对话力图兼顾学术高度与教育广度,以专家和普通观众交流对话的形式,起到普及知识与培养市场的作用。高品质的画廊、学术性主题展以及艺术论坛是"上海当代"高水准的保证,也吸引了不少观众。

然而办好一个国际化的当代艺术博览会,远没有想象中那么简单。有别于双年展,艺博会更加关注市场与销售,汇聚了各大画廊、各种艺术新潮和新人新作的艺博会牵动着业界的神经。全球经济的发展与危机也会对艺术市场带来深刻的影响。2007年的"上海当代"十分火爆,销售额也十分可观,但是到了2008年,虽然很多画廊依然参展,但是收藏家却寥寥无几,导致2008年的"上海当代"出现了买气不足的问题。从2007年的突然爆发到2008年的疲软,表明了在内地收藏体系还不成熟的情况下,单纯依赖西方藏家的猎奇心理必定会增加艺术博览会的风险和不稳定性。在西方有成熟的收藏体系,但是国内的收藏体系还不成熟,当代艺术品仍然以西方藏家为支撑。2007年与2008年"上海当代"的强烈反差,说明了在西方藏家退去之后,中国还未形成一个实在的、具有稳定性的买方市场来支撑艺术博览会的长久发展。造成这种状态的原因,主要是因为中国广大民众的收入还不高,缺乏购买艺术珍品的经济实力。而当下有支付能力买得起艺术品的人,因其缺乏艺术素养,兴趣还没有转移到艺术投资领域中来,真正有水平的、"理性投资"艺术品的收藏家并不多。到了2009年,因为全球经济危机的影响以及中国当代艺术市场整体上的低迷,"上海当代"又更换了艺术总监,使得展览规模缩小,销售持续低迷。到2011年虽然有所反弹,但到2013年又暂时停办,到2014年以"博罗那上海国际当代艺术展"全新品牌亮相,但与上海艺博会组委会已经没有任何关系。

四、上海艺术博览会运作过程中的问题

(一)学术与商业的平衡

上海艺博会虽然在商业运作上取得了很大的成功,但从专业定位上,上海艺博会一直在进行学术与市场的磨合。上海艺博会在举办初期,不仅力图推动艺术市场的发展,同时也非常注重艺博会的学术氛围。在2001年之前,上海艺博会每年均举办不同主体的学术研讨活动,邀请相关批评家、策展人、收藏家就当前艺术市场的状况、问题进行分析。论坛的成果以论文集的方式出版。

如1997年首届上海艺博会举办期间,出版《走向市场的艺术:当代艺术市场新探》,这是国内首本有关艺术市场理论的探讨论文集。1998年,组委会组织了名为"迎接新世纪中国画廊"研讨会,着重就我

国艺术市场的中介主体——画廊和艺术公司的现状和发展前景进行了学术讨论。1999年，组织主题为"中国艺术市场新世纪展望"研讨会，对中国艺术市场的走向和上海艺博会的发展前景进行讨论，并出版了论文集《迎接新世纪的中国艺术市场》。2000年，举办"中国的艺术博览会与展望"研讨会，邀请中国艺博会、广州艺博会、西湖艺博会的组织者和专家学者就国内艺博会的定位和走向进行了深入的探讨。这连续三年对中国艺术市场面对"入世"后新的经营环境和市场走向的学术探讨，体现了上海艺博会在艺术市场理论方面所作的努力。

2001年上海艺博会开幕期间，由文化部文化市场司主办的"2001上海中国艺术产业论坛"在上海国际会议中心举办，来自日本、韩国、荷兰等国的20多位学者就艺术产业的诸多领域进行了主题演讲和研讨，对中国艺术产业的发展提出对策性思考；并出版了第三本有关艺术市场的探讨文集——《艺术市场与艺术博览会》。这些论文集围绕着中国艺术市场的现状、艺术博览会的规范性、与国际接轨等问题进行了分析和梳理，是研究我国在21世纪初艺术市场和艺术博览会状况的参考书目之一。

从2002年到2014年，上海艺博会很少再举办专题研讨会，或是出版论文集，而是以邀请专家讲座为主，讲座的内容偏重于艺术的产业化与艺术收藏，并且举办了一些专门针对收藏家的讲座，注重对藏家艺术兴趣的开发和知识的培养。从这个变化可以看出艺博会重心的改变。

纵观全球的艺术博览会，以学术创新为基点和核心的品牌战略渐成主流。学术与商业的有效结合，是艺博会成功的一个重要因素。如巴塞尔艺博会，"以学术引领市场"是其核心理念。巴塞尔艺博会将学术主题定位于当代艺术（原则上不接受1900年以前的艺术品），"由学术性极强的专业主题展如'艺术无限''艺术宣言''艺术首演'等特别展组成，这些学术性的主（专）题展一般由基金会赞助，为有艺术才华与潜力的艺术家提供展示平台。此外一些与学术相关的公共性项目也应运而生，如'艺术出版''艺术舞台''专家日''艺术对话''艺术众议厅'等，与高学术水平的展览相辅相成，共同为会展塑造与烘托出强烈的艺术学术氛围。显然巴塞尔艺术博览会认为那些专业性突出的画廊比以买卖营利为主的画廊更为重要"。上海艺博会虽然推出了"上海艺博会青年艺术家推荐展",目的是推出有潜力的青年艺术家。但由于运作和展览方式的问题,该推荐展在学术圈内并没有产生多大的影响力。"说白了,就是为了卖画。整个展览只能说是一个临时画廊,挂了一些丝毫不相干的作品而已。展览中作品与整个博览会的其他作品相比较而言,缺少评论系统的批判,所以,整个展览中,卖出的作品越多,说明存在市场泡沫的可能性越大。"笔者也曾于2008年参与主题为"笔墨精神"的"上海艺博会青年艺术家推荐展",由于主办方的重点仍然是以卖画和销售额为主,所以那些偏重实验性、前沿性的艺术作品很难入选。近几年来,"上海艺博会青年艺术家推介展"由上海市美协与上海艺术博览会组委会共同主办,但实际的承办方是某文化公司,展出的作品很难与画廊区的展览拉开差距,更鲜有实验性的艺术作品,但销售却比从前有所增加了。据上海艺博会官网报道,2014年共有20多幅作品成交。从某种程度上来说,由基金会资助和美协主办的年轻艺术家展览,卖得越好,说明这些作品的实验性越差,因为这与基金会和美协作为非营利机构资助的目的是背道而驰的。

上海艺博会在年轻艺术家推广方面其实有两个方向可以选择。一是继续依靠基金会的资助,实行策展人制,根据不同主题选择具有实验性和观念性的年轻艺术家作品,在展览形式上可以多样化,比如行为艺术、影像、装置等观念艺术作品都可以展示,不以作品销售为目标,而以实验性和创新性为主,推出一批前沿性的年轻艺术家,切实打造上海艺博会的学术标杆和影响力。同时举办学术论坛,让论坛成为展览的组成部分,通过专家主题演讲的方式,让当代艺术有更多的观众参与。这与巴塞尔艺博会"以学术引领市场"的理念是一致的。二是可以借鉴军械库艺博会和弗里兹艺博会的经验。军械库艺博会每年都会在其"聚焦"(Focus)单元中突出展示某一地区的艺术。这个单元都经过专门的策划,参展者大部分是新兴的画廊,它们通常会包含艺博会的主要焦点和惊喜，重点推出年轻艺术家的作品，如2013年重点展示的是美国的艺术，2014年重点展示的是中国的艺术。弗里兹艺博会由于受2007年金融危机的影响，招展压力变大。他们于2009年推出了画框展区，专门为创办时间在六年及六年以内的画廊代理的新锐艺术家提供个展空间，并降低他们的参展成本。新兴画廊在申请成功之后，弗里兹艺博会邀请两位专业的策展人，为这些画廊在挑选艺术家及其作品的过程中提出建议，以确保展览的学术性，同时强调观念以及观众的介入。这样的运作模式使得画框展区颇受好评，一方面为年轻的艺术家和画廊提供了一个崭露头角的机会和平台，一方面在保证艺博会品质的同时又拓宽了艺博会的招展范围和对象。艺博会并未让年轻画廊成为老牌画廊的陪衬，而是努力为新兴画廊提供服务，加大对新兴画廊和新兴艺术家的推广力度，同时也吸引收藏家的关注，尽力促成销售。

上海艺博会在学术建构上，吸取巴塞尔艺博会和弗里兹艺博会等成功的专业艺博会模式，将学术性和商业化运作有机融合，在规范市场的同时，也使其学术性得以彰显。

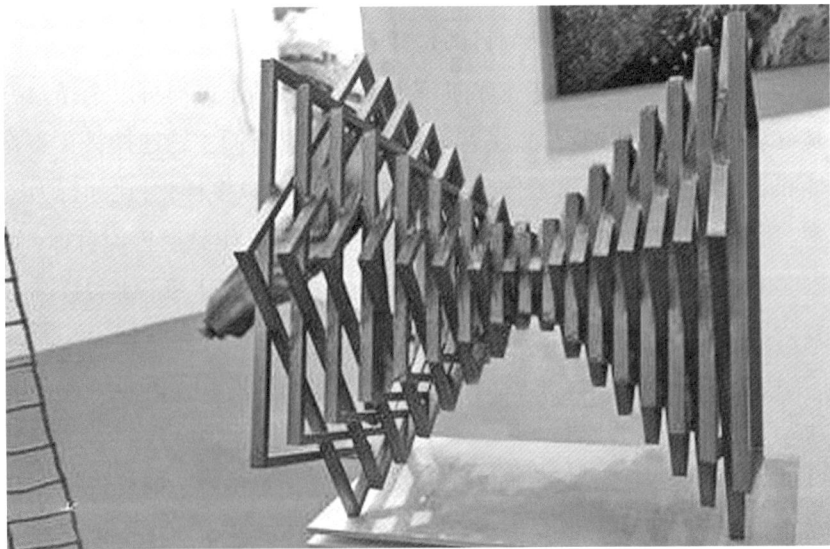

上海艺博会以多样化的展览形式推广年轻艺术家

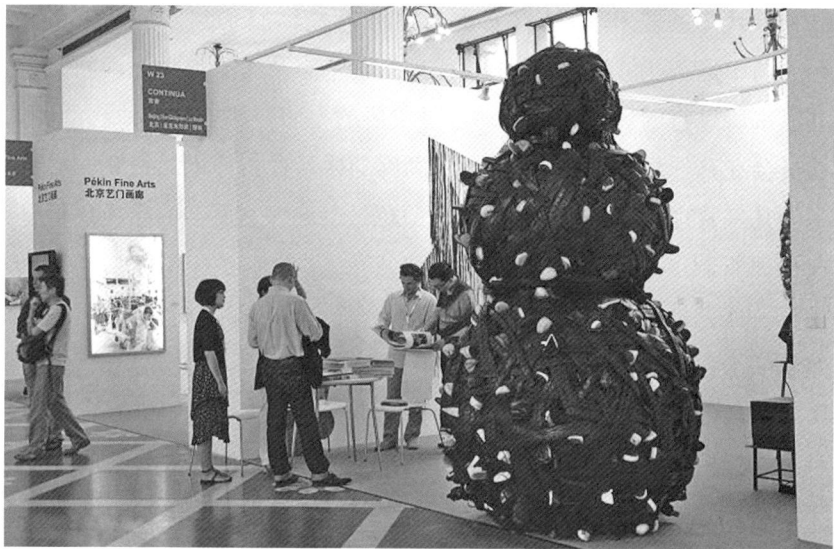

上海艺博会将学术性和商业化有机融合

（二）画廊评审制度

在评选机制上，上海艺术博览会成立了艺术委员会，所有申请参展的画廊均须通过艺术委员会的评审和遴选方能参展。2007年，上海艺术博览会当代艺术展的成功举办，吸引了不少国内外专业画廊参与，也分走了一部分市场份额。

艺博会高品质的保障来源于严格的画廊参展制度。由几位画廊主组成艺博会的评选委员会对申请参展的画廊进行选拔，是近几十年来绝大多数艺博会所采用的画廊评选制度。这种制度的优点，一是可以避免艺博会主办方的偏袒之举；二是画廊主常年战斗在一级市场，他们对于艺术市场和画廊业的发展比较了解，尤其是在国际上有声誉的画廊主，他们往往具备丰富的经验和前瞻性的眼光，这对于艺博会来说都是非常重要的。如巴塞尔艺博会和弗里兹艺博会都设有一个艺博会评选委员会，委员通常由6—8位来自不同国家和地区、不同文化背景的画廊经营者组成，委员们按照制定的统一原则和每年的具体标准，独立行使自主评审权。巴塞尔艺博会对画廊的要求之一就是画廊要有自己独家代理的艺术家,非常看重画廊与艺术家之间良性的专业合作关系。画廊是否能够入选,除了所代理的艺术家及作品水平外,画廊自开办以来所进行的展览策划活动也是重要的参照。弗里兹艺博会的评选委员会在筛选画廊时,也是对参展画廊的质量进行严格的把关,会综合考量其经营理念、代理艺术家、展览方案,以确保艺博会的品质。但是,这种评审制度也遭到不少的质疑。"诚然,这种体制有其可取之处,但是第一届艺博会举办之后我们发现了一个趋势,即人们倾向于与自己熟悉的合作伙伴合作(这将导致排他性极强的小集团主义),或是为那些本身已经具备一定知名度,甚至是公认的'热门'机构服务。于是这种模式让后来者失去了大量机会,另一方面,有关机构对参展画廊成立年限所设置的标准又完全是随意的。凭什么一个画廊只因已经成立了两年就会受到特别的追捧呢?"上海目前没有画廊协会,因此组建由几位画廊主组成艺博会的评审委员会也不切实可行。引入专业的策展人制度或是与策展人的合作可以在评审制度上和主题展中有所创新。在如今艺博会激烈竞争的时代,上海艺博会应该在评审机制上有所调整,以更专业的画廊来吸引更多藏家的关注。

(三)税收问题

高额税收对包括上海艺博会在内的中国内地博览会的发展不可避免地有着致命的制约。例如在2000年上海艺博会中,国内一位藏家选中法兰西画廊带来的罗丹雕塑作品《思想者》,但在交易时,买家除了要支付100万美元的作品价格外,还需按当时关税交纳67万美元税额。面对超出作品价格半数的税款,买家最终选择了放弃。因为要多支付30%的税金,于是很多国际画廊放弃了上海艺博会和"上海当代",而转投香港艺博会或新加坡艺博会。

合理的税收制度可以激励市场的发展。例如巴塞尔艺博会在举办期间,瑞士海关对进口的参展作品配有有效期1个月的免税证书,如果展览中作品被国外人买走并出境,可以享受免税优惠。同时瑞士海关在现场设立专门办公室,与金融部门、运输公司合作为参展商提供便捷服务。2011年香港当代艺术博览会被巴塞尔收购,成为西方艺术博览会在亚洲的延伸,"艺术香港"更是炙手可热,成为画廊竞相申请的对象。香港地区的艺术品进口关税为零,这极大地促进了香港的艺术品交易,对于内地的艺术博览会影响很大,海外画廊踊跃参加香港艺术博览会,使香港逐步成为亚洲最大的艺术品交易中心。与香港地区艺博会"零关税"相比,内地高昂的艺术品关税将一些国际高品质画廊和优秀作品挡在门外,成为艺博会发展的障碍。

五、对上海艺术博览会未来发展的思考

(一)建立基金会,保证稳定的资金来源

上海艺术博览会在发展初期,是由于上海市政府和上海文化发展基金会的资助才得以举办,这反映了当时政府对艺博会的定义不清以及认识模糊的问题。因为艺博会属于营利机构,本质上是市场行为,上海文化发展基金会作为非营利组织是不应该带上商业色彩的,也不能够资助营利性机构或是商业展览。政府的介入与资助在我国艺博会发展初期的确起到了一定程度的推动作用,但是过度的政府行为会使艺博会的发展偏离市场轨道,而改变性质。

目前国际上的艺博会组织机构大致有两种形式,一种是成立艺博会公司,如巴塞尔艺博会,公司为完全保持独立地位采取不接受政府、企业和私人资助的经营方式,这样可以有效地抵制外界的干预与影响,保证了主办者行为的独立自主;一种是成立基金会,如弗里兹艺博会,在2003年就建立了弗里兹基金会(Frieze Foundation),这是一个非营利组织,负责监管弗里兹项目,包括弗里兹论坛、弗里兹音乐、弗里兹教育和弗里兹电影等。弗里兹基金会的资金来源于欧盟文化2000计划和英格兰艺术委员会。弗里兹艺博会还积极与企业和机构合作,寻求赞助和支持。例如,2004年,德意志银行开始赞助弗里兹伦敦(艺术博览会),成为其首席赞助商,并且2012年新创立的弗里兹纽约(艺术博览会)也得到了德意志银行的赞助。著名法国珠宝和腕表品牌卡地亚

也从2005年至2010年作为赞助商给予弗里兹伦敦支持。另外,弗里兹艺博会的合作伙伴还涉及酒店、奢饰品、法律、艺术仓储、物流等领域,构成了一套完整的博览会赞助体系。

目前上海艺博会的组织机构是公司形式,从理论上讲是不应该得到国家艺术基金会和其他各类基金会的资助,而只能争取商业机构的赞助,这从某种程度上减少了赞助的范围。除非上海艺博会自己成立上海艺博会基金会,基金会可以借助特定的领域得到其他赞助。有了基金会及赞助商作为后盾,上海艺博会具有学术性和商业性的艺术活动才能分别得以实施,从而丰富上海艺博会的功能。

(二)艺博会策展人制度

帕科·巴拉甘在其著作《艺博会时代》中对"艺术博览会策展人"这一概念进行了具体阐释。他认为,现在有越来越多的艺博会借助策展人,通过一些专门为艺博会创设的项目,来实现或推动艺博会。策展人已成为让一场艺博会从众多博览会活动中脱颖而出的差异性元素。他举例说明策展人与艺博会的关系正日益密切:"批评家、策展人阿曼达·库尔森自2004年担当起了VOLTA艺博会的执行总监;美国《闪光艺术》(Flash Art)杂志前编辑、P.S.1策展人安德里亚·贝里尼(Andrea Bellini)2006年加盟了Artissima艺博会,担任博览会总监;从2007年开始,内维尔·韦克菲尔德(Neville Wakefield)作为弗里兹艺博会的项目部策展人监管专为艺术博览会执行的委托展览项目;波多黎各艺博会(CIRCA)的选拔委员会自2005年发起以来一直依赖其策展人团队;始于2006年的迈阿密摄影艺博会也是如此;此外,在1996年到2003年间做策展人并曾担任美国《帕科特》(Parkett)杂志主编的凯·苏菲·拉比诺维茨(Cay Sophie Rabinowitz),现在是巴塞尔艺博会与巴塞尔迈阿密海滩艺博会的艺术总监。"这些例子说明了策展人在艺博会组织过程中不可或缺。在这种合作中,艺博会得益于策展人的名望、知识和人际关系,而策展人得到一个全新的策展平台。帕科·巴拉甘认为,透明度、教育性与利益是一个策展人参与艺博会工作时从其立场出发应该考虑的问题。"艺术博览会策展人"这一形象中包含了一系列赋予艺博会某个策展观念或将艺博会颠覆为一个策展平台的工作任务与实践。为什么我们不肯承认,如今我们面对的是策展实践新的发展阶段,意在把原来博物馆或机构的范围扩大到一种寻求艺术(市场)体系重组的更商业化的新范畴?为什么我们一定要坚持认为,艺术博览会就必须把经济问题而非文化或社会问题放在优先考虑的位置上?

上海艺博会虽也有独立的组委会,但是缺少策展人团队。这样就导致了组委会几乎要包揽招商、评选、主题设计、学术打造、媒体宣传等所有程序,而不能做到专业细分。因此,上海艺博会可尝试与独立策展人团队合作或是建立策展人制度,策展人可以决定艺博会展览艺术线索,并为画廊参展艺术家和作品提出建议。艺博会也可以在博览会上设置策展单元,让策展人根据主题选择艺术家,在展览期间举办公共论坛,提供导览服务,促进艺博会教育目的实现,提高公众对于当代艺术的认识。策展人还可以邀请艺术家为艺博会专门创作作品。比如弗里兹伦敦就是由艺术总监任命专业的策展人为弗里兹艺博会量身定做一系列艺术家委任项目。弗里兹项目的策展人每年会委任10位左右的艺术家根据艺博会的特定场地专门创作作品,其类型包括装置、雕塑、行为艺术等。策展人的加入,为艺博会的学术性和青年艺术家推介提供了保证,使之成为一个艺术实践和展示平台,同时也强化其鲜明的品牌个性。这样的展览制度非常有助于打造"新博览会主义"的观念,从而做到"让艺术博览会部分是市场,部分是集合地,部分是实验室,部分是教学用的工作室,部分又是策展的平台"。

(三)体验艺博会

小约瑟夫·潘(Joseph Pine Ⅱ)与詹姆斯·吉尔默(James H. Gilmore)在其著作《体验经济》(The Experience Economy)一书中提出了"体验经济"(experience economy)这一概念,他们提出要"展示出乎意料的东西",就是展示者必须不断更新他们所提供的体验:要制造变化或者增加新元素,以保持所提供的体验常新、刺激并值得人们花钱再来一次。从某种程度上说,艺博会也是这种"体验经济"的践行者,他们不但向观众呈现艺术家最新或过去的创作作品,而且通过艺术家委任项目和论坛等活动,向参与者传播关于当代艺术的知识,提高公众对于当代艺术的认知,同时也吸引收藏家和赞助商的支持,成为大家愿意体验并为之花钱的场所,从而促进艺术市场的发展。

另外,对观众的"艺博会体验"也不能忽视。例如ARCO艺博会在2002—2007年间因其建筑项目而获得了"潮流开创者"的殊荣,其中颇为引人注目的就是由建筑师、艺术家、景观艺术家和时尚舞台设计师设计的休息区域。"这一项目给艺博会世界带来了新鲜的空气,它利用休息放松的空间平衡了艺博会'军用般'的展厅与展位分格体系。换句话说,就是既有私人空间(画廊之内)又有公共空间(画廊之外)。这其中,一些破坏'展馆与展位'教条的实验相当成功。"如果我们能在艺博会的忙碌喧嚣中建立起自由方便、供人们交流思想的场所,也可以增加作品的销售。如今的艺博会不再是简单的出租摊位,人们对艺博会的期望也越来越高。不管是超级艺博会还是小型艺博会,都应该有清楚的定位,为观众提供独特的体验或者是超出他们期望的体验,才能有所发展。

结语

2000年之后,艺博会如雨后春笋般在全世界各大城市蔓延开来,除了新的艺博会在不断涌现,那些大牌艺博会也走上了兼并和扩张之路。如巴塞尔艺博会近几年来先后新创巴塞尔迈阿密海滩艺博会和巴塞尔香港艺博会,如今则成为囊括欧洲、美洲、亚洲市场的超大型艺博会。弗里兹艺博会则于2012年进军纽约,创办弗里兹大师和弗里兹纽约艺博会。而上海除了上海艺术博览会、上海国际当代艺术展之外,近几年来又产生了上海城市艺术博览会、上海廿一当代艺术博览会(Art021)、上海影像展、西岸艺术与设计博览会等。艺博会的疯狂扩张也带来了一定负面效应。当参观者和参展画廊奔走于大大小小的艺博会之后，开始产生"艺博会疲劳症"。

而对于画廊来说，参加艺博会不仅需要时间，更需要支付高昂的展位费、作品运输费、保险费和差旅费等，这是一笔不菲的开支。"根据巴塞尔艺博会的总监介绍，通常一个画廊参加艺博会在展位费、运输、保险、差旅方面一共要用掉8至10万欧元。对于很多亚洲国家来说由于地理位置原因，可能费用会更高。"另外，国内艺博会的展位费也在不断上涨。由于画廊资源有限，以及海外艺博会的吸引，大多数画廊会最终选择一、二家艺博会参展，上海艺博会只有成功地满足各方市场要求，才能在目前群雄纷争的局面下生存和发展下去。

上海艺博会如何在"艺博会时代"下，加强与策展人的合作，在学术和商业之间找到平衡并形成良性循环，给参加的画廊和收藏家提供更好的交易平台，保持艺博会的活力和新鲜感，增强观众的体验，继续占据有利的市场地位，是一个需要思考的问题。

第四章

上海画廊与古玩店的集约化经营

（胡懿勋）

在上海建设国际经济中心、国际金融中心、国际航运中心、国际贸易中心的"四个中心"和现代化国际大都市功能格局中，中心城区内的艺术产业规模成为经济、金融、贸易背后最重要的文化支撑条件。黄浦区、静安区因其历史文化、区位优势、消费市场等原因，吸引了一些较有实力的画廊，上海地区多数的拍卖行、古玩城也在此布局之中。此外，普陀区的M50，长宁区的红坊也成为上海画廊的集聚区；无论是M50的自发成长到政策介入，还是红坊在政策规划下的发展，这两个创意园区均可谓上海画廊行业发展的代表。从政策与区位特性角度观察，由画廊与古玩店、拍卖公司共构的艺术产业特色何在？对上海市的文化产业发展有何作用？本章即从文化政策、企业集群、艺术社会学、人文生态学等方面，探讨上海画廊业与古玩业如何形成集约化，以及从艺术行业的集聚现象里，为艺术产业的延续和开展找出值得思考的线索。

一、背景与潮流

（一）集约化与企业的集群

2002年8月，据香港《文汇报》报道，美国《新闻周刊》选出全球八大最富有创意城市，它们不是纽约、巴黎、伦敦等超级大城市，而是多个极具活力的新兴文化及创意城市。其中，北京入选，是由于该时期中关村信息科技的蓬勃发展和798艺术区的创意因素脱颖而出。其他入选的城市也是借助于将艺术创意融入城市文化的内容。798艺术区的兴盛与转型，为其他城市提供了良好的示范，与北京市同构"南北艺术重镇"的上海市，也在文化政策的推动之下，打造具有指标性的艺术园区，迈向创意城市的序列。

　　"集约化"原是经济领域中的术语,本意是指在充分利用一切资源的基础上,集中合理地运用现代管理手段与技术,充分发挥人力资源的积极效应,以提高工作效益和效率的一种形式。在新兴的艺术市场形态中,艺术金融透过两级市场的支撑,用相同的方式,以提高获利效益为前提,充分利用人力与资金的资源在一个既定的周期中达到预期的回报。若回观当前内地艺术市场的两级市场结构,则属于一级市场的画廊业同样表现出集约化的特质。集约化的基础在于产业的集群,当前国内大量的文化产业园区、艺术园区、文创园区均符合产业集群的特征,但又与生产制造业的集群有所差异。因此,我们有必要说明企业集群理论的适用范围以及可信程度,便于在此基础上分析上海画廊业与古玩业的集约化内容。

　　产业集群一般有三个最基本的特征:一是集聚性。也就是说,在某一个固定的空间内,属性相近的行业会选择聚集。集聚的基础可能是因为地缘因素、政府政策的推动、产业基础、偶然性等不一而足。第二个特征是专业性,就是说产业集群是以某种专业特性分工为基础的

五角场800号内景

企业集聚。第三个特征是辐射性。产业集群的外在经济效应使其显示出强大的辐射力和影响力,它不但有利于集群内的单一企业提高竞争力,而且通过群体效应可以促进和带动整个区域经济的发展。

商业画廊的集聚,首先产生的是协同效应。协同效应是基于可以共同拓展和分享市场而产生。如义乌小商品市场也是先有行业聚集逐渐扩大成一定规模的市场。世界各国最早建立的"工业园区"即在可以彼此协同生产的前提之下形成的。而美国硅谷的兴起,也有着协同的重要基础,硅谷科技园区背后蕴藏着彼此支持的高效科技创新能量。集群的基础是企业对市场和生产方向具有普遍认同,或是历史传承,或是环境支撑,促成彼此成长。

其二,是生态共享。因为有共享的空间、共同的市场,所以集群是个生态共荣圈,合理的布局和有层次的结构,能使其共享资源、相互依赖、均衡发展。这种生态共享体现在三个方面:在上下游产业链形成顺畅的顺序循环,在消费者需求链形成有效区隔。在满足消费者首要需求的同时,还要考虑其附加需求、连带需求、组合需求等条件。在大商圈功能链形成横向联系和纵向衔接,即延伸至园区周边的区位功能,以合作、联盟、引导等方式整合行业资源,促进集群特色功能的强化。

其三,是差异化竞争、合作关系。企业集群通常具有很强专业性,画廊业在同类市场竞争的同时,经营差异化的特色区隔可以得到相互合作的机会。

2006年,上海杨浦区五角场800号艺术区画廊集群的建立,主要源于艺术品市场中的初级市场空间非常狭窄,满足不了消费需求。经过短短数年的发展,杨浦区五角场800号艺术园区的名号仍在,园区内的业态却从画行聚集转型为文化产业的聚集。M50艺术产业园建立之初,由于当地场域租金便宜,许多创作者陆续在该地开设工作室。之后由于房地产市场发展迅猛,政府一度打算拆除艺术园区,众多艺术人士向政府反映要求保留其原始建筑以发展艺术产业,因此才有了目前的热闹景象。

（二）文化政策和潮流

1991年，澳大利亚籍布朗·华莱士在北京开设了第一家现代画廊——东便门角楼的红门画廊。1996年，瑞士籍劳伦斯·何浦林（Lorenz Helbing）在上海创办了香格纳画廊，中国的画廊业在市场运作和外来资本的合作下日渐成熟起来。2004年到2006年间，包括800号艺术园区在内的画廊聚集，上海的画廊数量增加迅速，除了彰显出这座城市在新时期对文化艺术的理想、自信和追求增添新的注释之外，与政策的引导也有直接的关系。

2004年，文化部推出27家诚信画廊，并于2005年底，举办了诚信画廊精品巡回展。自2004年以来，文化部先后开展了三批"中国诚信画廊"评选活动，共评选出64家优秀画廊。2012年，根据《文化部关于加强艺术品市场管理工作的通知》（文市发〔2011〕55号）要求，文化部开展了诚信画廊复核及第四批诚信画廊评审工作，保留了49家企业"诚信画廊"品牌，15家企业取消"诚信画廊"资格，并评选了45家画廊为第四批诚信画廊，从而全国诚信画廊总数达到94家，其中上海地区有16家。

20世纪90年代以来，影响全球经济发展的最重要力量是跨国公司的经营活动。这一时期，作为经济全球化的主要载体，发达国家的大型跨国公司通过规模日益扩大的对外投资和跨国兼并，推动了全球新一轮产业结构和国际分工体系的重组。随着都市经济的发展，商务成本的提高，同一时期，上海实施"三、二、一"产业发展战略，为产业结构的优化升级和城市能级提升指明了方向。传统制造业全面退出中心城区，为服务业的快速发展腾出了空间。在此情形下，在借鉴其他国家旧厂房成功转型经验的基础上，艺术家及其艺术作品自身发展诉求与社会历史条件结合，促成了旧厂房的转型。转型后的旧厂房，研究者以"艺术仓库"（Loft）或以"艺术园区"称之。艺术园区以工作室、画廊和周边行业聚集的形态形成产业链关系，亦为艺术品交易的初级市场

（或称一级市场）形态。

艺术园区实现了旧和新、历史和当代、文化和艺术的有机组合。这些园区所拥有的，不仅仅是旧城市的印迹，更重要的是，拥有在地的人文价值。艺术园区的发展带动周边区域的文化与经济发展，在市场经济运作中，市场倾向使得较具规模的艺术园区商业化和市场化，特别是当地方文化消费力遽增时，就会出现向商业利益让步的现象。艺术园区是构成城市文化的一个要素，西欧的城市复兴，就是文化旗舰效应的结果。如伦敦倡导文化创意产业，使制造业等传统产业逐渐退出，使其成为文化消费型城市。楼层的高低不能用来衡量一个城市的现代化。特别是庶民文化如果能得到政府的扶持，会有更广阔的前景。上海在改变城市面貌政策驱动之下，也逐渐将城市文化生态从散落式状态，逐渐转向社会文化生活的前台，各种庶民文化、城市文化在艺术园区里有了自己生长的空间。

（三）上海的画廊与古玩城

从19世纪末到20世纪30年代初期，上海民族工业大发展的时期，莫干山路两侧很快成为以苏州河和黄浦江为轴线的上海民族工业最为集中的一处，有至少四个工业企业。伴随着中央政策以及上海根据本地区特性所拟定的区域政策，明确城市经济与文化的发展路线，转化工业用地植入文化产业的策略，促使莫干山路的厂房成功转型。这也成为最初吸引创作者工作室和画廊聚集的重要因素。此外，过去海派收藏者、民国时期的私人收藏者和古董商等文物市场的基础，也在国际化的市区里建构了一个文物行业的生态。

以上海地区的画廊业为研究对象，我们可以从以下几个方向着手：第一，聚焦具有经营规模的画廊业，它们均实行经纪或代理机制，并能持续举办展览，具有公开中介交易的纪录。第二，可以在各类艺术媒体的报道中，搜寻到对画廊有正面意义的内容和评价。第三，当下实地探访仍有艺术活动的画廊。画廊较为集中的区域，有普陀区莫干山路M50、黄浦区福佑路、泰康路田子坊地区，长宁、徐汇、静安三区交界地带的红坊园区等处。本文以M50及红坊园区为主要讨论对象。

古玩业虽也采取行业聚集模式,但与画廊业园区式的集群有所不同。古玩商铺普遍聚集在上海市区几处较具规模的古玩城。古玩城大多以一栋高楼建筑为基础,聚集经营众多品项古玩的商铺,他们的选址往往与拍卖会有一定的关系。

二、莫干山路M50艺术园区

普陀区的M50艺术园区(通常被称作莫干山路50号,以下简称M50),是上海市的创意产业建设园区之一,自成立以来吸引了来自多个国家和地区的艺术家和画廊在这里落户,多数的媒体报道认为此处已经成为上海市的"苏荷"(SoHo)。此集聚地依靠旧工业区改造,由最初的创作生产基地逐渐变化成目前的艺术品交易区。2008年笔者指导研究生罗斌调查发现,当时大约有画廊31家,工作室30家,与画廊和工作室相协作的其他单位12家。经过七年的变化,当前的M50又有不同的业态,反映出从政府推动到由市场自行调节的过程。

M50创意园区

（一）M50艺术园区的推动力量

1979至1986年间，国有企业进行经营权层面的改革。传统国有企业存在着一些痼疾：政企不分，经营机制不活，技术创新能力不强，债务和社会负担沉重，生产经营艰难，经济效益低下，经营者缺乏自主权和低效率运行等。十一届三中全会后，中央政府颁布了一系列扩大企业自主权的文件，推动了国有企业经营权层面的改革。1979年4月，中央工作会议做出了扩大企业自主权的决定，同年，国务院颁布了《关于扩大国营工业企业经营管理自主权的若干规定》等五个管理体制改革文件。根据中央政策，政府向企业授予了生产经营权、原料采购权、劳动用工权和产品销售权等十四项经营权。经营权的转让意味着企业的经营者具有一定程度的剩余控制权和剩余索取权，企业经营者和生产者的积极性明显提高。

1986年开始，国有企业改革开始从经营权向所有权层面过渡，1992至2002年间，国有企业进行建立现代企业制度的改革。1993年，十四届三中全会通过的《中共中央关于建立社会主义市场经济体制若干问题的决定》中，明确地提出了国有企业建立现代企业制度的目标和步骤。在国有企业改革的大潮中，国有艺术仓库，如M50艺术园区所处的苏州河沿岸、上海800号艺术区、北京798、杭州Loft 49等，所属的原国有企业也经历了改革。由于一系列机构改革、重组，使得一些厂房与仓库闲置下来，于是将这些闲置厂房、仓库出租。低廉的价格和广阔的空间吸引了艺术家们入驻，便形成了今天的M50艺术产业园。

M50艺术园区的发展属自发生长型、市场为先导模式，从对破旧纺织厂房的出租，到大量艺术家的集聚，再到相关部门的认同与支持，最后发展为河岸工业厂房文化创意的地标。在带动园区内及周围经济发展的同时，M50极大程度地提升了上海的经济、文化等发展水平。上海市提出"保护历史文脉"的方针，鼓励对这些旧厂房进行保护性利用与改造，使春明粗纺厂的厂房作为上海纺织工业的历史被保护下来，从政策层面保证了M50的快速发展。M50园区的发展对上海城市更新的作用机制,一改以往传统的旧区改造方式,通过文化艺术的空间集聚促进城市的自我改造,推动产业结构的升级。M50园区的发展在后期很大程度上依赖于政府的大力支持,在配套服务如交通、绿地、娱乐设施等公共服务或基础设施建设方面提供了强大的资金支持和政策倾斜。上海市经委于2004年颁布的"三不变"政策对M50的发展起到了不可替代的促进作用,这"三不变"指的是土地性质、企业性质及房屋结构三个层面的不变,最大限度地保留了M50的外观建设及主要结构,并为创意产业的发展开辟一条"绿色通道",减轻园区资金压力。

M50拥有20余幢始建于20世纪30至90年代的工业建筑,是目前苏州河畔保留最完整的民族纺织工业建筑遗存。画廊业在长三角地区发展的领先地位,与近几年长江三角洲地区经济的发展,以及上海国际大都市地位的逐渐确立相关联。在艺术园区中,画廊、工作室功能重叠的占了七成之多,画廊的展示多数以平面绘画为主,少数雕塑、版画和陶瓷艺术品展示彰显了这个园区的多样性。在靠近火车站的市中心地带,园区空间显得较宽敞,延续十多年的经营,即使租金不断增加,创作者仍然愿意在有专程来此消费艺术的环境中寻找机会。

艺术园内聚集来自多个国家和地区的画廊机构,尤以外资、港澳台地区的画廊为主,如香格纳画廊、宝胜画廊、全摄影画廊、华府艺术空间、艾可画廊、Vanguard画廊、菲利浦画廊、八大画廊、玉衡艺术中心、东廊艺术等均在上海持续经营多年。瑞士香格纳画廊曾经被泰晤士报和哈德逊评为"战后新千年世界75个最有影响力的画廊之一",香格纳画廊自2000年第一次参加巴塞尔艺博会开始,几乎每年亲历艺博会现场。目前,这家艺术机构是将中国当代艺术家作品呈现给世界的一个重要的平台,是连接国内和世界艺术市场的重要渠道。在规模上目前香格纳画廊不仅有2个艺术空间,还在上海桃浦、M50,以及北京、新加坡也开设了分支机构。

(二)M50业态变动的意义

2000年5月,厂里进来了第一个画家薛松,他以每天每平方米0.45

元的价格租下了一间200平方米左右的仓库。随后,他的画家朋友们——丁乙、陈墙、曲丰国、张恩利等人也陆续搬了进来,成了这里最早一批"原住民",欧洲画商投资设立的香格纳画廊也把仓库设在这里,慢慢地形成了一个画家群落,这是早期的M50艺术产业园情形。2007年至2015年M50园区内的经营形态不断发生变化,从以创作者工作室和画廊为主的形态,逐渐增加餐饮、商店、办公室等行业。这种业态的变化原因,如同国内绝大多数的艺术园区一般,逐步增长的租金,使得创作者难以负担承租成本而选择退场;经营不善的画廊退场,往往会让相关的行业嗅到商机而进驻园区。参照表4-1的统计,空置13家,

表4-1 2015年莫干山路M50园区内业态统计

序号	分 类	数 量	备 注
1	油 画	39	
2	国 画	2	
3	瓷 器	8	
4	装 置	2	
5	摄 影	6	
6	版 画	2	
7	雕 塑	2	
8	综 合	11	油画、水墨、雕塑、影像等包含多个经营种类
9	家 具	4	
10	古 董	2	
11	工作室	23	
12	办公室	15	
13	餐 饮	5	
14	商 店	9	
15	其他空间	13	正在装修、无人经营
合 计		143	

占全区11%,画廊业有72家,约占全区55%,创作者工作室23家则占17.6%,两者共占72.6%。

画廊与艺术生产是初级市场的主要力量,两者合计超过三分之二的数量,这是一个值得乐观对待的比例。换句话说,15年来M50经历业态的淘汰调整,仍能保持艺术园区的重要属性和一级市场取向,可以明确它的定位及在城市文化发展中扮演的角色。若仔细追究,还是会发现所谓的创作者工作室,有相当数量并非单纯的创作空间,而是兼具类似画廊展销业务性质的中介空间,创作者同时扮演中介者的角色,对画廊会产生挤压的效应,这也难怪园区内的画廊与工作室各行其道,互不相干。

园区内的画廊,按照经营取向来划分,可以分为两种形态:一种是主题画廊,指以单一种类艺术品展览、展示、交易为主要经营内容的画廊,此类画廊目前有61家(见表4-1,第1至第7);一种是综合画廊,是指展销多种艺术品项的画廊,目前有11家(见表4-1,第8)。如按照经营模式来划分,两类画廊还有几种区别:其一,经纪或代理制,亦即通过签订合同的方式,获得艺术家作品的独家经纪或地区时限的代理权,透过一系列的市场营销策划活动,包装和推介艺术家及其作品,并从中收取一定比例的提成;其二,画廊加画家的模式,也就是画廊只专注代理某个或者某一类画家的作品,但是又没有取得画家的经纪合约,仅是通过代理画家提供的一定数量作品,在一定期限内进行销售活动;其三,是画廊加作品的模式,画廊直接买断作品或透过间接管道取得作品的展销代售权,前者销售没有时间限制,后者则须在一定的期限内销售作品获取利润;其四,是画廊加活动的模式,即画廊为创作者提供场地举办艺术展览或活动,收取服务、场租等费用,他们也协助创作者进行策划、展览和作品销售,费用另外计算。

园区内的工作室现象并非个案,而是当前的普遍现象,上海现有艺术家自己开设艺术工作室的为数众多,且有增长的趋势。这些工作室有一定的规模,有的甚至还有固定客户。不过,由于创作者对于市场运作机制的陌生以及对艺术市场交易的错误想象,造成艺术生产者的逐利行为,损害自己的创作生命而不自知。园区内的画家把工作室当作自己售卖作品的场所,在价格的制定和销售折扣上往往没有公开市场的参照标准,随兴、随意的喊价行为,使得作品如同旅游纪念品一般,成为消费性商品而非艺术品。

(三)经验和影响(或可兼及未来的发展空间)

从普遍意义上分析,前述的园区内工作室往往在一级市场的讨论中被划分到"业余"边缘地带,这几乎是从园区建设至今变化最为明显的一个现象。最早进驻M50的一批创作者如薛松、丁乙、张恩利等人,已经成为艺术市场上为人熟知颇具名望的生产者,他们当年在工作室内专心创作,销售作品的工作都是由画商完成。换句话说,创作者只面对画商、经纪商而非消费者。然而,在15年的过程中,反而让进驻园区的创作者边缘化,究其原因,是创作者自制自销的"一己之私"搞砸了自己的创作事业。扩展来看,也说明园区内的业态缺乏横向联系的互动关系。

2004年,上海市政府开始对苏州河沿岸进行考察,对于文化艺术产业这一新兴的产业给予支持的态度——从保护产业的基本目的出发,辅助产业的蓬勃成长。有关单位决定将莫干山路、福州路、多伦路等几条主要艺术聚集街道,发展成特色文化街区。同年,画廊行业已经正式纳入全国规范的《工商管理条例》范围,由此画廊也属于私人企业的形态。艺术园区的主力企业为画廊群体,除了画廊之外,也同时并存一些与其产业链相关联的企业,我们应该把园区内的各种行业都视为企业集群的形态,但目前它们尚缺乏集群营销的经营模式。

目前,上海的画廊业正如中国大陆的艺术市场一样,仍处于初始阶段,尚未形成一个规范化、规模化的产业群体。由于画廊外部环境和画廊自身内部两方面的原因,使得上海大部分画廊只能自求多福。

从外部环境来看,首先,民众对艺术品交易的了解以及知识的准备,无法跟上当前市场变化的速度。由于认识误差和受到媒体的误导等因素,导致社会大众对艺术的投资与消费裹足不前,带着投机意味的投资与消费也有相当的盲目性。其次,由于没有海外通行的鼓励文化艺术产业发展的税收减免政策,所以很难吸引国内大企业、集团的资金进入艺术品投资领域,客观上也造成企业与文化艺术的疏离。政策的缺乏在一定程度上制约了艺术市场的进一步发展与繁荣。第三,艺术品在金融流通领域内很少得到权威机构的认证,使得艺术品投资的风险增加,一级市场不足以拓展至艺术金融领域。艺术品价值的混乱和模糊,均阻碍了艺术品的再流通与艺术品市场的规模扩展。

从画廊自身来看,第一点是资金缺乏造成画廊营运困难的普遍问题。目前国内画廊的资金来源无论是个人投资或者合资,都局限在现金流转和短期资金融通,多数画廊没有宽裕的储备资金进行长期布局,以致影响自身资产累积。以目前的状况来看,画廊的资本很难说是雄厚。所以很多画廊难以为继,或者是中途改弦更张,改变初衷。第二点是由于经纪机制未受到业界的重视,画廊与艺术家很难达到共生互利,影响画廊的长远发展。画廊盲目压低价格谋取短期暴利的现象,以及画家依靠画廊炒作进而私下买卖的情况时有发生。第三点是画廊之间传递错误的经验信息,在操作方面过于倾向逐利。无论经营理念还是操作经验都缺乏自主的规划与策略,经常显现出随意性或激化同行的同构型竞争,过于急功近利。

当我们在谈到如何发展文化产业时,人们更多关注的是新闻出版、音像制品、商业演出甚至旅游开发等,对于艺术品市场的发展也多关注于拍卖行业以及博物馆、美术馆的建设,画廊成为被人遗忘的角落,这与画廊在艺术市场中应有的地位以及艺术市场的正常发展显然是不相符的。笔者认为,一方面,画廊作为文化发展中的新兴行业出现这些问题是很正常的,是行业走向规范和成熟前的阵痛时期。但是,另一方面却又蕴含着当下的机遇,诸如,投资艺术品成为一种理财潮流,当前艺术品市场的状况也对一级市场较为有利。目前的状况就像黎明时分,正处在转折与过渡期,是市场由无序走向有序的整理阶段,正值市场的规则和秩序形成与确立的关键时刻。如果我们准备充分,打好基础,西方画廊业的经营运作模式,对上海画廊的发展仍有些启示的作用。

以上海的文化政策作为前提,探讨M50园区画廊业态的经营,必须要先明确园区的主题定位和集群式营运应该有的产业效能。西方画廊多云集于经济文化较为发达的城市,比如纽约、伦敦、巴黎、柏林、东京等。面对激烈的市场竞争,各个画廊除了有明确的定位,还各出奇招不断拓展自己的生存空间,具有独到的、适合自身定位的经营理念。园区内画廊的经营运作或许可朝下列方向努力:

(1)举办差异化明显的展览和多样的配合活动。长期举办展览是画廊竞争中最重要也最关键的手段之一。各画廊在同时期举办不同主题、题材、媒材及内容的展览,同时,餐饮等其他行业配合举办相关活动,让园区内能达到百花齐放的效果,也可以使消费者停留的时间延长,促进消费的机会。

(2)准确的经营风格。画廊要建立自己独立风格的藏品和展出方向。每家画廊应该逐渐厘清自己经营的主要取向,例如,专门经营绘画、书画水墨作品、雕塑、版画等传统艺术类型;专门经营多媒体、新媒体等前卫艺术品;专门陈列文物古董、古玩类展品等。多种类别的业者对于园区内的经营风格有显著的影响,也给消费者提供多样的选择。此即为共享生态的前置建设工作。

(3)成立园区协作组织。美国画廊协会(Art Dealers Association of America,简称ADAA)在其网站上详细地介绍了艺术品经纪人的职能,以及如何通过经纪人购买和出售艺术品,为潜在的投资者提供了可靠而又完备的服务。这样的画廊协会对整个画廊业乃至艺术市场,具有监督和规范的作用。在上海过去的实践经验中,画廊业组成的画廊协会并没有发挥很显著的效用。因此,园区内的画廊业主适合小范围共同组成协作组织,也可以达到如同ADAA的效果。协作组织可形成集群理论中同质竞争合作的关系,此外,由成员共同承担推广、宣传和引导消费等实际的工作,在推出画展时可以扩大宣传能量。比如在巴黎,从地铁中的广告到酒吧、超市中精致的招贴,画展信息比比皆是,这些工作通过相互协作、分摊经费,将会有事半功倍的效果。

三、田子坊与红坊画廊区

从画廊业的发展历程探讨M50、田子坊和红坊这三处形态各有特色的艺术园区,可以看出政策在不同区域实施过程中对艺术行业的作用。田子坊、红坊与M50同样都受到上海市文化政策的作用,巩固了其艺术园区属性和推动了其后续发展。M50是让废弃厂房转型活化利用的重要案例,田子坊、红坊创意艺术园区则是由文化政策促使成为原生态活化与保护工业遗址的案例。

(一)田子坊的城市艺术休闲主题

2005年4月28日,第一批上海创意产业集聚区挂牌,共18家,建筑面积约36万平方米,其中较为著名的有田子坊、8号桥、创意仓库、M50、同乐坊。2005年11月30日,第二批上海创意产业集聚区挂牌,共17家,建筑面积约64万平方米,较为著名的有海上海、2577创意大院。2006年5月20日,第三批上海创意产业集聚区挂牌,共13家,建筑面积约20万平方米,较为著名的有1933老场坊、优族173和新十钢。2006年11月22日,第四批上海创意产业集聚区挂牌,共27家,建筑面积约101万平方米,较为著名的有外马路仓库、老四行仓库等(见表4-2)。

田子坊

表4-2 2005—2006年上海创意产业集聚区挂牌统计

批次	挂 牌 时 间	数量/面积	代 表 园 区
第一批	2005年4月28日	共18家，建筑面积约36万平方米	田子坊、8号桥、创意仓库、M50、同乐坊
第二批	2005年11月30日	共17家，建筑面积约64万平方米	海上海、2577创意大院
第三批	2006年5月20日	共13家，建筑面积约20万平方米	1933老场坊、优族173、新十钢
第四批	2006年11月22日	共27家，建筑面积约101万平方米	外马路仓库、老四行仓库

上海市著名的泰康路210弄田子坊是1930至1950年代典型的弄堂工厂,20世纪90年代,上海开始了产业结构调整,这些工厂效益逐年下滑,最终关门歇业,厂房闲置多年。1998年,陈逸飞工作室,以及王劼音、王家俊、李守白、尔东强艺术中心等先后进驻之后,这里逐渐发展成为一条著名的艺术街,并辐射到周边的街区,成为一个综合类艺术中心区(见表4-3)。"田子坊"艺术区不能在严格意义上称为画廊集群地,其画廊经营单位在该地所有经营企业中比率并不高,较倾向创意产业园区的形态。

表4-3 田子坊创意产业园背景

时 间	变 迁 过 程
1930—1950年代	典型弄堂,由海华制革厂(1935年)、康福织造厂(1935年)、永明瓶盖厂(1936年)、香粉材料公司(1936年)、上海食品工业机械厂(1958年)、上海钟表塑料配件厂等六家工厂组成
1990年代初	上海产业结构调整,工厂效益逐年下滑,最终关门歇业,厂房闲置
1998年9月	卢湾区政府实施"马路集市入室"工作。陈逸飞工作室、王颉音画室、尔东强艺术中心等先后进驻,逐渐成为一条艺术街区
2000年5月	打浦桥街道办事处以盘活资源、增加就业岗位、发展创意产业为目标,利用田子坊老厂房资源招商

　　田子坊最大的特色就是,有很多居民依然在这里生活。街坊仍在使用1980年代的绿色邮筒和信箱,在这种环境下,有一种出人意料的怀旧感,也增强了外地游客对弄堂文化的体验感受。穿过1933年建成"志成坊"标志的门廊走进弄堂,接踵而至的是小酒馆、咖啡馆、文创商品店、设计品牌、首饰、自主品牌服饰等多样的店面,对年轻人具有颇高的吸引力,泰康路与思南路口古玩商店则是面向年纪较大的古玩消费者。

　　尽管田子坊在政策指导之下成为一个特定的创意园区,但其主要经营方式是以居委会领导、该街坊内的原屋主将住屋转租的形式,这与M50由物业管理的方式还是有些许的区别,加上田子坊的业态更加多样,以至于在其标榜的艺术成分中混杂着扩延至日常的商业消费内容。在创意产业发展成为城市经济的普遍现象之后,逐渐由自然的产生方式转向政府引导的模式。这代表了在一定程度上,创意产业的发展环境趋向成熟,创意产业由起步阶段转入快速发展阶段。政府推动型创意产业发展可以发挥政府宏观调控的积极作用,能够合理地进行产业布局、资源分配,在顺应自然萌发原则的基础上,促进创意产业更稳定地发展。近几年,上海结合本地实情在创意产业发展道路上的积极探索,为创意产业的发展,开拓出具有上海特色的新模式:从培育单一的创意企业到集聚成封闭的创意园区再到形成开放式创意小区。

　　田子坊的繁荣景象可以从租金看出端倪,从2000年800平方米每年12万元租金,到2012年涨至350平方米空间每年100多万元。但另一方面,租金上涨速度却也让业者不堪重负。红坊的租金已经与上海市区A级办公楼的价位相当,寸土寸金的田子坊租金也非常高昂,导致田子坊从早前百余位艺术家聚集,到现在只有30多位艺术家进驻。其次,园区内的经营者仍然普遍认为画廊本身和外部环境不足以支撑画廊业的成长。在2012年的采访中,已经经营8年的大库艺术空间负责人金智芸说:"99.9%的购画者是外国人。画廊的经营是一方面,国人文化中出现的断层也是不可忽视的。我们跟他们介绍,他们完全不懂。

因为我们以前没有画廊,只有徐悲鸿之后把西方绘画带入中国才有了所谓画廊的雏形。另外一个原因是,新一代人看的是美术馆,我们这一代人看的是样板戏,当西方人开始把艺术当成投资品的时候,我们依然没钱没眼光。可见大众艺术普及对画廊、艺术空间等的重要性。"

田子坊园区内的画廊业者点出两个对于画廊经营普遍存在的难点,第一,从根本的观念上看,经历将近十年的经营,无论是田子坊或是M50,艺术园区内仍然是国外游客的歇脚地,他们偶尔带走的是艺术纪念品而非艺术收藏品,园区内只有文化旅游消费,欠缺艺术收藏。第二,在园区整体艺术品交易和集群运营过程中,画廊的作用一直没有被充分发挥,画廊业彼此互补的势头还没有酝酿出来,画廊业在园区内的战略地位与作用也没有进入政府政策的视野。从目前的情况看,田子坊的文化休闲气氛要高过于纯艺术的感染力,或许,田子坊原本不是以艺术行业为主要考虑开发的业态,因此,对画廊等相关行业并未提供有利条件。

(二)红坊创意产业园的复合式经营模式

位于长宁区淮海西路570 588号的"红坊"全称是"上海红坊国际文化艺术小区",与上海城市雕塑艺术中心融为一体,是上海的创意产业园区。红坊的改造蓝本为上钢十厂原轧钢厂的厂房,是在上海城市雕塑艺术中心投资、运营的基础上发展起来的国际文化艺术小区。该集聚区将老工业建筑的钢筋骨架、高大空间与现代建筑有机结合,最大限度地保持原有的空间特征以及原生态感,既延续了老工业建筑的文化生态肌理,又成功打造了集文化资产投资、文化资产管理及文化生活三大领域于一体的综合文化中心。钢厂独特的历史底蕴、建筑风格以及文化内涵吸引了众多艺术家和创意人士,他们很快便集聚于此。目前的红坊以上海城雕艺术中心为核心,辅以各大画廊和艺术机构入驻其内,同时辐射周边,形成一个大型的文化创意产业集聚区。

上海红坊国际文化艺术小区占地面积约5万平方米,由上海城市雕塑艺术中心以及原十钢旧厂房改造而成的创意产业商务与商业设施构成,项目总建筑面积约4.5万平方米。正式投入运营的一期工程建筑面积达1.8万平方米,分为A、B、C、H四个区域,A、B区为包括上海城市雕塑艺术中心在内的艺术品展示区,C、H区为上海城市雕塑艺术中心的毗邻建筑,即以物业租赁为运营模式的文化艺术产业商务及商业空间。

园区初始规划总建筑面积1.8万平方米,以U形环绕中间的大面积中央绿地。其中办公面积1.1万平方米,大型展示厅2 600平方米,还有1 400平方米画廊、2 000平方米酒吧等休闲场所,及1 000平方米手工作坊。B区一楼为艺术展厅,二楼、三楼是开放式办公区,有的办公区上方还有露台,提供进驻企业分享讨论的空间。此处具有艺术气息的场地使用价格并不低廉,活动场地一天8万元起价,办公区每平方米每天4至7元,相较其他园区的价格较高。C片区是画廊集聚之处,包括以经营当代艺术作品为主的圣菱画廊、华氏画廊等,而"创意的天空"集聚艺术家工作室、企业家及著名企业的加盟,如民生当代美术馆、红桥画廊、伊莱克斯品牌创意馆、Sipek艺术沙龙等。红坊历年举办了多项重要艺术活动,如雕塑百年、罗丹雕塑艺术展、欧米伽110周年庆、爱因斯坦头像揭幕仪式等,以凸显其艺术园区的属性。

红坊创意产业园区在形成的过程中,政府的推动作用是关键。早在2005年初,由上海市城市雕塑委员会办公室、上海市城市规划管理局联合有关社会人士和机构,共同进行上海城市雕塑艺术中心的组建工作。经过政府统筹规划,最终确定将位于静安、长宁、徐汇三区交会的原上海钢铁十厂内废弃的冷轧带钢厂厂房,改造成上海城市雕塑艺术中心。自此该地每年都按时举办优秀雕塑作品展,吸引全国各地甚至海外众多艺术爱好者的光顾及相关企业、艺术家入驻。"红坊"的知名度折射出新十钢的工业遗址发挥了其价值效应,也借此逐渐转换园区的文化性质;可视为从工业文化转化为艺术文化的案例。红坊的大部分建筑均为老工业遗留建筑,保留红砖与混凝土结合的特色外墙,具有很高的文化价值和艺术价值。随着社会机构的运作,进一步更新和

红坊城市雕塑艺术中心

拓展了该区域,通过保护性修复与创造性利用,塑造成了一座既能延续上海历史文脉,又能体现城市艺术活力和时代精神的公共艺术区,使得这个公益性的雕塑艺术中心演变成为上海红坊国际文化艺术小区。

若根据上海本地房地产租赁中介业者的分析,红坊创意产业园是对商用地产的异化经营模式;实质上是老厂房改造成办公楼项目。对浦西来说,由于办公楼供不应求,如同红坊园区这种原本处于市中心边缘地带的老厂房,在市中心不断发展扩张的情形下,也纳入了商务的中心地带。红坊改造成为办公楼后,租金每天每平方米在3至6元,而商务区的办公室租金每天每平方米约10元,似乎还是可以符合中小型企业或创业初期的企业需求。但是对于标榜以艺术为主题的园区而言,则显得偏离主题太多,像办公楼租赁这样的思维方式,对文化艺术园区的经营反而成为不利的因素。

(三)艺术行业的多样化与产业的层次感

归纳M50、田子坊、红坊等较有规模的艺术园区面临的普遍问题,应以租金昂贵最为显著。

　　一个艺术园区如果没有整体规划的思维，只能放任市场对园区的冲击。尔冬强说，"12年前来到田子坊的时候，是看中这里房子便宜，交通方便。商业肯定要扎堆的，田子坊这块已经饱和了，外面有大量商家排队，他们（管委会）肯定有很大压力。我退出没什么，全世界创意的地方一开始都是艺术家先进驻，最后出名了就变成热闹的商业区"。尔冬强描述的现象几乎出现在每一个从艺术向消费商业转型的园区，早些年北京798如此，上海的田子坊也如此。如果只是依赖园区现成的游客、消费者，进驻的行业各自为政，甚至相互同质竞争，那么，还不如在市区寻找有利的位置，独立经营画廊。

　　与红坊同属长宁区的古北新区也是画廊业者热衷的选址区域，此地紧邻红坊园区，是上海市最大的涉外高级住宅区。由于环境特殊，画廊陆续在这里以及附近地区开办，形成了一个画廊散点式经营较密集的区域。桥艺画廊、原曲画廊、吟隐斋画廊三处散落在虹桥路与虹许路附近，珞珈现代画廊、东海堂画廊、雨帆画廊、富大画廊则是较集中在延安西路高架附近，这几家画廊选址的考虑除了距离地铁站近、交通方便之外，更重要是有西郊宾馆、虹桥高尔夫俱乐部、虹桥迎宾馆等商务空间，古北新区也是海外与台港企业人士在沪较为集中的住宅区。从画廊数量观察，红坊略少于古北新城附近，这或许是因为红坊园区内的画廊没有集群经营的策略，以至于无法吸引其他画廊向红坊园区靠拢。

　　在上海先后成立的上海800号艺术区与M50艺术产业园也不例外，由于艺术市场在商业市场中的特殊性，在配合方面相比制造业集群更难协作。"囚徒困境"说明，如果人们因缺乏联系和信任而建立起不合作关系，将给社会造成很大的损失。虽然集群内企业进行营销合作对整个集群有利，但是一个企业是否采取合作的策略，还必须取决对其他企业是否同样采取合作策略的预期，即只有其他企业也采取合作策略，本企业才能采取合作策略。如果集群所处的氛围缺乏合作的传统与气氛，企业会预期其他企业采取不合作策略，营销效果将打折扣，甚至无法形成。在2008年对上海800号艺术区和M50艺术产业园经营单位关于园区的统一营销重要性的调查统计中,认为"非常重要"的占33.3%,"重要"的占37.5%,"不重要"与"非常不重要"的分别仅占12.5%、4.2%。然根据罗斌继续查阅有关集群营销活动的出版物显示,园区内的大部分经营单位并未参与集群营销活动项目,长此以往,园区集群效益发挥也随之减弱。依照上述调查的数据,由于没有发挥群聚的效用,五角场800号艺术园区的画廊在2010年之后纷纷撤离,分别进入市区散点经营,或者移往其他城市,这应该是最显著的例证。

1997年,上海艺术博览会开幕,标志着上海逐步建构画廊集群的交易模式形成。上海艺术博览会属上海国际艺术节的一部分,在国际艺术节的基调上提出"精品化、市场化、国际化"的口号。2000年,在上海艺术博览会上,法兰西画廊带来的罗丹雕塑名作《思想者》的成功售出,增强了海外画廊对国内市场的信心,海外参展商的数量不断增多。2003年9月11日,上海春季艺术沙龙首次举办。同年10月28日,第五届上海国际艺术节主要活动之一的2003年上海艺术博览会在上海世贸商城举行。其中,首次参展的韩国画廊协会携韩国十多家顶尖画廊,另精选3家日本画廊加盟,以近400平方米的展示面积抢滩艺博会。2007年9月,"首届上海艺术博览会国际当代艺术展"作为亚洲目前最高标准的国际性艺术博览会登陆上海,来自"艺术之都"的意大利人在上海策划的当代艺术展首次亮相,令该年度所有的中国本土艺博会黯然失色。展会汇集来自亚太地区和顶尖国际市场的129家优秀画廊,吸引了全球众多收藏家到场。由此,上海在世界艺术地图上有了一个显著的标注。2012年5月18日,首届上海城市艺术博览会在上海花园饭店开幕,开启了上海酒店型艺术博览会样式。2013年11月28日,首届ART 021艺术博览会则专注于小而精的艺博会模式。2014年,随着上海艺术影像展、艺术都市展、西岸艺术与设计博览会的陆续登场,上海的艺术博览会进入了群雄割据的时代。

凡此种种,我们看到属于一级市场的艺术博览会在各个园区之外成为另一种画廊集群的经营模式。然而,尽管艺术博览会常有靓丽成绩提报媒体公布,我们同时也可以看到画廊业经营困难萧条的报道。这让我们不禁反思,从理论指导原则上看,为何上海的画廊业经营只有在成熟的国际集群模式中才能见效?上海本土的战略布局,缘何没有让园区内建立多样化、差异化竞合的业态层次,进而延伸到园区外与艺术博览会结合成为一整盘胜局?这应是从政策面上需要重新厘定的重要内容了。

四、上海市区内古玩城的样本分析

黄浦区、静安区作为上海的老城区,上海近一半的拍卖行都集中分布在此,这两个地区也是上海古玩市场集中地。如黄浦区传统的古玩市场老城隍庙地区的"二楼一馆一公司":华宝楼、藏宝楼、珍宝馆和古玩公司,东台路古玩市场和江阴路花鸟古玩市场,现代化的商厦型古玩城中福古玩城和多宝古玩城;静安区的南京西路奇石古玩市场和静安寺珠宝古玩城。上海博古斋、青莲阁、老城隍庙、中亿等拍卖公司也集中分布在这些古玩城中。古玩市场、文物商店与拍卖公司是一、二级市

"上海老街"上的华宝楼

场的关系,前者是后者拍品的重要来源,二者往往都有合作关系,因而产生集聚。

(一)上海文物市场的规模和特点

2002年10月28日,第九届全国人民代表大会常务委员会第三十次会议通过修订后的《中华人民共和国文物保护法》。新文物保护法第五章第五十条规定:"文物收藏单位以外的公民、法人和其他组织,可以通过'从经营文物拍卖的拍卖企业购买'文物。"第五十四条规定:"依法设立的拍卖企业经营文物拍卖的,应当取得国务院文物行政部门颁发的文物拍卖许可证。经营文物拍卖的拍卖企业不得从事文物购销经营活动,不得设立文物商店。"第五十五条规定:"除经批准的文物商店、经营文物拍卖的拍卖企业外,其他单位或个人不得从事文物的商业经营活动。"随着民营企业参与艺术品市场,大陆艺术品市场需求大增,竞争激烈,甚至出现供不应求的情况,市场价位被不断抬升,百万元及以上拍品大量出现。2003年开始施行"文物拍卖资质等级制",从经营品类上分为三级:第一类是陶瓷、玉、石、金属器等;第二类是书画、古籍、邮品、手稿及文献资料等;第三类是竹、漆、木器、家具、纺织品等。只有取得一类文物拍卖经营资质的拍卖企业可以拍卖全门类文物。

上海市的拍卖行按照类别及其区域分布统计,黄浦区占有三分之一的数量为最多,具有一类拍卖资格的拍卖行也是以黄浦区为最多。若将与黄浦区邻近的静安区拍卖行数量加入统计,这两区的拍卖行数量达到上海拍卖行总量约50%;无论是绝对数量还是具有完备拍卖资质的数量,均占有上海的半壁江山。(见表4-4、图4-1)

表4-4　上海市拍卖行的区域分布略表

区　域	一、二、三类文物拍卖行(家)	二、三类文物拍卖行(家)	总计(家)
黄浦区	8	14	22
静安区	3	7	10

区　域	一、二、三类文物 拍卖行（家）	二、三类文物 拍卖行（家）	总计（家）
虹口区	3	3	6
长宁区	1	5	6
徐汇区	1	5	6
普陀区	1	3	4
浦东新区	/	4	4
闸北区	/	2	2
宝山区	1	/	1
杨浦区	/	1	1
松江区	/	1	1
总　计	18	45	63

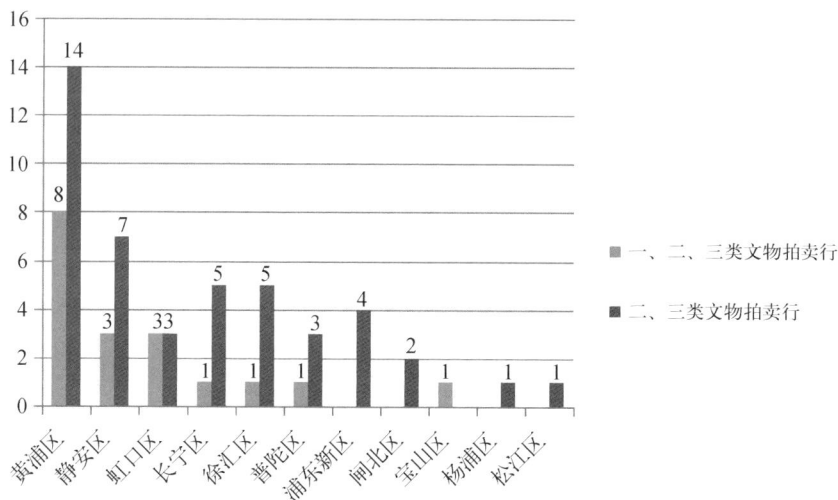

图4-1　上海市三类拍卖行数量分布
注：表4-4和图4-1根据国家文物局截至2014年4月23日发布的资料整理。

　　拍卖公司因征集、预展等业务的需要，对于选址的要求也相对较高，自然而然会集中在商业气氛浓厚的市区。然而，若与古玩行业比较，则拍卖行不如古玩行业对于共生创造利益的需求大。古玩行业在热闹市区的聚集,正符合了企业共同组成利益共生的营销理论。关于市场营销的定义,菲利普·科特勒(Philip Kotler, 1997)认为市场营销是个人和群体通过创造并同他人交换产品和价值以满足需求和欲望的一种社会和管理过程。普遍认为,市场营销是企业最显著、最独特的职能,迄今,它的主要应用领域也是企业。但是从市场营销的实践看,市场营销的行为主体既可以是企业,又可以是多企业组成的有机群体,包括产业集群。

2014年上半年,沪上有三家古玩城相继开业,上海地区古玩城存量突破56家,依然难以抵挡资本的热情。从全民收藏热到中国文化大年的推动,大批资本接踵涌入这一产业,相比2005年的7家,上海古玩城存量增加了将近7倍。我们无从得知上海古玩城的总体数量究竟有多少,因为从尔沧川的文章表述,上述统计中可能也包含邮品、票证、奇石、家具、现代手工艺品等为主要经营的商厦。基于有效样本的选择原则,本文研究对象以表4-5罗列的较有规模、以古玩为主营的古玩城为主。从表4-4的统计分析,拍卖行业在黄浦区聚集现象最为明显,若对照表4-5的统计数据,黄浦区仍然是古玩城最为集中的区域。

表4-5　上海市古玩城区域分布略表

区域	名称	地址	备注
徐汇区	上海云洲古玩城	大木桥路88号	
虹口区	上海多伦路文化名人街	多伦路	
黄浦区	上海泰康古玩市场	泰康路思南路	
	上海多宝古玩城	河南路	
	上海静安古玩城	鲁班路100号	原卢湾区
黄浦区	上海东台路古玩市场	东台路和浏河路口	1980创办,2014年调查即将消失
	上海卢工邮币卡市场	局门路600号	1983年创办
	上海中福古玩城	福州路542号	

续　表

区　域	名　　称	地　　址	备　注
黄浦区	上海文物商店	广东路218—226号	
	上海城隍庙	方浜路265号地下室	
	上海文庙旧书市场	老西门	上海最大的旧书连环画交易市场
	上海天乙茶城上海藏宝楼	方浜中路457号	
	上海有方古玩城	白渡路111号	
静安区	上海静安寺珠宝古玩城	北京西路1829号	
	南京西路奇石古玩市场	南京西路688号	
普陀区	上海古玩城	新村路658号	
	上海聚奇古玩城	灵石路1539号	
浦东新区	上海恒大古玩城	三林古镇	上青古玩城
	上海锦臣文化艺术品交易中心	东方路710	
	齐河古玩市场	齐河路18号	
长宁区	上海虹桥古玩城	延安西路3088号	
宝山区	上海沪客隆古玩市场	同泰路86号	

注：2012年4月26日制。

　　黄浦区之所以是古玩和拍卖行业集中区域，仍与上海历史脉络有直接的关系。位于上海老街西端方浜路与河南南路口的藏宝楼延续着上海明清时期的"鬼市"传统，此处还有珍宝馆，加诸围绕在城隍庙周边的古玩商铺，形成一个古玩行业密集的城隍庙旅游景区。"上海老街"可谓是华东地区较具规模的古玩、旧工艺品市场，也是上海聚集人气较多的古玩市场，因城隍庙旅游的特性，在此营业的摊贩和商铺，多数以经营新旧工艺品为主，可以让旅游人群选择。藏宝楼四层楼面在每周六、日两天有交易，延续福佑路地摊市场的交易，同时保留着清代古玩早市交易的特色。地摊除了在旅游区周边沿路，同时也集中在藏宝楼四楼的场地,前来摆摊的是来自全国四面八方的流动古玩商贩,汇集各个地方古老旧式的,如陶瓷、玉器等众多品项。

如表4-5所示,从区位的变化来看,古玩城与拍卖公司的数量随着中心城区向外延伸至杨浦、宝山、松江等地区,数量随之逐渐减少,区位性差异明显。值得注意的是,浦东新区的拍卖行古玩城在历史上就形成了与黄浦江西岸相对的区隔,古玩行业数量并不少。这也说明,上海在近年对浦东新区明显倾斜的城市发展规划中,同时形成了文化产业的伴随效应。相较于嘉定、松江、南汇、奉贤等区域并未特别凸显在艺术、古玩行业方面的建设,浦东新区在新的经济、商贸布局中,更加着力于以文化产业的配套措施,完善该区的整体建设。从古玩城和拍卖行数量上可见一斑。

(二)上海三大古玩城的集约特点

合作营销理论认为,在市场营销中企业之间的关系可以由竞争关系转变为合作关系。从前述分析可以归纳,由于地理集聚的原因,产业集群内部企业之间的营销合作与地理位置相距较远的企业之间的营销合作存在着较大的差别。下面选择上海市内较有规模与历史的三处古玩城为案例,分析其是否符合此种产业集群的理论。

中福古玩城,由上海中福(集团)有限公司开发。该企业以市中心的房产商业开发改造为主业,古玩城即以房地产的市场经验和经营模式运作。在经营方面,除了有两百余家固定的商铺之外,管理单位也举办各种器物、书画等展览,增强古玩城的活动力并吸引人气。位处福州路与南京东路附近的商圈应是中福古玩城最明显的区位优势。距人民广场不远的福州路一带原本就是文化气氛较为浓厚的区块,上海博物馆、上海书城、大剧院等大型文化设施皆在中福古玩城可辐射的范围之内,中福古玩城居于较优越的地理位置。

由于区位差异,我们可以看到中福古玩城与城隍庙附近的古玩城,在商家参与形式上有明显的区别。进驻中福古玩城的以固定商铺为多数,物业管理除了对硬件设施进行维护之外,还同时提供古玩城内的集

中福古玩城

体活动。换言之，中福以主打品牌为策略，集合古玩城内商家共同营造出整体感，使消费者在福州路上对上海书城等和中福古玩城有相同的品牌感受；外观上是一个颇有规模的商厦和鲜明的招牌，容易让人识别其特色与属性。若从企业集群的效用分析，中福古玩城比较能在整体的市场营销中，让商铺之间可以由竞争关系转变为合作关系。由于没有地摊和周边散户的干扰，外围影响因素也相对较小。

　　较类似城隍庙藏宝楼古玩城的历史脉络，云洲古玩城前身为上海太原路邮币古玩集市，20世纪90年代初由室外迁入云洲商厦内，是一个具有25年历史的收藏品市场。地处上海市中心城区，紧依商业繁华的徐家汇，云洲古玩城保持其过去的渊源，在经营项目上较为多样。拥有25年历史的云洲邮币市场，一直保持邮币的经营特色，2013年5月开辟四楼古玩交易市场，扩建三楼古玩交易市场，使整个云洲邮币古玩城成为拥有四个楼层经营场地、双休日露天市场，汇集古玩、邮票、钱币等经营大类的收藏品交易市场，被上海市收藏协会命名为"上海市收

云洲古玩城

藏活动基地"。

从经营方面分析,其经营管理单位具有徐汇区国资委背景,在管理方面倾向依法行政的原则,云洲古玩城的做法是率先推出《古玩市场行规民约》,要求商家必须按照民约中的规定诚信经营,要求商户签订《诚信经营承诺书》营建诚信氛围。管理单位提出"双主人"经营理念,组建经营者行业公会,由古玩城各楼层推选两名商家代表组成理事会,参与古玩城建设与管理,并定期举行免费藏品鉴定等各类艺术展览,普及收藏知识,引导收藏者理性收藏。这也符合集群理论中从竞争转向合作关系的做法。云洲古玩城的商家规模比中福古玩城多出三倍左右,更加适合采取同业合作的策略,建立更加鲜明的品牌效应。由于在徐汇商圈内经营成本较高,云洲古玩城内商家的流动率也比中福要大,如果云洲古玩城管理单位没有加强凝聚人气的力量,会给进驻商户造成更大的经营压力。一旦进驻商户又回归到单打独斗的局面,会让商户失去安全感,他们的流失率必然提高。

恒大古玩城原名上青古玩城,成立于2011年,后更名为恒大古玩城,地处上海三林世博功能区商业中心,距世博会中国馆1.5千米。紧靠号称"上海第二个陆家嘴"的前滩开发区,占地30余亩,北连卢浦大桥、打浦路隧道,南接中环线,按照上海浦东新区发展规划,该区域属会展、商务、贸易、文化休闲、生态居住等功能定位,地铁8号、6号线直达,交通便利。恒大古玩城建筑面积2.5万平方米,共有商铺500余间,以经营古玩、瓷器、书画、玉器、珠宝、石雕、红木及艺术品、其他杂项为主。

2011年10月18日,浦东首家大型古玩市场——上青古玩城正式开业,同"城"内的上青茶城二期在完成招商后同期开业。上青古玩城、上青茶城位于浦东新区世博板块的板泉路、上南路,是"后世博"积极开发的区块。上青古玩城的经营范围包括瓷器、字画、水晶、青铜器、石雕、紫砂、邮币等。东海水晶一条街也成为上青古玩城的一大亮点。

由上海恒大茶叶市场改制的上青茶城,后转型为古玩城,是上海许多古玩市场变迁的缩影。亦即,从茶贩集中的农贸交易,逐渐转变为茶产品精致化经营;除了提高茶叶质量,还透过老茶的收藏搭配周边的茶具、陶瓷等手工艺品贩卖,逐渐促使许多原先的茶商转型为古玩商。伴随市场的经营形态转变,并配合政策倾向,恒大古玩城虽然应运而生,但是由于进驻商家并没有深厚的古玩行业根基,往往见势改行。2014年尔沧川在调查恒大古玩城经营现状时认为:"恒大古玩城年营收在2 000万元左右,相比其他古玩城来说,由于地块为恒大自主所有,因而生存压力并不大。不过,目前恒大古玩城的商户流动率依旧高达10%,如果要长期维持下去,不得不考虑对目前的古玩市场做出一些调整。"

上海恒大古玩城

（三）合作营销的理论和实践

云洲古玩城、恒大古玩城、九星古玩城等上海老牌古玩城内，商户流失率居高不下，以至出现部分商家主动结束营业，退出上海古玩交易市场；浦东嵩山路和黄龙路上的两个小型古玩市场更是不得不闭门谢客；而号称国内"古玩航母"的虹桥古玩城更是出现大面积商铺空置现象，投资人不得不引入了KTV、游戏厅、中餐馆等大面积租户来分担运营成本，着实有些虎头蛇尾之感。古玩城对于政策引导不若艺术园区明显，但是，我们依然可以看到区政府、地方主管机关对建设古玩城的殷殷期盼。由于古玩、文物本身的特性，古玩城和拍卖行在法律约束方面，比艺术品交易还要严格，换言之，古玩和文物经营的门槛比艺术品经营要高。

2003年5月18日，中华人民共和国国务院公布《中华人民共和国文物保护法实施条例》，经营文物拍卖的企业，即文物与艺术品拍卖公司历经数年的自行摸索过程，终于名正言顺地写入了文物保护法，取得了合法的地位，这是对发展文物艺术品拍卖市场的最大的政策支撑。2013年6月29日，第十二届全国人民代表大会常务委员会第三次会议决定对《中华人民共和国文物保护法》做出修改：（一）将第二十五条第二款修改为："非国有不可移动文物转让、抵押或者改变用途的，应当根据其级别报相应的文物行政部门备案。"这些颁布的法令规章，既表示了对文物交易的松绑，同时也凸显出当前古玩城交易中，许多的品项都不顾及政府法令限制、保护或者放宽的范围。我们在古玩城内看到商户经营老旧手工艺品为多数，造成古玩城内新旧并陈，经营焦点模糊的现象非常普遍。同样的道理，不具备"古"的条件，这些手工艺品店与真正经营古文物、古玩的商铺相比，更容易进入快进快出的循环之内。

从古玩城的营销层面而论，对企业之间营销合作的研究早已有之。Lee Adler（1966）提出了共生营销（Symbiotic Marketing）概念，认为共生营销是企业在营销上的合作，它既可以是短期或者长期的、不进行重大组织性改变的合作，又可以是两家（或更多）企业共同创建一家新的组织的合作,企业通过共生营销可以共享营销资源,从而增强营销能力,更好地满足客户的需求,提高企业的竞争力与应变能力。我们看到中福与云洲古玩城在此方面有积极的作为。

方家平(2001)认为合作营销(co-marketing),以竞争-合作(co-operation)为基本指导思想,将企业置身于社会经济大环境中来考察企业的市场营销活动,企业营销乃是一个与消费者、竞争者、供货商、互补者、中间商、政府机构和社会组织进行有效合作的利益共享过程;合作是企业营销的核心,合作程度是企业成败的关键。冷克平和杜鑫(2005)认为"合作营销是企业与企业或企业与其他机构通过合作的方式,共同开拓市场、开发产品、修建渠道、传播信息、促进销售,为实现各自的营销目标,通过协议、契约而结成的介于独立的企业和市场交易关系之间的一种松散型组织形态。"新与旧、文物与手工艺并陈的现象并不符合竞争合作关系原则,他们相互之间无法因为利益共享获得竞争合作的成果,云洲古玩城虽有心在这方面布局,但是由于商铺的性质拉开安全的距离,又成为各自独立的个体,无法整合成一个整体的新组织形态。

由此,我们看到古玩城在集聚区集群营销发展遭遇的障碍。虽然,集聚区采用集群营销具有多方面的竞争优势,但是实际集群营销的过程中并非总是一帆风顺,也面临着诸多问题。虽然目前在不少集群内部,已有很多企业正在自觉地进行营销合作,但是群内营销合作并不很顺利,集群营销的形成与发展之路并不平坦,在许多集群内部存在不少妨碍企业进行营销合作的因素。(见表4-6)

表4-6　上海三大古玩城基本资料

名称	开发商/管理商	经 营 规 模	经 营 种 类
中福古玩城	上海中福(集团)有限公司 上海中福古玩文化市场经营管理有限公司	面积达1万平方米,共有200多家古玩商家。城内有多功能报告厅、展示区可供专业鉴赏、报告、展览。	中国古今珍玩、瓷器杂件、奇石、木刻、书画、珍宝、古典家具以及欧美古玩。

续　表

名称	开发商/管理商	经 营 规 模	经 营 种 类
恒大古玩城	上海恒大集团 上海上青源投资管理有限公司	建筑面积2.5万平方米,共有商铺500余间。以"恒大书画城"和"珠宝翡翠经营区"为特色。并有2 000余平方米的中心广场,及400余平方米的"刘海粟美术馆恒大展厅",可举办各类展会主题活动。	海派字画、珠宝、翡翠、陶瓷器、玉器、古旧家具、木雕、杂件为主。
云洲古玩城	徐汇区国资委、新徐汇集团所属上海云洲古玩艺术市场经营管理有限公司	九个楼层近2万平方米经营面积,入驻商户1 000余家,设立古玩市场、邮票钱币市场、古典家具市场等三个大类的专业交易市场,配备面积近1 000平方米会展中心,包括展览大厅、拍卖厅、会务厅等,还有咖啡馆、企业网站等配套设施。	地下一层是古典家具交易市场,经营紫檀木类、花梨木类、香枝类、黑酸枝类、红酸枝类等古典家具及配套用品。 一楼古玩艺术品市场,主要经营各种玉器、陶瓷器、青铜器、端砚、翡翠、水晶、玉雕、木雕、字画、文房用具及现代艺术品。一楼北区增辟"纸藏品交易市场",有海报、字帖、信件、手札、烟标、火花、糖纸、门券、字画、磁卡、邮票、老照片、老发票、老纸币、老地图、老报纸、老票证、日记本、月份牌、连环画、文革品、古籍旧书。 二楼至四楼为古玩收藏品市场,以陶瓷、玉器、字画、石刻、铜镜、沉香等古玩杂件为经营主体。二楼经营沉香、唐卡,三楼以铜镜、田黄、宝石为代表,四楼经营书画碑帖、成扇。 五楼为集邮市场。主要经营清朝、民国期间的各种邮

续　表

名称	开发商/管理商	经营规模	经营种类
云洲 古玩城			票、信封、现代纪念票、编号票、世界各国邮币，及纪念卡、电话磁卡、连环画等各种礼品和邮集用品。 六楼为钱币市场，经营种类包括世界各国铸币、古今钱币、退出流通领域的人民币、纪念币、铜章、票证、烟标火花、股票债券、老照片等。 七、八楼是古玩精品交易区。

五、艺术品经营的策略

在我们对于艺术园区内的画廊聚集以及古玩城的集聚效应的探讨告一段落前，可以做出初步的归纳，艺术品和文物、古玩一样都具有数量稀缺、收藏价值高、投资风险大等特性，因此，可以把艺术品和文物、古玩等对象作为行业经营时共同的考虑重心。在前述分析艺术园区和古玩城经营无法达成集聚效益时，我们也可以看到，政策总是姗姗来迟、缓不济急。故而，我们需要沉淀画廊与古玩商铺各自需要的关键策略，至少可以持续经营不致受到外界环境变化的影响。

（一）企业升级与优化的轨迹

初级市场的营利机构如果没有制定出有效准确的收藏策略，将会成为后续经营的绊脚石。换句话说，拟订正确的收藏策略，是画廊业得以永续经营的关键条件之一。从中国台湾地区画廊业发展四十余年的轨迹观察，能够有持续二十年经营基础的画商，许多逐渐转型成为经纪商、收藏家、策展人、艺术顾问，他们的业务从独立的画展销售，拓展到可以与拍卖公司合作提供拍卖品或介绍收藏家；替官方机构做收藏品中介；成为新起收藏家的收藏顾问。

他们的成功之道无他，在于握有二十年前的自家收藏品这一升级转型的入场券,在于经手的艺术品价值增长的鉴别力,在于他们与创作者交好从而拓展了艺术生产的人脉关系。许多市场热门的创作者都有几个老朋友是画廊老板,这些画廊老板可谓慧眼识英雄的行家,长期与创作者保持良好合作关系,从初入市场的新生代一路陪伴到其成为市场的中坚力量。更重要的是,懂得经营的画商会收藏足够数量的作品等待市场价值上升的后势。

中国台湾地区的画廊淘汰机制也在四十年的轨迹中清晰可见。二十年前台湾画廊协会注册的会员约有70余家,二十年后增长数量不过是20%左右;1990年代最繁荣的时期,台湾的画廊数量有将近200家。及至今日,约有三百家画廊举办各类艺术展览,经营超过二十年的画廊占20%至30%,有三十年以上经营资历的比例急剧减少。经历几番市场起伏,那些稳固在"核心比例"的画廊,都已经具备品牌地位和市场效应,而它们往往都是拥有丰富藏品的两代收藏家了。

中国大陆地区在2012年至2013年经历过一次画廊业的淘汰风浪,拥有最多数量的北京地区首当其冲,退场的画廊数量也最显著。2012年根据北京画廊协会调查,中国大陆登记的有1 560家画廊,北京则占有将近半数的742家;全国性的数据尚待确认,北京地区的画廊数量较能反映问题。外国进驻北京的画廊在2013年第二波退场时受到艺术媒体的关注,韩国、澳洲、美国、比利时、日本等画商在北京开设的画廊纷纷从北京"798"等重要的画廊聚集区撤退。缘何如此?问题在于这些国外画廊试图推荐自家经营的创作者和藏品进入北京市场而告失败。退出北京市场的画廊有些转战上海,上海的画廊规模是北京的三分之一,这些新血液的注入不啻杯水车薪,无法激起涟漪。

(二)根据经营特性制定策略

进驻北京的外国画廊向北京的消费者推销本国艺术产品而遭受冷遇,大约从2008年开始持续了四到五年的时间,最终国外画廊的亏损度达到临界点,从而不得不放弃偌大的北京初级市场经营。有理由相信,外国的画廊都是有备而去北京的,它们有长期累积的品牌价值,也有自主经纪的创作群,更有画廊自己的典藏品,它们有着充分的准备和开拓事业的宏大战略目标。然若要追究这些拥有优良条件的画廊在北京失准的症结,便是他们的典藏品和艺术生产不符合北京艺评家、消费者的口味而已,这个单纯的问题似乎让有国际经验的画廊不容易理解。不过,失败的例证倒是可以给我们一个关于如何制定收藏策略的启示。

即画廊必须根据消费市场的倾向,制定不同层次的典藏策略,适应本地的消费习惯是拓展业务的基础条件。对大陆而言,外国的作品或作者必须要有"国际评价"为其背书,才较容易受到艺术消费者的注意,而艺术评论者对外国的作者或作品总带着些"敌意",他们并非怀疑那些作品的质量或审美价值,而是很有可能认为,外国作品仅供欣赏不见得需要收藏。大陆的消费者或许能认同一些评论者的意见,因为既然要收藏必然要考虑能够快速地脱手变现。

毫无疑问,画廊在销售艺术品的过程中,同时承担着培养消费者逐渐具备审美能力的责任,这是能够建立品牌忠诚度的重要方法,画廊如果无法将收藏与投资具有共通性的观点表达清楚,那么,多数进入画廊买画的人都会抱着计算投资回报率的想法。那几家撤出北京的外国画廊可能就碰触了对市场认识不清的盲点,也显示出他们制定推荐作品的策略时出现偏差。

我将不继续深入探索这几家外国画廊实际的经营问题,转而用这几个判断失准的案例探讨一个观念性的议题。致力于将自己经纪的作者和作品推荐给北京的消费者,应该表示画廊具备相当数量的藏品,也代表曾经有过一段推广的过程,包括在国外市场的行情、成交、展览纪录等。如果不具备上述的条件,画廊必须重新规划新的作品和作者,而不能继续经营那些让北京消费者陌生的作品和作者。画廊对作者和作品的选择必然和地域产生关联,这个特点在中国大陆显得尤为突出。

此外,画廊的经营特点也是在制定收藏策略时需要优先考虑的重点。当纽约佩斯(Pace)画廊在北京设立展览时,通常是以大陆创作者为主要展览对象,即使引进美国画家作品,往往也优先选择与大陆相关的主题、题材。同时,佩斯在北京的展览更趋于写实的架上绘画,放弃具有苏荷(SOHO)风格的当代艺术。中国台湾地区的资深画廊在大陆进行布局的时候也同样采取这样的方法,例如,台湾八大画廊经营鲁迅美术学院的创作者,陶艺后援会则经营上海、景德镇等地方的陶艺家。

如果要观察一个画廊是否能够永续经营,或者说,判断画廊是否能对艺术收藏提供保障,仅从画廊是否有系统的展销和典藏规划,就可以得到可靠的信息。画廊能为收藏者长期提供售后服务,包括转卖、修复、交换等内容,才能实现兼具收藏和投资的双重目的。

(三)对收藏的前瞻性考虑

坦白说,台湾的画廊在1990年代争相收进的本地前辈画家作品,有许多已经成为自家的库藏品,却在市场上失去如同当年的流通价值;台湾本地前辈画家作品在二手市场的流通也仅限于在少数资深收藏家和画商圈子里的流动;前辈画家的作品当年以新台币交易火热,如今要转战不同币种市场交易时就受到阻碍了。

因此画商在制定收藏方向时,必须考虑前瞻性的重要。在台湾,至少有侯俊明、彭光均、陈界仁、韩旭东等创作者坚持创作渡过市场低迷终获得成功的例子。经纪商看中他们的特质持续支持,使作品以台币计价后转换成美元、欧元或港币、人民币计价后同样受到市场欢迎。对艺术品市场而言,购买艺术品的"币种"代表流通的广度和市场对作者的认同度。忽略地域、民族等界限,让"唯艺术品是图"的收藏准则为未来的藏品新陈代谢打下基础。

这个议题并未将画廊业务的拓展纳入讨论,毕竟精明的业者各有盘算非为外人道,然而,通过分析过去几家成功经营的画廊的轨迹和脉络,确实可以为画廊后续转型或升级作出归纳式的判断。国际上能够成功经营成为品牌聚焦的画廊的共通点,都在于他们在长期累积自身的典藏品逐渐实现获利的目标,换言之,有足够的能自主掌控的藏品作为后续拓展业务的筹码。他们也都在过去的基础上积蓄转型和升级的优势力量。"前瞻性"成为建立典藏基础的关键词,更具体地说,选择艺术生产的来源将是重点。艺术生产以创作者为核心,作品则是以"产品"形态在市场交易,既然送进市场交易是一道必要的门槛,也就必须要符合市场的操作机制。

将参与市场资历作为制定价格的参照标准,艺术生产也就形成,诸如新生代、少壮派、中青辈、中坚辈和前辈等层级关系(主要是传达画价的差异)。如果有这些行业里的规则,画廊业者就需要检视自己所拥有的典藏品包含了哪些,又缺少了哪些。其次,生产来源从生产者的养成背景和创作历程两方面审视。大陆的画廊几乎将学院派的作者视为唯一的标准,他们是在以盈利为思考的基础上做出的惯性定论。我认为,看似完全符合大陆市场口味的经营手法,却恰好违反"前瞻性"前提,其理由是大陆的初级市场本身特性无法接轨国际市场规则,如果艺术生产囿限在地区性的市场范围,无论这个区域市场有多大,终将遭遇饱和,无法新陈代谢。

英国的萨奇画廊在初级市场发掘达明·赫斯特,直到把他送进国际拍卖会捧红半边天为止。并且萨奇画廊利用其品牌效应更进一步进军国际网络画廊,希望借由这波成熟的数字技术大浪淘沙式地挖掘新的艺术明日之星。而今,萨奇画廊仍然在全球艺术重点区域内布局,设立画廊分支、合作伙伴和推动当地的艺术生产。

两岸都已渡过几番画廊淘汰的风浪,这在市场竞争规律之下虽然不足为奇,但却能带给我们一些提示。2007年上海画廊业正在逐步发展的时期,艺术媒体就有大量的文章提示画廊有寄售、代销、风险销售等"二房东式"的经营模式,当年视之为"正常"的艺术品商业经营,经不住时间的考验已然纷纷收摊。很显然,一批遭到淘汰的画廊都没有典藏品为自己的后续经营做出保障。

尽管2014年初大陆网络媒体报道,大陆的画廊有逐渐复苏迹象,但也是杯水车薪。就数量而言,画廊业仍不足以支撑两级市场发展规模,画廊在拍卖会和网络交易的夹击之下,有时候显得手足无措,甚或不务正业。画廊在网络虚拟化的交易中受到不同程度的威胁,但是,画廊同时具备虚拟交易所缺乏的优势和特性,否则,巴塞尔艺术博览会就不会持续在全球扩张业务,也不会在每年都受到全世界的关注;创作界、业界、学界甚至政府主管机构都注视着巴塞尔公布参展单位名单,年度的展览主题,以及最后的成交结果。

艺术行业必须要有自身的典藏品,可以说是艺术市场"古典理论"的主张。今天的艺术市场结构、规模与过去二十年相比有颇大的差异,在第三级市场兴起使两级市场产生某些化学变化的影响之下,这套古典理论是否仍然适用? 可能会受到一些质疑。但如同萨奇、巴塞尔持续的布局行动,就当前国际艺术市场情势分析,不管第三级市场如何壮大(即便致使整体市场畸形),两级市场在实体交易中没有多少变化,更重要的是画家还在创作油画、水墨,雕塑家还在创作石雕、铜雕,版画家依然在作品角落以铅笔签上版数编号。所以,古典理论还是值得继续探讨。

结语:潜藏的消费趋势

如果,将眼光放在创作者的身上,我们会发现几年之后消失在市场的创作者,多数是当年仅在画廊里寻求购藏消费者的那一批生产者,画廊业者缺乏为他们培养艺术欣赏者的远见,这些创作者在不经意之处就丧失了自己的舞台。我们需要更明确"艺术欣赏者"的范围:他们是那群愿意从报章杂志等各种媒体中寻求艺术流行信息的中产阶层人士;他们不见得会在画廊购藏艺术品,却是支持举办当代艺术展览的重要基础观众;他们既是艺术消费者,同时也是支撑当代艺术的重要资源;他们是属于艺术消费金字塔的底层,他们巩固了当代艺术的发展。

当我们把焦点放在金字塔下层时,一批潜藏着的消费族群应该受到重视,他们多数是属于受薪的白领阶层,他们从纯粹的知识分子对艺术的认知入门,或许会渐渐转为有兴趣自己进入艺术消费的领域。原本只能在交际应酬的聚会上响应对当代艺术的态度,受到媒体对当代艺术的宣传和透过艺术投资理财信息的鼓励,他们可能会购藏自己属意的作品;他们不完全从兴趣出发,也不以主观的审美经验为依据来选择喜爱的创作者或作品,却会受到精英阶层信息的引导,对艺术投资产生兴趣。然而,他们的疑惑是,拍卖会或画廊高档的作品绝对无福消受,而价位适合的作品则无力预判其保值、增值的空间,或根本怀疑自己审美水平是否够资格下决定。这些人有太多的疑惑不解,踏进画廊又腼腆地难以启齿,担心会提出令自己难堪的问题。另一种则是属于单纯的艺术消费群,这些人的背景也不脱离各行各业的受薪阶层;他们在审美上有一定的眼光,会考虑将艺术品带进自己居家生活当中,诸如,买一幅复制画挂在起居室或买个小瓷器装点客厅的气氛。同样地,许多小资情调的知识分子对于古玩的喜爱往往也仅止于把玩、佩戴而已。

我们依然要强调,当代艺术是靠知识分子的社会身份认同和生活内容的诠释为重要动力,无论知识分子有多少种理由和观点成为艺术的支持者或消费者,都能促进生产和中介环节的联动,各种性质的展览不就是为这群人举办的吗? 无论是身份认同、投资还是单纯消费动机促使一些新的艺术受众进入艺术市场,画廊业者该如何款待这些具有影响力的新客人呢?

问题不在于当代艺术的明星有哪些,他们作品的价格涨多高,而是当代艺术的样貌是什么。台湾当代创作者的作品更倾向摆脱艺术市场的买方喜好,转向获得艺术评论家、经纪商、策展人、官方机构这些精英阶层的认同为重;大陆则显然以具有卖相的油画媒材为主流,也就是倾向买方市场的认知。尽管两岸对当代艺术的市场操作仍有差距,但是,创作者在市场以外取得市场的资历已经成为一种趋势,具有学术性、国际性的双年展、博览会,能增加国际视野的各种展会,是嗅觉敏锐的当代艺术创作者(或经纪商)未来争取的机会。争取官方展览和学院为代表的学术圈,以及更宽广的国际当代艺术圈的认同,也就更加确立了当代艺术需要知识分子对价值信息传播的诠释,或许虚伪、矫情和傲慢了点,但这对当代艺术的市场运作却是具有长远意义的。

眼前看来,市场资历深浅影响作品价格高低,市场资历累积不多的创作者一直是掌声最稀落的一群,也有默默划水的创作者在市场之外累积自己的资本。积极进取的创作者应该随着艺术消费结构成长而能换取更大的专业创作空间;年轻创作者接受消费人的赞助与支持专心从事艺术生产,也扩大消费的概念。由新兴的购藏人口与新生代创作者共同累积时间资历,才能使艺术市场持续发展。面对艺术生产、中介、消费互动的关系时,潜在观众和买家的势力其实更大,但他们却往往为艺术中介者所忽视。画廊界应该将未来市场导向的着力点置于这股潜在势力之上,才能开发出更多的欣赏或消费人群,而培养与鼓励市场潜力高的创作者,则是未来市场导向的筹码。

第五章

上海大剧院画廊二十年的经营之道

（俞璟璐）

画廊是一个艺术展示与交易的平台，也是一个城市想象力的多元色彩的珠宝盒。一个城市画廊业的繁荣与发展可以从艺术多元现象与艺术市场的活跃层面反映城市的文化素质与艺术品位，有些画廊名声远扬，成为城市的一张名片。世界各国各大都市也不乏具有相当影响力和吸引力的大小画廊，它们各自运营，推介风格各异、颇具特色的艺术家及其作品，有的艺术"惊世骇俗"，有的"悦目赏心"。更有无数的画廊，甚至画店也只是在按自己的爱好经营。总之，它们都力图将艺术推向千家万户，为都市文明增添斑斓的色彩。

画廊不同于非牟利的美术馆，虽然世界上个别特别著名的画廊名声毫不亚于美术馆。一般而言，画廊不如美术馆那么典雅、气派、权威、学术。但在许多方面，它们却比美术馆更生动，更活跃，它们一头与不少新兴的创意创新人才相联结，另一头连接着变化万端的艺术市场。从市场经营的角度来看，在艺术市场上，它与艺术创作人士，包括大师们、新兴艺术家、收藏家、一般收藏群体、艺术爱好者，艺评家、鉴定家、评估师、拍卖行、投资者、投资机构、媒体、网络、美术馆、慈善机构、艺术基金和金融机构等都有各种层次程度不等的关联。画廊办得如何主要不在于大小，而在经营代理名声。但在经营得当的基础上，规模也在相当程度上会带来影响力。

上海大剧院画廊是在改革开放时期出现在上海艺术市场发展史上的一朵小浪花，与众多的画廊聚合在一起随时代起伏波动，折射出了艺术市场在社会变革时期的多彩现象。本文希望通过阐述在中国改革开放时期出现的上海大剧院画廊经营发展之途径，揭示这一时期上海艺术市场上画廊经营的某些特点和艺术品流通层面的变化，从一个侧面反映上海艺术市场的生态。本文将从两个角度加以阐释，一是大剧院

上海大剧院画廊

画廊本身形成的经营管理特点,包括国际性的文化项目的成功策划与运营,规范化、专业化的画廊业务操作;二是以它为例说明带有普遍性的画廊经营的理念与经营方式,依此为上海画廊业留下一些记忆与纪录,也可供对此段历史和这个行业感兴趣者参考。

一、概况与定位

上海大剧院画廊,隶属于中美合资的上海大剧院艺术设计公司,成立于1998年,在苦心经营中成为上海一家具有特色的标志性画廊,它是中国文化部批准的首批中国诚信画廊,多年来坚持作为一个国际文化交流平台,坚持以国际规范推介展示国内外艺术家及其作品,是坚持以推广艺术为己任的经营者,也是艺术新兴市场的开拓者,始终保持良好的声誉,称得上是上海的一扇艺术窗口。它的一段历史也是上海独立画廊二十年经营的缩影。

其实,在一定程度上上海大剧院画廊并不单单是一家零售性质的代理画廊而已,因为它的业务除了艺术经纪,还包括了国际性和大型的市政文化艺术项目的策划执行,超出了一般画廊的经营范围。它代理的艺术家中也不乏声名显赫的国际大师,他们共同参与了上海的文化建设。大剧院画廊曾经为上海多项市政工程的公共艺术引入作品,为上海的公共艺术作出了令人瞩目的贡献,包括为上海大剧院引入旅美画家丁绍光的《艺术女神》,旅法画家朱德群的《复兴的气韵》,旅美画家甘锦奇的《艺术的春天》;为上海音乐厅引入了甘锦奇先生的《交响乐团》《民族乐团》大幅油画,著名旅法画家方世聪,上海著名画家章德明、杨宏富、柳毅等的原创作品,以及多件海外雕塑家大师作品;为上海城市雕塑中心,上海东方绿舟等引入法国和美国著名雕塑家作品。而且,许多件大型公共艺术作品都是在画廊精心策划下由艺术家捐赠的,或以大大低于市场价格由画廊代为收购的。在当时上海,乃至全国开创了公益性艺术项目的先例。现在这些艺术作品已经成为上海市重要的艺术资产和文化标志。

上海大剧院的丁绍光壁画《艺术女神》

上海大剧院的朱德群壁画《复兴的气韵》

甘锦奇的《艺术的春天》

多年来在上海大剧院画廊,举办过无数次国内外艺术家的多种形式的展览,全国各地的艺术家,特别是上海画家举办过数百次艺术展览。大剧院画廊在成功推介学院派与大师级作品的同时,还屡屡成功地推出中青年艺术家,并成功向海外画廊推荐了中国中青年艺术家。2004年,它与上海浦东新区政府有关机构合作,举办国际雕塑设计方案征集活动,吸引了三十多个国家地区的二百多名艺术家参与,其中包括法兰西艺术学院雕塑大师费浩和为巴黎创作丘吉尔雕塑、戴高乐雕塑的卡赫多,他们可是两位在巴黎香榭丽舍大道上竖立了具有永久性、标志性雕塑的大师。参与这次国际运作的评委汇聚了国内外著名的雕塑家,包括国际雕塑罗马大奖获得者、我国国家级设计师、杰出的公共艺术专家、知名评论家、法国艺术终身院士,以及其他德高望重的艺术界重量级人士。下文中将详细阐述。

上海大剧院画廊连续20年参加上海艺术博览会,是唯一一家自艺博会开办以来坚持参展至今的知名画廊。它还与媒体和慈善机构合作举办过多次慈善展览义卖及义拍,为上海慈善事业做出了贡献,与上海文化发展基金会和其他文化机构联合举办过多次公益性艺术讲座,推广艺术,指导艺术收藏。画廊在艺术市场中的分量虽然远远不如大型拍卖行,但是也以社会责任为己任。

历年来上海大剧院画廊的活动经中央电视台、上海电视台、东方卫视、解放日报、文汇报、新闻晨报、新民晚报、新闻晚报、英文星报、青年报、侨报、新华社上海分社、上海商报、中国文化报等重要媒体和报刊报道;"大美术""ART上海美术""库艺术""画廊""美术博览""财富品质"等多家期刊杂志,以及雅昌网、新浪网、东方网、中国艺术品投资网等网络媒体也多次报道。对于画廊举办的国际性大型活动或大型展览还有不少深度报道。

上海大剧院画廊地处上海市中心一座城市保留建筑的一楼,东侧是上海美术馆,南侧是上海大剧院,近南京路淮海路,交通方便。所以,地理优势给它举办展览和大型活动都带来了人流方面的便利,也形成它的展览销售优势。地利优势主要来自上海大剧院的积极支持,在完成上海大剧院大堂壁画艺术家丁绍光的《艺术女神》之后,画廊就落户在这座红砖大楼,起初只有几十平方米,经过精致的设计,开始营业。2007年,由于业务需要,同时为了配合上海大剧院十周年庆祝活动,在大剧院支持下,画廊扩展到大约八百平方米,于此开始规模性地运营,举行了许多大型展览展示活动,其中也包括一些公益性和非牟利性的公共展事。所以,它不仅仅是一般意义上一个独立的艺术交易平台,或代理艺术家的艺术经纪画廊,还是一个自律性很强负有推广艺术责任的公共平台。

此外,还需说到画廊的经营定位,简单地说,首先确定是代理性画廊还是单纯的代销零售交易。代理性画廊必须具有代理艺术家,通过签约对艺术家及其作品进行系统的推广营销。其次,代理性画廊必须决定主推什么类型的艺术家,什么风格的作品。例如是当代的实验性的作品,还是写实经典风格的作品;是以已有定论的大师级作品为主,还是推广新兴艺术人才的作品等,可以在多个层次细分。基于上海大剧院画廊所隶属公司及其主管人员的国际文化背景和国际经商经验,加上画廊与上海大剧院在多项公共艺术项目上的合作关系,上海大剧院画廊的定位为上海大都市中一个国际性的文化交流平台与展示窗口,以经营国内外现当代经典艺术作品为主,着力推广上海艺术家作品,特别是上海学院派的高水准具象意象原创作品,代理成功艺术家和具有潜力的新兴艺术家作品,兼营其他风格艺术作品,按国际规范经营,成为上海高水准的具有一定影响力的一流艺术画廊。为了生存发展,它以市场化运作为基础,但是,为了秉承文化建设的宗旨,并扩展影响力,它的经营不能狭隘地局限于营利,在推广艺术和赢利之间须达到合理的平衡,在有些情况下甚至需要提供免费服务或低价提供展览场地进行公益活动。这也解释了为什么它时常会自办或合办、协办一些公益性展览、讲座和其他活动,甚至免费或低价提供展览场地让一些机构进行公益性活动,画廊本身也会为公共艺术发展提供无偿或低偿服务。但是必须承认,多年来,在中国这个具有独特性的艺术新兴市场发展过程中,经济发展确实是艺术市场发展的基础。此外,支撑上海大剧院画廊自律发展的始终为两大支柱,即专业性和契约精神。

二、借艺博会东风起步,进入新兴市场

上海大剧院画廊是在中国改革开放之际,艺术市场逐渐形成的过程中,主要在上海地区开展经营的。

改革开放时期,上海在1997年举办首届艺术博览会,在市政府支持下打造艺术展示、艺术推介、艺术交易的大平台。其实,当时社会上刚刚开始传播艺术品交易的概念,艺术品可以在市场流通,在投资领域可以产生保值增值的效应这些概念尚未为大多数人所认知。虽然上海在历史上是文化艺术收藏藏龙卧虎的地方,但是长期的计划经济让交易成为一个新名词。改革开放以来的数十年中,艺术市场经营、市场交易规则、契约精神等理念随着艺术品的交易发展,逐渐为人们认知、认

大剧院画廊参展上海艺博会

可。艺术市场产业链上众多的环节,包括艺术家、画廊、经纪人、艺评家、大众媒介、拍卖行、收藏家、收藏群体、美术馆、艺术基金会等都是在最近几十年的实践发展过程中才慢慢为人们所认识和了解的,并在起伏中逐渐理顺了彼此间关系。三十年来艺术市场跌宕起伏,直到交易额上亿元的艺术品时代和多元收藏年代,发展速度惊人。我们和上海知名画家、艺术画廊、拍卖行等一起经历了这一切,见证了成绩,经历了挫折,体验了酸甜苦辣。

1997年,我们团队以推广旅美画家丁绍光现代重彩画艺术进入上海市场。当年笔者(俞璟璐)和尤一平先生经过细心策划,在连续三届上海艺术博览会上正如媒体所言掀起了一阵"丁绍光旋风"。尤先生和我一样也是上海人,而且是从上海到美国留学奋斗的艺术家,常常有独特见解。我们借助在国外营销与推广丁绍光艺术作品的成功经验,在艺博会上推出颇具特色的展示,精心策划组织了见面签名活动、媒体宣传和座谈会等一系列活动,成功地输出"艺术也是生意""从喜爱开始收藏"的文化产业艺术品市场的经营理念。有计划地进行了整合营销,获得媒体和观众的极大关注,培养和吸引了一批新兴的艺术品收藏者和买家,成功开拓了第一波市场。记得余秋雨当时就对丁绍光现象发出了:"文化人也可以如此致富"的评论与感慨。东南大学著名艺术学家、资深教授张道一长期潜心研究美术和工艺美术的历史与理论,他提出对丁绍光现象要加以研究。他们可以说是改革开放以来最早对文化产业概念有感受的文化学者。丁绍光在国内外艺术市场的成功十分有力地支撑了创造力可以成为资本的文化创意产业的核心理念。至于目前有些人认为丁绍光的现代重彩艺术是装饰性绘画,以装饰标签来贬低丁绍光的艺术地位及其在国际市场上曾经有过的极其辉煌的成就,那只能说,也许他们对于何谓艺术与艺术市场,何谓艺术与市场的关系的认识还具有一定的片面性。以文化产业的理念看待艺术家在市场上的成功,既不能简单地绝对地以商业成功来贬低艺术性,当然也不宜以商业价值来替代艺术性。丁绍光和一大批大陆画家于20世

丁绍光先生在壁画《艺术女神》上墙时

纪八九十年代在美国聚集在云南重彩画的旗帜下,一时间引领了海外对中国绘画的关注和收藏,引起一些西方艺术学者的关注和研究,对推广具有中国艺术特色和文化特点的艺术作品具有积极的影响。至于在艺术性和市场价值两者关系方面,我们不能单纯地以市场流通情况评判作品的艺术价值与艺术性,应该具体情况具体分析。正如好莱坞电影的意义或奥斯卡奖项的分量绝不是商业性一言可概全或否定的。从艺术风格而言,艺术的包容性应该是最宽泛的。在多元化文化交流融合时代,更加应该包容多种艺术创作形式的出现。艺术的话语权不能仅以少数几个人,或固定不变的几种理论为主导。美术理论上如何合理地阐释和对待工艺性和装饰性的艺术和艺术作品中的装饰性,美术史中是否占有它们的一席之地,也都是值得探讨的。自然,这是另外一个可以争论和探讨的重要课题,不在本文叙述范围之内。

总之,在美国和其他国家参与丁绍光艺术在国际市场上的成功策划与运作,使我们团队具有了宏观的大型运营的魄力与眼光,又具备了严格把握细节操作的务实作风,对宣传推介能掌握尺度,对整合营销与大规模运作具有一定的掌控能力。这为进入中国大陆的新兴市场打下了良好的经营管理基础。在艺术博览会取得很大成功后,我们进入了上海,准备开拓市场的工作。确实,之后不久,因为丁绍光先生捐赠了大型壁画《艺术女神》,我们得以在大剧院的办公大楼有了立足之地。

可是,事情并非一帆风顺。正因为当初中国大陆的艺术市场刚刚起步,以成熟市场的规则运行必然会遇上许多阻碍和问题。当时尽管我们借了"丁绍光旋风"的契机落脚上海,但是对新兴市场可能出现的挑战认识十分不足,缺乏准备。艺博会上反映出来的一时性的购买热情与社会对艺术市场的理解和对艺术品交易的认知是两回事。不久,丁绍光先生决定退出上海经营,回美国继续创作。于是,由我接手改名为上海大剧院艺术设计公司暨上海大剧院画廊的业务。有一段时间,真可谓起步维艰。画廊开始以代理和经销国内艺术家的作品为主,可是艺术人士和买家都不太理解和了解艺术经纪的功能,认为中介是无关紧要的。几十年以来我们一直不断地在学习,针对中国特色的种种现象不断调整和适应,但始终坚持了最根本的原则,就是以国际规范经营,坚持专业精神和坚守契约精神,坚持以代理性经营为主,谋求持续存在与发展。在几十年中,中国包括上海这样的新兴市场也在多种挑战和市场调整中渐趋规范,不断壮大与发展。时至今日,中国艺术市场在世界上也称得上举足轻重。画廊在艺术市场产业链上只是一个小小的部分,不如拍卖行分量重;但它也是市场中一个不可或缺的环节和组成部分。认识一个在新兴市场中动荡发展的画廊,最好是考察它的定位、经营理念和模式,以及它在产业链中的影响力。以下对大剧院画廊经营展开阐述。

三、规范经营,创建经营特色

经营一家现代画廊最主要有五项基本条件。一是经营者必须具备一定的艺术素养与艺术细胞,最起码要对艺术有一定的感受,不是认识几个画家、手中持有一些艺术作品的人都可以入行做生意的。二是必须具有商业经营的理念,具备敏锐的市场洞察力。画廊是一个以代理与零售为主的商业点,它是中介,必须靠经营运作以分成、佣金或其他的方式取得收益,才能生存发展,何况画廊的收益在各时间段上往往是不平衡的,有时收入丰盛,有时可能十分惨淡,经营者对于这一行业的经营特点必须有应对措施和资金方面的准备。通常来说,租金、人工、库存、流动资金是画廊的四大压力。具备了市场运营能力，就能以盈利对付压力。三是具有一定的经济实力与人脉资源，资本与资源是商业支撑点，是持续发展的要素，而且，需要不断地拓展。特别对客户群的扩充和服务，有利于扩充和增强实力。四是必须以诚信为要，遵守契约精神，这是艺术经纪的核心与基础，也是现代文明社会市场良性运作的基础。市场运作无非就是关注供求与守约经营。五是公共责任性和服务意识，作为商业机构，作为艺术平台，必须有社会责任感，否则，商业之路无法行远。艺术品的性质决定进入这一行不同于一般商品买卖。文化产业的从业者、经营者一定要有文化品质和文化良知。志高才能行远。

在谈到定性时，已经说明上海大剧院画廊与艺术家之间的关系基本上就是艺术经纪代理，即所谓的代理性画廊，画廊以签约形式代理艺术家作品，推广艺术家，以艺术家的名声和艺术为传播内容，以艺术品买卖做生意。有人概括代理性画廊主要功能为"Discover and Develop"，就是"挖掘发现与开发推广"。萨拉·桑顿（Sarah Thornton）在她的《艺术世界中的七天》一书中引用了一位苏格兰画家的话："艺术家是以视觉思考文化的人，有时是以任何手段思考文化，但其根底扎在视觉之中。"作为代理画廊经营者就是发现以不同的视觉语言或手段思考文化的艺术家，解读他们的语言和手段，挖掘他们表述或意图诉求的文化。

画廊可以有多种经营管理形式和不同的商业定位和艺术定位，但是，一般代理画廊往往是作为艺术家走向市场运行的第一平台。竞争处处有，而且，无时不在向你挑战。实力更强的画廊往往可以从被第一平台推广成功的艺术家中再进行选择，以更优越的条件、高层次的收藏家资源和运作手段吸引在第一平台显露潜力的艺术家，这样"挖墙脚""跳槽"的事屡见不鲜。即使有合约约束，"人才流失"也是常见的现象。一些第一平台的画廊和艺术经纪也可以逐步发展成高档的艺术经纪或国际一流的代理画廊。大剧院画廊坚持安于作为具有相当实力的第一平

画廊初创时情景

台，一家独立画廊。它奉行专业化、规模化、规范化和国际化。它突破画廊的狭小的围墙，办出了自己的特色与影响，在竞争中求生存发展。

（一）坚守诚信与契约精神

诚信与契约精神是公平市场的基础，艺术经纪亦然，那是画廊与代理艺术家或艺术机构合作的基础。代理制是现代画廊的操作规范，也是艺术家提升市场影响力的一个可靠而常见的途径。契约是代理基本模式，可有多种模式和形式，一般以合同协议形式固定。在签约时规定代理代销范围、细节、年限，作品的交接，是否需要预付款、数额多少，是否需要由画廊买断部分作品，定价、分成和支付结算的阶段与方式，推广渠道与力度，各自税务等，还需明确在什么情况下可以解约等，一经签约，就对彼此有约束。二十年来，我们成功代理的例子无一不说明这一点。大剧院画廊最大的特色之一，就是无论市场如何变幻莫测，无论面对的大环境如何起起落落，我们都坚持诚信和坚持契约精神，如果缺乏契约精神，代理代销的关系就无法维持或良性运行，艺术经纪的名声就会受到损失。诚信是生意场存在的基石。

　　在20世纪九十年代我们开始与一些国内画家建立了代理关系，当时我们发现个别画家在签约后，竟然将画廊展示作为自己的"广告牌"，然后自己仍在家里出售作品，破坏了合约。我们感到很困惑。其实，他们不了解在现代社会，画家缺乏现代的代理关系和系统推广的意识，要自产自销，希望得到所有的利益，那么，你就很难走出"家门"。时至今日，这个现象已经有了比较根本的改变。代理和市场分销原则得到不少圈内人的认可，包括艺术家和买家。当时还出现过另外一个问题，就是画家是否愿意将精品力作交给画廊经营，这也是一个对双方的考验，其实在协商时就可以提出讨论，予以规范。缺乏契约精神的合作普遍让画廊头疼，特别对于起步不久的新画廊或实力不强的画廊。因为一时"得罪不起"画家。我们的态度就是一经发现，先进行沟通，如果无法杜绝，要么不再合作；要么，就"冷藏"，不再动用自己的资源加以力推。俗话说"画品好，人品更重要"，对于合作，说的就这层意思，作为中介，画廊自然也必须以诚信兑现协议中的承诺。所以，我们也一度将代理重点放在海外艺术家身上，因为他们已在比较成熟的市场上历练过，契约精神良好。签约画家会自觉遵守合约，按时交给画廊原定数量、保证质量的作品，画廊在推广销售方面也按合约执行。我们曾与十几个国家的数十位艺术家合作过，至今保持良好关系。几十年运作下来，目前终于绝大多数艺术家与中介都尊重"一纸文书"对双方的约束，尊重签约内容成为良好的现实。画廊视契约精神为生命线，终于获得成果。

　　说到当时艺术市场中的诚信问题，可以举一个小例子，可见那时市场之混乱。我们曾在2005年举办"艺术上海——76名家展"，当时有机构送来一幅吴冠中的原作。因为当时吴冠中正在上海美术馆办展，我们特地请其大儿子吴可雨来画廊甄别，他认真看后，说了一句："我父亲签字不是这样的"。我们考虑再三，决定将该作品从展览上撤下。想不到，没过多久，这张假画竟然出现在一家拍卖行，并拍出高价。又过了几年，它竟然又再次现身于另一家更大的拍卖行，价格更高了。可

"艺术上海——76名家"艺术展览

惊可叹。但是,我们没有后悔过自己的决定。

诚信确实考验着我们的良知。有没有对方违约造成画廊经济损失的? 也有。但是,总体而言,艺术家与画廊的合作促进了双方的获利。

(二)专业化经营,把握全局与系统化规范运作

1. 合约规范化

规范体现在经营的各个方面。契约精神首先体现在合约规范化,它可以比较简单明了地显示画廊的水平。规范的合约是代理合作的良好基础。各方遵守合约就是契约精神的持续。大剧院画廊属于上海滩在改革开放后最早以国际版本合约与艺术家签约的画廊之一。合约是双方合作的书面约定,越规范周到,双方守约程度就越高,纠纷就越少发生。即使发生情况,也有据可依。上海滩上知名画家中少有画廊没有展览过、合作过,或推介过的。但是,不可解决的矛盾却没有发生过。

画廊规范操作的平台吸引了来自美国、英国、日本、法国、德国、澳大利亚、比利时、韩国等几十位国外艺术家,他们常常是主动找上门,要求与我们合作。意大利画廊,荷兰已有200年历史的经典老画廊,德国

上海大剧院画廊内景

经典油画画廊，日本画廊等都与我们有过成功的展览合作。当一份规范的英文合同交给国际艺术家、海外画廊合作机构时，他们感到合法合理合规范，比较顺利地为合作打开了一扇门窗。有些合作长达十余年。

记得美国著名雕塑家麦克唐纳（Richard Mac Donald）来画廊参观时说："你们介绍艺术如此充满激情，说得如此合情合理，我一定和你们合作。"法国雕塑家李能迪（Jacques Le Nantec）首次来画廊参观，先带来了一件雕塑，来后经过短暂交流，他说："先不用给我合同，就这样开始合作吧。"艺术家是性情中人，许多合作是在沟通后马上开启的。古根海姆的主管为在纽约举办《中华五千年》展览，先来上海考察，经人推荐来到我们画廊参观，看后她感叹地说，"在上海我终于看到了一家真正的画廊，你们的展示让我感到专业和舒服"。"感受真善美，请来我们画廊"，长期以来我们专业化规范化的运营给人们留下了良好的印象，成为一个对外展示上海艺术与市场的窗口。

2. 对艺术性的认知与把握

画廊经营者自然要对艺术家风格和作品的市场需求有一定独特的见解和判断力，但是更需要有艺术修养和对艺术有一定感受，专业人士经营自然有这方面的优势,普通人也可以通过阅读学习研究和广泛的参观增进对艺术史和艺术的了解。可是,我们知道画廊面临的艺术群体十分广泛,如今艺术作品风格之多,艺术形式之多元,绝非画廊经营者能全部掌握的,除了本身学习进修,还要靠虚心讨教。优秀艺术家和艺评家形成了我们的咨询群体。其中有两位值得一提,一位是原上海美术家协会秘书长,上海著名艺评家朱国荣;一位是曾担任上海大学美术学院油画系主任的凌启宁教授,她也是位曾经获得全国美展大奖的著名画家。他们为人中肯,眼光独到,长期以来,是画廊艺术方面的主心骨。他们的眼光和评论为我们的专业运作掌舵。在他们推荐下,我们接纳了一批青年画家,办了不少卓有成效的展览。在举办展览时,我们也常常虚心向画家本人和来参观的专家讨教。到我们画廊来展览或参观的艺术家和专家们都是我们的顾问和老师,他们对我们的布展和展示,代理画家的风格特色都发表过中肯的积极的意见。在这个过程中,画廊工作人员的水平也随之得到稳步提升,画廊也提高了经营水平。

大部分代理艺术家的展览或研讨会是由画廊和顾问策划自办的。但是,一些大型展览或文化活动,我们也会实行外聘。对于学术性研讨会我们一定会与知名艺术评论家合作。有时会请资深策展人或德高望重的艺术家作为主要顾问。比如,"象外山——仇德树的裂变艺术",我们聘请了策展人黄剑。为庆祝上海大剧院七周年院庆扩建后的画廊举办"艺术上海——76名家作品展",我们特别聘请了著名画家张自申教授一起赴京邀请北京的一批中国最知名的艺术家参展,还南下浙江杭州聘请著名画家参展。参展者为美术馆收藏界关注的或正在崛起的现当代艺术家,其中有一部分是在海外享有名声的艺术家,参展的有朱德群、靳尚谊、全山石、冯法祀、吴冠中、闻立鹏、崔开玺、王路、曹力、肖峰、刘秉江、袁运生、张祖英、詹建俊、张钦若、李秀实、朝戈、徐维辛、尚扬、罗中立、何多苓、陈逸飞、丁绍光、廖炯模、王劼音、张自申、凌启宁、徐芒耀、夏葆元、甘锦奇、周长江、邱瑞敏、俞晓夫、殷雄、李磊、章德明、徐学初、姜建忠、张华清、奚阿兴、戴恒扬、何小微、李朝华、魏景山、陈逸鸣、金纪发、鲍加、卢东明、李华英、柳毅等,还有15名上海著名的国画家林曦明、徐昌酩、张培础、张培成、张雷平、卢辅圣、施立华、谢春彦、杨正新、杨宏富、毛国伦、施大畏、车鹏飞、任国雄、陆春涛等,一共展出173幅作品。同时陈列了旅美画家甘锦奇为上海大剧院贵宾室创作的《艺术的春天》小稿。年过90高龄的冯法祀,中国油画学会副会长张祖英,和作品《工棚》荣获第十届美展银奖的画家徐维辛等参加了汇聚京沪浙三地画家、艺术评论家、新闻界的研讨会,就中国绘画走向世界和中国绘画中的民族情结进行了热烈探讨。这次画展轰动一时,传为美术界盛事。一个画廊能在诸多艺术家、评论家支持下举办如此规模的高规格、高水平艺术展览,并举办引起关注的研讨会,作为经营者实在是感到无比自豪和欣慰。我们一个深刻的体会是,中国老中青艺术家人才济济,一旦市场打开,气势必然汹涌,艺术经纪前景无限。后来十几年的发展证实了这一点。

3. 系统化推广,突出优势

作为代理性画廊要做好艺术经纪工作,最重要的是有效地系统性地宣扬艺术家的艺术精神及其作品,还要下大功大营销。在签约中画廊对此一定有承诺的。不同的画廊因为资源与人脉不同,所以推介自己代理的艺术家时都会形成一套独特的操作方式。我们在长期探索中形成了自己的全方位推介与展示的模式以及宣传展示渠道。

最基础和首要的是有关艺术家及其作品材料的收集整理,做到知其人。除了收集现成资料外,一般我们都会多次采访画家,深入了解艺术家的艺术观点,创作意图,创作手法,风格,主要作品,以往的售价和拍卖价格,曾经参加过的重要展览,甚至了解其家庭和人生经历。我们画廊对代理过的画家如丁绍光、朱德群、仇德树、赵尔俊、甘锦奇、杨宏富、薛俊华等都采访过,写过专门的报道或评论。即使是对于借场地的展览,我们也在宣传方面助一臂之力。这样,画廊的专业性就得到了持续的展示。

总结以往的经验,我们在签约时往往会与画家讨论以下几个方面:

（1）画廊常规展示展销。包括定期个展和联展。画廊有不同的区域,区域安排也按代理性质有所不同。通过在画廊的常规展示、年度个展、群展等,让越来越多的人目睹作品越展越好,靠人气口碑相传,提升艺术家的名声。

（2）到合作的机构展示或展销。我们画廊有一些合作的艺术机构和展示场地,他们有展厅或空间,可以组织展示销售,扩大影响和客户群。

（3）媒体宣传与网络传播。电视报纸杂志的新闻报道,艺术专刊的采访报道,专题报道,报刊电视和网络广告等,包括网络媒体的公众号传播等。

（4）举办艺术研讨会座谈会,主题讨论会或专题研讨会等,在艺术圈扩大影响。

（5）组织在美术馆展览,提升专业认知度。我们为多位画家在美术馆举办了个展,取得良好的效果,艺术家也都十分满意。

（6）出版画册,论文集,文章等。我们曾为不少艺术家撰写文章,出版画册和文集,取得良好的效果。

（7）拍卖,收藏条件等。

（三）定价合理,兼顾灵活性

为艺术作品定价是一门学问,一种技巧,一种才能,更是一项挑战。定价要考虑作品成本、运营成本、消耗成本和其他开销,再加上经营者的合理利润。利润中相当一部分是要再次作为资本投入运营的。与拍卖行不同的是,当画廊代理一位艺术家时,其作品定位必须首先考虑如何能合适地进入市场,先让作品在流通中形成一个相对稳定的价格,有利于较长时期地持续流通。然后,画廊逐渐视市场需求,作品的品质,稳定上升,或保持价格稳定。有时在某些情况下,画廊还可能需要下调价格。许多画廊或艺术家不愿看到价格下降,其实,经济大气候的变动、艺术市场的冷暖、收藏群体的变化、拍卖行的行情变化等等诸多因素,一定会让艺术品遭遇价格下降的情况。画廊和艺术家都要有比较平和的心态来对待价格的调整。价格相对稳定是市场得以持续的一个重要因素。一味追求作品价格的上涨，不是经营良策。恶性的人为炒作可能会导致作品更难流通，形同杀鸡取卵。画廊要及时地与艺术家沟通和交流其作品价格的变动，因为双方达成共识可以使得合作比较和谐。

名家、名作、名经纪、名收藏确实是让人羡慕的艺术交易与收藏现象。这是艺术经纪的理想境界。在《一千二百万美元的充塞材料的鲨鱼——当代艺术令人惊奇的经济学》一书中，作者唐·汤姆逊就揭示了达明·赫斯特的"鲨鱼"如何以高价成交的。据他说，1 200万美元的成交价也可能是虚高的，交易价大约就是800万而已。但是，从赫斯特到高古轩到查尔斯·萨奇，这条路就是名经纪、名画廊、名藏家的价格之路，其中不乏当代泰特美术馆的铺垫作用。书中特别提到，"如果你不想将一件作品收藏20年或30年（这是大多数专家建议的），那么，要认真观察这位艺术家，如果过了一二年还没有主要画廊为其办展，或反而给画廊解约了，或在3个月之内仍然没有其他相等地位的画廊接手，那就赶快出清。"这番话不无启发。作为画廊，自然希望能代理到名家、名作品，但是，作为第一平台的画廊，可以通过用心做好自己新兴画家或雕塑家的代理，获得影响力和良好的经济效益。

众所周知，在艺术市场上，吆喝得最响的作品不一定是卖得最好的，价格最高的作品也不一定是最好的。艺术市场有一阵子虚假拍卖盛行，人为炒作等因素让市场遭遇到沉重的打击。艺术市场从业者的规范经营有助于推动艺术市场的良性发展。当新兴市场艺术品逐渐为越来越多的人接受，"收藏"最终会成为普遍的社会风尚，这一切都说明随着经济的繁荣，艺术市场的发展是一种不可逆转的趋势。我们之所以坚持规范化操作是希望画廊能长久生存下去。为艺术作品定价是规范化操作一个特别重要的部分。除非出现奇迹，画廊不太可能一夜暴富。但以爱艺术的理想和平和的心态经营，画廊获得丰厚回报是可期的。

定价是艺术作品销售的第一步，其中有画廊对艺术作品价值的评估，热销的持续期等多方面考量。更与画廊对市场的洞察有关，包括艺术市场对艺术作品的接受度和期望值。一般我们会与艺术家认真商量价格范围。定价方法在营销学中都有专门的说明。我们的经验是，一看艺术家本身的艺术地位和市场认可度；二看作品艺术性和艺术价值，这包括艺术作品是否为艺术家的精品力作，以及每年可售作品产出量等等；三看整体市场状况，经济大气候和艺术销售、艺术收藏的趋势等；四看客户目前能接受的程度。市场价格是由供需关系决定的。如上所述，价格的调整要合情合理，切忌急功近利地盲目抬价和大跳水。

我们体会到当艺术家对画廊专业性和客观分析能力认可时，定价合作过程会进行得比较顺利。在某些情况下，我们会让市场，即营销实际情况来说服画家。偶尔也会因此而坐失销售艺术品的良机。但既然是合作，画廊和艺术家有一个磨合过程。有时候，画家会提出种种理由要求标价高些，比如"谁的价格已经到多少万了，我不能比他低""我学生的作品已经到多少万了，我怎么能比学生低呢"，所有这一切，作为中介全应该理解。但是，最终还要按艺术市场实际和艺术作品潜在增长能力决定。况且，随着画廊的有效运作，市场销售是会出现良机的。

有两位与我们合作的海外雕塑家再三对我们说："不要上拍卖，也不必调价"，让我们按商定价格坚持了六年之久，这是由于他们更在意国际市场的均衡性。有几位我们代理的艺术家，其作品价格在十多年前从三五万元人民币进入市场试水，到最后上涨到四十万、六十万、一百万甚至更高的价位。虽然作品的画幅与创作内容发生变化，但更为重要的是在画廊的推广和宣传下，其市场认可度、知名度大幅提升，获得行业内的充分肯定，美术馆的认可，知名大藏家的跟入。在种种因素的综合推动下终究形成价格比较稳定的上涨。

在商言商，价格关系到代理艺术家和画廊的生存及代理关系的持续。画廊有效地推行与运作是艺术作品价格上涨最为关键的动因。作为专业经纪，我们对于某些艺术人士"自卖自销"的现象并不看好，特别是让少有市场运营经验的配偶或子女操作。中介经纪是现代市场专业化分工成熟的现象。艺术作品不是成批生产的灌装可口可乐,它包含着创意、情绪和才华,让中介"慧眼识人"才是真正的上策。

相信有朝一日终会出现,有重要画廊、品牌画廊和名经纪人代理的画家的知名度、影响力和吸引力高于"自产自销"的结果。寻找重要画廊或经纪将成为艺术家步入市场的职业习惯。

(四)"讲故事"作为有效的营销手段之一

数字营销确实是具有说服力的一种营销手段,即以拍卖价格升值、保值的数字说服客户。但是,更为生动的艺术软性营销是讲好"故事"。所谓讲故事,无非是叙说艺术家其人其事。比如艺术家人生奋斗故事,艺术家创作作品时的思路、背景与细节,作品流传中的收藏故事等。真实生动的故事具有一定感染力,一方面可以拉近客户与艺术家之间的距离,让人们从人文角度认识艺术家;另一方面,在故事的渲染下绘画与雕塑作品可以变得更加生动起来,会增添收藏的乐趣。艺术品大多就是感性的产物,生动、真实的故事增添了作品的生动性和艺术的传奇性。无论是大师及其作品,还是刚进入艺术市场的青年画家,在推广和推介中讲出他们的好故事都是推销其作品的好方法。客户甚至会津津乐道地传播这些故事,为收藏一件有意义的作品而感到兴奋。我们参观博物馆和美术馆时,讲解员也会常常讲解一些非常有趣和动人的故事,让我们对作品和艺术家有更深的了解。有人认为讲故事是炒作。其实,只要诚信在心,不是瞎编乱造,讲好有关艺术家及其创作背后的故事应当成为商业运作的有效手段,就是让艺术家创作激情通过营销传播感染给观众和艺术爱好者。梵高、莫奈、张大千、齐白石等,在显赫声名的背后都有动人的故事为之加持。

善于挖掘故事(而不是编造),巧于讲故事,足以显示画廊代理的传播能力。每个人的一生都有许多故事可述,更何况以创造力为生的艺术家。我们是一个讲故事的画廊。好故事也并非信手拈来的,这需要经常与艺术家进行艺术对话。采访艺术家是一种富有乐趣的经历,在对话和聊天中常常会发现富有宣传价值的内容。绘画雕塑都是艺术家生命所在。我们的代理、代销，都会多次采访展览的主要艺术家，让他们自然地讲述出与自己创作有关的体悟和感受。有些艺术家十分健谈，但是许多却不善于表达自己。画廊有责任要挖掘好故事，努力将一个有灵气、有才气、有潜力的艺术家比较全面地推介给大众、客户和收藏家。比如，我们对仇德树、薛建华、甘锦奇和赵尔俊等画家都进行过多次深入采访，最终写出比较有分量的文章。对海外的几位雕塑大师，我们也多次了解和传播有关他们的创作故事，推动了几百件雕塑的销售。有时艺术家朋友也会提供很有趣的材料。如陈逸飞的好友画家吴健常常会谈到与陈逸飞一起创作时的细节故事，会回忆一起参观看画、评画的情景，使我们在介绍有关展览作品时更加生动、充实。

我以对旅美画家赵尔俊的采访为例，说明讲好故事的重要性。赵尔俊的《黑白之间》作品系列具有强烈的震撼力。如她自己所说，她期待能借作品激发人们从灵魂深处思索"人从哪里来，又走向哪里"。她常常将作品中的形象命名为亚当或夏娃。经过多次采访，我们了解到她的祖先是清朝正蓝旗皇族，被派遣到四川戍守。她赴美留学时接触到了基督教，这应该是作品中亚当夏娃命名的来源。于是，我们从"格格"到"基督教徒"这两个极大的身份反差中寻找她的人生轨迹。又了解到她乒乓球技术高超，少年时曾经梦想成为一位运动员，但因为家庭出身，终被国家队拒之门外。受打击之余她转而求艺于自己的姐姐。于是，如今我们少了一个乒乓球运动健将，却多了一个杰出的女画家。这些故事细节对宣传艺术家和推进作品收藏都具有极好的推动作用，她的人生故事也揭示了她的画作有一种悲天悯人的氛围的原因。可见，讲好画家故事，对于更深刻地理解作品，更好地宣传作品具有重要意义。

（五）着力培养自己的专业团队

我们的专业团队是在长期的经营中慢慢培养起来的。新兴市场的情况是不断变化的。从谈判、签约、展览、布展、公关宣传、媒体联络、客户服务、市场调研、清点库存、财务会计等,画廊工作人员通过实践一步一步熟悉业务,终于掌握了从策划到运行的各种技能。上海艺术市场是在这几十年中形成的,所以,在最初阶段根本无法找到合格的艺术销售人员,只能采取培养的方式。一旦团队形成,无论是大型展览还是大型项目,我们都以自己团队为主。同时我们联络长期合作的资源,让服务对象满意,成为上海颇受好评的画廊。画廊能拥有自己的一支专业队伍很不容易,一个极大的好处是能抢时间办事,配合默契,互补互助。我们这支队伍组建十多年来基本稳定,所有职工的工龄都在十年以上,这在一般艺术公司和画廊是少有的现象。一个画廊拥有超强凝聚力的团队是经营成功的保障。一些工作人员和艺术家、收藏家都成为好朋友。很有意思的是,我们的工作人员几乎人人都收藏了艺术品,真正是做一行爱一行。培养员工的另一个要点,是提升他们的市场洞察力,向不同的客户推介符合其审美的艺术品和艺术家。

为了让工作人员了解和感受艺术,我们常常组织他们参观美术馆和其他画廊举办的重要展览,参加艺术讲座。我们还定期进行市场调研,不时地让工作人员去其他画廊参观,了解市场实况,甚至集体到国外艺术馆参观访问。我们代理的旅美画家吴健就曾经带领我们团队参观纽约大都会博物馆,亲自讲解作品。每一次画廊举办的重要展览,在展览前我们都让参展艺术家为大家讲解自己的创作体会,并提供相关的文献和资料供参阅。在讨论艺术家艺术定位,艺术特色,作品定价,作品推广时,我们常让大家参与,鼓励大家发表自己的见解,形成共识。展览结束后,我们会及时总结办展心得。久而久之,一支配合默契的专业队伍就形成了。画廊本身就富有艺术氛围,营造一个宽松愉悦的工作环境,对调动员工工作积极性和保留优秀的员工都是有利的。同时要给他们有成长发展上升的空间。

四、与艺术博览会携手同行

在与画廊有关的上下游关系中,除了拍卖行,另外一个交易平台,就是艺博会和双年展。我们每年都会参加上海艺术博览会,也参加过其他城市举办的博览会。所以,有必要谈谈我们积极参加艺博会的原因。我曾经在《上海艺术家》中谈到我们参加上海艺博会时的情况。如上所述,在最初的三届我们为了支持艺博会每次几乎都以至少十个展位参展,主要推介著名旅美画家丁绍光和几位海外华人画家的作品。由于当时丁绍光先生海外名声显著,当他来到现场时,展位前人头攒拥,热闹非凡。我们借助了在海外运作和布展销售的经验,借助丁绍光艺术在海外的影响力,借艺博会之契机,取得了意想不到的市场成功,充分发挥了名人效应。连续三年艺博会,在丁绍光和香港著名画家石虎的展位前,常常是长长的等候签名的男女老少观众队伍。这一现象在此后历届艺博会上再也没有出现过。随着多元化艺术在国内的传播,国际交流的充分展开,人们逐渐见多识广,冲动让位给理智。

艺博会为我们在上海的立足与发展打下了良好的基础。90年代后期,我们凭借艺博会的热潮,与建设中的上海大剧院合作,成功地运作了丁绍光大型壁画《艺术女神》的公共艺术项目。艺博会以"规范化、精品化和国际化"为宗旨,逐年推进扩展。通过这一平台,不少艺术家和从业者认识到,艺术的感染力可以通过市场作用传播开去,艺术家竟也可以与明星一般具有文化吸引力和影响力。艺博会敞开大门,让数万人在5天内观赏到国内外不同时代、不同风格、不同流派、不同画种的艺术品。我们与创办上海艺术博览会的钱建群先生探讨艺术市场时,深深为他的创业精神所感动。我们画廊背靠这个平台进一步打开了上海艺术品营销之路。

作为在艺博会上参展的画廊,通过实践我们意识到,与其追求在展览期间的高额成交量,还不如在建立声誉和品牌影响力方面下功夫。我们是本地画廊,不愁客户不登门。所以,除了精心组织作品参展外,我们为了增强吸引力和扩展影响力,精心设计展位,坚持不懈积20年之功夫,终于形成品牌效应。虽然在艺博会平台展示的成本逐年升高,但是,除了有两年特别困难外,大体上,我们画廊的销售业绩还是比较令人满意的。

通常艺术家名声鹊起往往要靠雅俗共赏，口碑相传。艺博会画廊集中，人气旺。我们将之作为树立口碑的突破口。一次成功的推出可以让一个名不见经传的艺术人才一下子引起圈内外的关注。所以，我们每次参展都会提前调研市场情况，有针对性地进行策划。有时我们着重推出一个或两个优秀画家的精品力作，把展览办成专题展示，或主题展览。如对于屡获大奖的水彩画家郑志明，独树一帜的仇德树和实力派画家赵尔俊，我们都精心策划与布展，加深人们对他们原创力的印象。有时在艺博会，我们会集中推出一组画家，如海派油画家邱瑞敏、凌启宁、章德明等学院派的作品。有时则主推海外代表画家，如旅美画家甘锦奇、潘仲武，旅日画家杨岚等。我们代理的美国雕塑家麦克唐纳，法国雕塑家李能迪、皮埃尔·马特等的标志性雕塑作品都曾借了艺博会做了展示。如此广泛推广，他们的作品迅速进入了人们视线。精湛的作品与艺术创意在画廊精心布展下，我们展位经常吸引了众多观众驻足。

艺博会也是我们"喜结良缘"的桥梁。在艺博会上我们与多位画家携手合作。在起初几年中，艺博会允许个人参展，我们借机积极寻找可以合作或代理的画家，如青年画家王煜宏，海外画家赵尔俊，东北画家王尊等十多位画家都是在艺博会上相遇、相识和相知的，后来我们之间达成长期合作的协议，并保持频繁的互动。上海水彩画家郑志明就是通过我们在艺博会上的推广与一家拥有二百多年经营历史的著名荷兰画廊建立了合作关系。艺术家及其作品借助画廊在艺博会上的展示推广，让他们在艺术价值与市场价值同时"被发现""被认可""被认识""被承认"。

上海艺术博览会是20世纪90年代上海市政府支持发展上海艺术市场的一项具有前瞻性的举措。它从大众化艺术启蒙教育开始，将市场理念引入艺术领域。20年来，它已经成为上海艺术市场的一个品牌。有人指责它过于大众化，不够学术。我们却坚持每届都参加。这是由于作为上海本地画廊参加上海艺博会不仅仅在于多一份交易的可能性,还在于亮相——向艺术圈、收藏圈、百姓圈说一声"你好,我也好"。

"到什么山头唱什么歌",不同艺博会有不同的主题定位和目标群体。我们多次参加"艺术北京""上海春季沙龙"等博览会,也在海外参加展览。由于各个博览会学术追求和展示要求都不尽相同,我们参展的操作和所选择的参展艺术家及作品就有不同。参加投入成本较高的博览会,倘若我们不注意针对不同的风格和观众对展示进行调整,有可能遭遇曲高和寡、不合时宜的境况,在商业运作上血本无归。如何区别对待不同层面的市场需求就考验出画廊的运营市场的能力。

五、尊重艺术家原创,成为艺术家助飞的翅膀

艺术经纪必须安心地"为他人作嫁衣裳",要甘于做好"垫脚石"。艺术经纪是为创意性人才进行的创意性服务,深刻认识艺术经纪的这一本质,是做好代理的基础。画廊作为艺术作品的交易平台,它与艺术家之间可以慢慢发展成一种双重关系:一是专业的经纪代理关系,二是建立起一定的友情关系。当然在艺术经纪中,也不乏艺术家与代理商之间吵闹并进的趣事。在许多情况下经纪代理不再保持在一种单纯的商业合作关系而是成为画廊与艺术创作者之间通过诚恳而有效沟通的渠道。一家有责任心的画廊也可以为艺术家的艺术生命提供一些建设性的意见和客观的评价。因为画廊的经纪代理自己很清楚,不是每一个从事艺术的人都能成为艺术大师,也不是所有的作品都能流通,也不是所有流通的作品都有投资价值和收藏价值,所以,与艺术人士沟通要实事求是。经纪代理不能无限"上纲",一开口就称艺术创作者为大师,为"大家",甚至以此哄抬作品价格,欺骗买家客户。但是,如何帮助艺术家,特别是新兴艺术创作者获得提升是画廊的责任之一。

首先,我们需要给艺术家有充分的创作自由,不要对艺术家的风格"指手划脚"。其次,我们也常常与艺术家一起探讨艺术。当艺术作

品热销后，许多中介与经纪会让艺术家不断地重复"符号性"作品，以固定风格来创作。但是，对艺术家而言，过多的重复是一条艺术创作的"死胡同"。我们就多次鼓励过有成就的艺术家突破自己，深入思考作品的创作方向。这时画廊经营者身份也许真正改变了——从生意上的伙伴变为艺术上的良友。我们甚至会邀请艺术评论家与画家见面一起探讨如何有新的突破。再则，我们常常会将市场情况及时反映给代理代销的艺术家，供他们参考。

与艺术家的交流之所以重要，正如一位评论家所说的，对艺术的判断与其说是一件作品的内容，更重要的是本能地感觉到艺术家想表达的是什么。当收藏者将作品带回家后，过了一段时间，那种对作品的新奇感会逐渐消失，但是，作品的内涵和艺术家的才能还始终存在着。画廊通过与艺术家的沟通，挖掘出艺术家创作的意图，作品内涵，创作技巧，独特才能，并传递出去，成为市场中的信息。许多艺术家希望自己成为能在艺术史上留下一笔的人物，期待作品可以产生长远的意义与影响。有的艺术家希望在美术馆举办展览，或让美术馆收藏自己的作品。面对这些诉求，画廊要做好台阶，尽力为艺术家着想，为他们服务。有时，艺术家为了今后策办重要展览，某些重要作品一时不想出售，或对收藏有特别的要求，画廊应该理解并予以配合。

画廊与艺术家之间通过契约确立代理关系，特别是独家代理关系，应该是彼此最基本、最重要的商业关系。画廊希望通过卓有成效的运作，提升艺术家在收藏群体中的知名度与作品的售价。艺术家的艺术地位，艺术作品的市场接受度、认知度，会同时给画廊和艺术家带来可观的回报。为了共同的目标，画廊应尊重艺术家自由创作精神，不以商业利益干扰艺术创作。但这有一个前提，就是画廊必须具备市场敏感度，知道自己应该选择怎样的艺术家进行代理。

我们代理过两种类型的画家。一种是比较成熟的、已享有一定或相当知名度的画家和雕塑家，他们具有一定的学术地位，已经形成自己的绘画或雕塑风格和个人特色，甚至有过获奖纪录，只是在以往其艺术作品没有充分地进入市场运作。代理画廊的运作就是打造层次较高的平台，大力宣传其艺术水准。因为这样的艺术家的作品比较成熟，只要客户喜欢，愿意接受售价，那么，对他们而言购买这样画家的作品没有任何风险。如果客户购买到精品力作，那今后作品的流通是可以有保障的。我们对上海相当一部分学院派的画家和海外的著名艺术家都如此运作过。对于这种资历的画家群体来说，要在市场脱颖而出，其关键还在于能否与代理画廊进行长期合作，进一步提升知名度和市场接受度。中断代理或退出市场，对其作品价格的冲击是不言而喻的。

我们运作比较成功的另一个方面是作为新兴画家的第一平台，对有潜质和潜力的艺术家实行独家代理合作，全方位地推出。经过双方努力，他们的作品的售价在十多年中会从几千元到几万，可上升到十几万，几十万，甚至上百万。这种良性的上升给画家、画廊、藏家，甚至拍卖行都会带来较高收益。成功的关键之一是如何动员有实力的收藏家参与进来。名家的产生还须要名收藏家，包括收藏机构的支撑和支持。

一般而言，与艺术家之间的合作也包括对他们的艺术推介要始终放在心上。无论是丁绍光先生创作《艺术女神》壁画，还是朱德群老师创作的《复兴的气韵》，还是甘锦奇先生创作的《艺术的春天》，我都亲自去他们画室观看、拍照，交流创作体会，为下一步宣传积累材料，并最终会自己动手写评论文章介绍他们的创作。当雕塑家皮埃尔·马特为上海创作大型雕塑时，我也飞去他在法国小镇的创作空间观摩学习，使我对大型雕塑的创作有了进一步的了解，并对法国艺术家创作过程有了第一手的了解。我们画廊同事们常常去艺术家创作地，比如，仇德树、黄阿忠等先生的画室。在他们创作处的交流可以使我们更好地理解他们创作的理念和艺术精神。我们也会想方设法为艺术家创作做点事。例如，当我们得知马友友来上海大剧院演出时，我们经大剧院和马友友的经纪人同意，安排以音乐专题创作为主的画家甘锦奇与马友友先生的见面。在见面时他们两人相谈甚欢，远远超过了与马友友先生经纪人约定的时间。马友友十分高兴地当面称赞了甘先生所创作的油画作品《马友友》。又比如,我们推进了与云南有缘的丁绍光为云南世博博览会(简称"世博会")制作主题作品,并通过云南世博会组织方将其限量复制品作为世博会礼品赠送各国。又如为艺术家策划在美术馆或标志性场地的展览等,我们项目的策划运作一般均达到既定的理想效果。当然,画廊与艺术家之间关系并非永远是理想的,画廊与代理艺术家解约分手,与代销艺术家中止关系等情况也时有发生。这往往是出于多种原因,但多采取"好聚好散"的方式结清账目和交还作品。这些都有助于传播好名声和维持今后的相互关系。代理画廊理应成为助力艺术家飞翔的翅膀。艺术家的起飞成功就是艺术经纪的成功,我们甘当和敢当艺术家背后的推手。我们团队每个成员也有深刻的体会,每一次成功背后都是绞尽脑汁的创意和顾及每一个细节的安排。

在拍卖方面,我们基本上尊重艺术家自己的意见,有些不愿意参加拍卖,有的对参加拍卖提出一些要求,我们都在力所能及范围内尽力配合。虽然流拍应该视为拍卖中正常现象。流拍对于画廊和艺术家都不是好事,我们一般对流拍比较慎重,因为假拍不是我们所当有的行为,况且此举对长期合作没有益处。有时我们也通过拍卖购进一些艺术品。画廊与拍卖行应该保持良性的商业关系。

大剧院画廊成立以来的二十年间,曾经与数百位画家雕塑家建立联系,从来没有与任何画家发生过激烈的矛盾。究其原因,就在于"以君子之道待人",在任何合同中都有这么一句话,"发生任何纠纷,应以友好态度先予以协调解决……"艺术是桥梁,货币也只是交易中介。"你好,我也好",这才是正道。这就是契约精神的具体体现。

六、多元经营,寻找商机,增加收入

在艺术经纪方面多元经营至少可以有两层意思:一是针对艺术代理开发利用版权,开发衍生品,进行艺术授权等;二是利用资源开发相关业务,综合经营。这种多元经营实际上已经在市场上运营很久了,很多艺术经纪机构包括画廊都在从事这方面的经营,扩大影响和增加经济回报。尤其是第二种方式,在网络时代越来越多见,即在纵横双向发展相关业务,寻求新的商机。这两方面业务我们在不同时期都推行过。

新兴市场往往是不稳定的,特别在运行规则规范形成期,不公平的竞争与使用不当手段的竞争往往会引起市场的波动,更不用说整体经济环境的波动对画廊行业所造成的影响了。中国艺术市场的发展过程中并没有一个全国性的市场监督管理机构,主要依赖经营者与参与者的职业操守和自律。2008年经济下滑时,疲软的市场对画廊行业的打击比较严重,而后大量拍卖行介入第一市场,给画廊带来了更沉重的压力。特别是假拍和假画的出现,对处在第一市场的画廊的冲击是非常严重的。所以,我们曾经不得不采取了多元经营的方法加以应对。

我们的运行方式有多种。第一种是借展厅的优势地位,以场地和专业服务经营增加收入。但是,我们对展示作品内容和质量严格把控,并提供优质的服务。第二种是我们与国内外相关机构合作,经营非纯美术类的艺术,如曾经与海外合作推介收藏级的欧洲19世纪经典家具,以及推介中国顶级的沈绣、瓷器和漆器等艺术珍品等。我们曾经与一家具有海外背景的古董艺术公司联合,成功举办五届"域外遗珍——十九世纪欧洲古董家具品鉴",展品中不乏王公贵族的传承至宝,甚至有从温莎城堡流散出来的古董。展览时,我们还特别邀请了曾经在英国苏富比任职25年的部门主管和专家来举办讲座和甄别古董家具。他的专著在欧洲19世纪古董家具收藏界被视为"圣经"。他的到来,保障了我们绝对不出售一件假古董。第一届展览时,我们还邀请了上海资深文化人朱旭初先生举办讲座,讲解中外古董家具文化的异同。在举办其他展览时,笔者也经常举办文化讲座,从欧洲文化历史发展的脉络探讨古董文化的风格变迁。经过精心策划和富有欧洲氛围的布展，每次展览都出现轰动效应。首次展览的消息还传播到纽约、巴黎、伦敦的古董界，当地著名的古董行都曾来人联系合作。可以这么说，我们成功运行重量级的十九世纪欧洲古董家具展览，在一定程度上引领了上海和北京的西方古董家具的收藏风。曾经有人疑惑：你们举办这些展览是否还在经营画廊？当然！我们还在继续推进国际交流，基本业务仍然在代理代销艺术作品，仍然在努力推广艺术。况且，我们对欧洲古董家具收藏的推介和推广具有相当的专业性，有关国内外专家的讲座和活动，还助推了国际著名学术经典专著中文版的翻译出版。多元经营给我们打开了新思路带来了新机会。

七、策划参与公共文化艺术项目，推广艺术家，为社会奉献

策划执行或协办大型文化艺术项目是我们的强项之一，也是大剧院画廊区别于许多其他画廊的最显著的特点之一。我们善于综合利用画廊的艺术家资源，发挥自己的组织能力、运行能力和执行能力，参与、策划与运行重大项目。好的项目往往带来持久的声望。我们的公共艺术项目不仅仅有公益效应，而且还通过公共艺术项目为代理艺术家构建了高层次的推广平台。

众所周知，丁绍光为上海大剧院创作和捐赠《艺术女神》壁画的项目，为我们画廊在上海的运行打下了良好的基础和建立了一个公共艺术运行的特别模式。

此后，我们执行的艺术项目基本上有两大类。一是公共艺术项目，从丁绍光先生的大型壁画《艺术女神》开始，到朱德群老师的壁画《复兴的气韵》，到甘锦奇先生的壁画《艺术的春天》等多幅作品，阿曼雕塑的落座上海大剧院，以及上海多位知名画家为上海音乐厅创作的原创作品，还有落户在东方绿舟、上海市雕塑中心等地的大型雕塑作品，所有这些以及其他的公共艺术项目都为上海这座城市增添了艺术氛围，增加了艺术财富。艺术家和画廊为美化城市做出了奉献。

另外一种项目包括大型文化展览和高层次的艺术活动。这里以

上海浦东城市雕塑设计方案国际征集活动合影

为上海浦东新区政府策划上海浦东城市雕塑方案国际征集活动为例加以简述。

2004年,浦东新区城市雕塑委员会决定为3个(原定为8个)标志性景址征求量身定做的户外雕塑,作为面向世界的公共艺术建设新开端,其主题为"构筑国际平台,营造人文浦东"。当时我们向浦东新区领导进行了几轮汇报,最后决定由我们上海大剧院艺术设计公司暨画廊策划与执行。

作为国际性项目,经过与专家们再三研究我们决定采取广泛招标与定向邀标相结合的方式,广泛地向海内外艺术家招标,还特别选择了数位在国际上负有盛名的雕塑家,向他们发出定向邀标,保障活动的广泛参与性、国际化、高水准。这次画廊充分展示了国际运作的能力。我们通过上海艺术博览会,通过海内外艺术院校、艺术团体、国际艺术经纪公司和经纪人向国际艺术界发出消息,在海内外报纸杂志发新闻和登广告,还设立了专项网站,不定期地发布活动进展消息以及与参与者联络沟通。此外,我们还通过各国驻沪领事馆与该国杰出艺术家联系。这种多渠道的广泛招标带来了积极地反响。日本全国艺术家协会向其数千名会员发出信息。德国驻沪总领事亲自推荐他们国家一位重量级的雕塑家,并派人送来画册资料。

在定向邀标方面,通过不同途径向美国、德国、日本、澳大利亚、哥伦比亚和法国等国家的世界著名雕塑家与大师级艺术家发信,甚至派专人去联系,邀请他们到浦东景址实地考察。受邀的有法兰西艺术学院院士费浩和卡赫多,美国华盛顿越战纪念碑设计者林璎,日本著名雕塑家伊藤隆道,哥伦比亚艺术家吉尔曼·波特罗,墨西哥著名雕塑家塞巴斯森和美国著名雕塑家麦克唐纳。不少世界著名雕塑家特地送来了小稿。

国际著名雕塑家的参与对评审工作提出严峻考验。谁来评审,如何评审?经过多次讨论,最后决定采取初评和终评二级评审程序,在操作上与国际通行的方法接轨。初评委员会由通晓上海历史文化和具有艺术资质的5位评委组成,对所有方案进行匿名评选。

终审受邀的评委有国际建筑设计大师贝聿铭(后因为其他项目未能成行),世博会建筑设计研究中心总建筑师邢同和,著名建筑设计师项祖荃,世界著名艺术家丁绍光和朱德群,中国雕塑家学会会长程允贤,国际罗马大奖获得者、法兰西学院终身院士终身秘书长欧德赫弗,罗马国际设计大奖获得者城市建筑保护项目专家特迪·克罗兹,美国城市公共艺术项目和国际基金会专家詹姆斯·布赖斯纳,国内著名艺评家朱国荣和著名雕塑家杨剑平。他们每一个人都具有国际评审活动方面丰富的经验或专业知识。国际评审小组具备了对大型景观雕塑的综合性鉴赏和评定,并得到广大参与者的认可。

在准备终审工作之前,浦东新区领导决定在10万平方米的陆家嘴中心绿地举行大型方案展览,让公众了解公共艺术,也让市民来发表见解,让他们有参与感。当时发出了5 000多份选票。所有方案沿中心绿地分展区依次摆开陈列,包括部分雕塑小样模型,中心区是大师方案,周边是参选方案,同时还特别陈列了图文并茂的有关城市和文化的宣传介绍,介绍世界著名城市的户外雕塑,整个展览气势宏伟,别具一格。

后来这一展览又在上海市城市雕塑委员会支持下,在上海城市规划厅再一次展出,但根据场地进行了调整。征集活动最终由国际评委选出10件最佳方案,除了部分大师作品,还有来自北京的朱尚熹、陈华,上海的李荣平、黄英杰等著名中青年艺术家的设计方案。当时,这次活动被市领导称赞为"在上海城市雕塑建设中,一件里程碑式的大事"。参加评选的不少作品最终通过不同方式在上海落户。这次征集活动总共有来自31个国家和地区216名艺术家的517件方案。其规模之大,数量之多,规格之高在上海城市雕塑建设中也是罕见的。评审结束后,由浦东新区城市雕塑委员会向所有应征艺术家发出感谢状,向十佳方案获得者颁发荣誉证书。

新闻媒体对这一国际性活动进行了广泛的深入的追踪报道。新华社、解放日报、文汇报、新民晚报、东方早报、青年报、新闻晚报和浦东新区周报等媒体,上海电视台、东方电视台、东方卫视,以及各大国内网站,都发出大量的连续报道。海外报纸杂志和网站也都对活动做出积极地反响。有记者的相关报道还获得高度赞扬并获得奖励。

画廊超越一般业务,成为国际文化交流和运营平台,由此例可见一斑。

我们画廊还曾经与市府有关机构和民间文化机构合作,成功举办了多次文化艺术项目。例如,为纪念改革开放30周年举办的大型活动《华夏情——海外华人华侨画家与海上作家笔墨交流展》,这实际上是一次跨界的艺术展览,以文学推动对精湛艺术的深入理解。主办和协办的单位为华夏文化经济促进会、上海作家协会、上海市海外交流协会、上海新航星投资集团,由上海大剧院画廊协办。这次大型国际性展览有40多位来自美国、加拿大、德国、英国、西班牙、澳大利亚、巴西、日本等国家的画家送来作品,包括陈逸飞、陈丹青、丁绍光、陈伟德、石墨、孔柏基、夏葆元、赵尔俊、查国钧、韩辛、魏景山、吕嘉、甘锦奇、方世聪、蒋昌一、汤沐黎、陈逸鸣、于帆、方广泓、牟恒、吴健、许明耀、吕吉人、李守白、赵渭凉、徐纯中、夏予冰、赖礼庠、管齐骏、黄河、郭润林、黄齐民、赵红斌、张肇达、潘仲武、瞿谷量等。不少展品是在历届美展上获奖作品。当时参展的上海著名作家有毛时安、王小鹰、陈村、宗福先、赵长天、赵丽宏、程乃珊、黄阿忠（也是画家）、孙甘露、王周生等，其中多位为艺术家们写了极其精彩的文章。开幕当日，有超过千人前来参观，可谓盛况空前，情景非凡。画家、作家、观众、读者彼此交流格外活跃。正如上海华夏文化经济促进会会长宋仪侨所说，"这是极为精彩的和别开生面的艺术和文学之间的精神对话"。这次之后，我们画廊协办和合作的还有不少其他文化展事和展览。更重要的是，我们的思路被打开了，从此策划了不少的跨界展览，"众人拾柴火焰高"，跨界不仅仅在展览内容内涵上互补互助，而且，可以吸引不同文化圈内外人士的聚会和融合，交流和交锋。

"华夏情"展览

著名画家方世聪个展开幕

八、启示与挑战

综观上海大剧院画廊近20年的发展,给予我们很多有益的启示。首先是它多年来对文化的坚守,对文化艺术项目的奉献和运行;其次,它坚持了规范操作,坚持和坚守契约精神,擅长专业化运作等,所有这些都极大提升了它的声誉,使它能在国际大都市立足。多元经营作为在大起大落的新兴市场中一个调整策略,也是它利用团队和地利优势的成功经验。

网络时代的兴起与超速发展,以及随时代变化而渐变的艺术观和审美观,给画廊的经营带来了许多新挑战,增添了不少难题。多年以来,在多边挤压之中,实体画廊的日子并不好过。目前网络营销对所有的实体画廊是一个绕不过的挑战。网络不只是我们可利用的信息平台,更是直接的交易平台。它对整个零售行业带来了冲击,包括画廊业。我们面对的是一个不可预知的对手。21世纪以来,收藏群体和艺术爱好者审美观的变化,也对艺术经纪提出了新的挑战。视觉艺术范畴不断拓新,在新的影视和科技冲击下成长的新一代,对收藏、艺术、艺术价值和商业价值都有新的理解、新的理念。市场情况出现前所未有的变化。所有文化创意产业都在面临何去何从的问题。目前，上海市区一级的展览馆不少，民间美术馆博物馆也纷纷兴起，不少具有相当的实力和运营能力。与购物中心联合运作的展览也成为一种时尚。金融资本和资本运作都纷纷渗透到艺术市场领域，改变了市场运作的规模和性质。

但是，无论如何，很难想象一个城市在文化复兴和发展时，实体画廊竟然在逐渐消亡。画廊与书店一样，它们是社会文明在市场中的文化亮点。如果没有了它们，就会像一个家，无论其他方面有多么奢华富有，若整个建筑空旷四壁，不见任何艺术品或读物，那只是一个缺乏浪漫与诗意、缺乏艺术情感与氛围的冷漠的空间而已。一座城市若不扶植布满大街小巷的各种形态的画廊、画店、画室，这座城市就会显得缺乏人文情怀、创意和浪漫。城市的外在及其灵魂实在少不了苦心经营的大大小小画廊的点缀。艺术在每一个人的心中。在艺术传播中画廊是一个不可或缺的环节。至于如何调整变化，可能有待于在实践生存中寻求运营的新模式和经营的新思路。扶植画廊和书店的经营，除了政策支持以外，也许应该成为全社会关注的议题。因为它们都是社区文化的一个组成部分，在某种程度上，它们的重要性超过你家门口对面的小吃店。原创性、想象力这些无一不是画廊的核心经营内容。

上海大剧院画廊以一个独立经营的画廊，一个以国际文化艺术交流为己任的平台存在了20年。记得刚入上海之时它还曾经与上海波特曼酒店联合在四楼大厅开启了一个800平方米的开放的艺术空间——AA画廊。举办首次展览时，画家、媒体、艺术爱好者欢聚一堂，优雅的小提琴四重奏开启了开幕仪式，整个展厅优雅、美观而大气，当时的上海滩上很少有如此饶有情趣又令人陶醉的画展开幕式。这个开放式画廊依据其地利，一直是一个成功推介中国艺术家作品的国际窗口，直到"非典"危机爆发，不得不关闭。大剧院画廊也曾在永嘉路开设过一个"平民化"窗口，希望以中低档价格将艺术推向寻常百姓家。不过，当时似乎过早地估计了平民的艺术消费愿望。一路走来，起起落落,最终还是在上海大剧院的风水宝地上坚持了下来,直至市政建设需要才不得不搬迁。

在几十年中,中国艺术市场经历了艺术"黄金十年",也经历了惊人的"亿元艺术品"拍卖纪录的诞生,更目睹了大起大落的市场波动。在艺术品市场中,我们见到金融介入的程度越来越大,经营模式在不断变化。一些人追求将艺术资产化,走证券化途径,奢望在短期内获取最大利益。如此运作是否为市场创新在此不予置评。但是,艺术市场始终应坚持的底线是,无论采取什么方式运营,从根本上不能让艺术异化。因为艺术作品不仅仅是市场上可交易的商品,它还具有文化和精神层面的属性。如果过度扩大其商品属性,那将消融它的艺术属性。当一张画被切割成份额进行商业交易时,交易的难道还是艺术吗?此外,不当的"天价"艺术品交易都应该加以遏制,更何况"肢解"艺术的盈利的行为!玩弄概念的艺术交易就不属于艺术范畴了。

20年的经营,我们也许沿着比较"传统"的经营之道在发展,是开放的政策让艺术品市场繁荣起来,我们也随之一路走来。我们的竞争力在于坚持国际交流,出色的策划与执行能力,坚持错位竞争,坚持"具象"的艺术定位。我们在经营、服务和管理等方面树立自己的标准。在经营中让艺术品成为传承的载体,成为收藏的乐趣,让销售成为快乐的记忆。

我们成就了艺术家,成就了收藏家,也成就了自己。一个小小的画廊,就像一朵浪花,在阳光下闪烁出五彩的光谱。上海大剧院画廊二十年发展历程留下了一段美好记忆。在上海艺术市场的发展中,它留下了自己的发展轨迹。几十年来,上海滩曾经涌现出无数的大大小小的画廊、画店或综合性的美术机构,它们和其他在市场中运作的机构,如拍卖行等一道让上海艺术市场慢慢腾飞,各自留下自己的轨迹。从事与艺术相关的工作,在艺术经纪中与艺术相处相近,本身就是一种艺术享受。

第六章

刘益谦、王薇夫妇收藏之旅

（蒋潇榕）

"海派"一说，始发于20世纪30年代，与同时期提出的"京派"一词遥相呼应，皆产生于五四运动后。由于新文学中心南移上海，在中国形成了北京和上海两大文化中心的格局。海派是经过改良和创新的富有上海地方特色的京剧，为"海派京剧"。后有"海派文学""海派服饰""海派建筑""海派饮食""海派绘画"等。"海派收藏"一词，也由此而生，并历经数代海上收藏家们的披荆斩棘、前仆后继，最终在中国收藏历史上发扬光大，留下了浓墨重彩的一笔。

　　海派收藏，从根本上说是海派文化在艺术收藏领域中的体现。它受到上海特有的移民与外来文化影响，是一种具有开放精神的收藏，是一种包容性与多元化相结合的收藏，更是一种以不断创新为追求的收藏。在昔日"人弃我取，标新立异"的收藏理念下，海派收藏在20世纪二三十年代的民间，赢得了中国收藏"半壁江山"之誉。使得开埠之后的上海在文化艺术领域赢得了"无冕之王"的称号，也开创了其在文化艺术领域半个多世纪的辉煌。

　　时光流转，不觉已是百年，昔日亚洲中心、远东第一、中国收藏半壁之地的上海，又走出了刘益谦、王薇夫妇。他们是中国近年来最具实力的收藏家之一，在二十多年的艺术品收藏过程中，拥有大量珍贵的艺术精品，并以时间为线索形成了"中国传统艺术""近现代艺术""红色经典艺术"和"当代艺术"四条轨迹清晰的收藏脉络。其藏品无论是数量还是质量都称得上是收藏界的"翘楚"。他们为今日之上海扛起了艺术收藏的旗帜。

　　同时，刘益谦、王薇夫妇精心打造的两个地标性的场馆——龙美术馆(浦东馆)和龙美术馆(西岸馆)，使得其在上海拥有"一城两馆"的艺术布局。目前的龙美术馆可以说是上海，乃至全中国最具影响力的私人美术馆。

龙美术馆（浦东馆）
外景

龙美术馆（浦西馆）
内景

一、半壁江山　往昔辉煌

20世纪初期，开埠之后的上海，由于新文化运动的中心南迁，文艺界的学者、画家、社会名流移寓上海，各种文化艺术交融汇聚，逐渐形成了与京派并立、兼收并蓄海纳百川的海派文化。在艺术方面，海派本来就有着深厚的传统底蕴。据杨逸所作的画史传记《海上墨林》记载，历代生活在上海地区的书画家大约有740多人。第一代海派大师，如赵之谦、吴昌硕、任颐等人，上承唐宋，中继四僧八怪，又受清末金石书风影响，作品潇洒放恣又具浑厚古朴之风，注重学养又能做到雅俗共赏。其后，海派的面貌趋于多样，在张大千、黄宾虹等人于传统中勤奋着力的同时,也有很多像刘海粟、林风眠这样的画家开始寻求中西融合的道路。建国以后,上海画坛经过扎实的积累,以程十发、刘旦宅为代表的新人物画,以贺天健、应野平为代表的新山水画,以唐云、江寒汀为代表的新花鸟画都有很高的艺术成就。他们的薪火相传构建了中国绘画史上重要的画派——海派绘画。

与海派绘画生机勃勃的面貌相适应,海派收藏的出现和发展就是推动海派文化形成发展的中坚力量。由于历史和地域的原因,"海派绘画"在诞生之初就有着浓郁的商业化特色,所呈现的艺术作品与市场有着天然的联系。随着20世纪二三十年代上海在经济领域的繁荣发展,艺术市场呈现出了"创新"和"传统"共存共荣的艺术特征。追溯"海派收藏"的历史,与上海社会、经济、文化发展休戚相关。如清末太平军横扫江浙一带,大批上海近郊及苏浙皖等地的官僚、士绅、商贾等涌入上海租界避祸,战乱时许多财产辎重不易携带,而古代名家作品则物轻价重。因此,历史上很多书画精品就随着避难的人,从江、浙、皖等周边地区汇集到上海租界,推动了海派艺术收藏的第一次高潮。随后,中国社会的持续动荡,使得相对稳定的上海经济得到长足发展。上海逐渐成为中国乃至亚洲经济文化的中心,也为海派收藏打下了坚实的社会和经济基础。

潘达于的攀古楼、庞莱臣的虚斋、叶恭绰的矩园、郑振铎的览玄堂、孙伯渊的集宝斋、吴湖帆的梅景书屋、瞿启甲的铁琴铜剑楼及张葱玉的韫辉斋等皆为当时海派收藏的杰出代表。他们以耗费财力之巨大、艺术涉猎之广泛、学术鉴定之专精,打响了海派收藏之名,支撑起中国收藏的半壁江山。更为可贵的是,这些大名鼎鼎的收藏家大多将几代人珍藏的艺术精品都归藏于上海博物馆,其中大多为镇馆之宝。此举更体现了海派收藏家极大的爱国热情,展现了中华民族自尊自强的高贵品质,堪称后世海派乃至中国收藏界的精神典范。

其中,尤以潘达于将大盂鼎和大克鼎捐献给上海博物馆的事迹最有代表性。潘达于是苏州名门潘世恩、潘祖荫之后。在丈夫和祖父相继去世后,年仅20岁的她就担负起了掌管门户、守护家藏的重任。潘家女婿顾廷龙在《吴县潘氏攀古楼、吴氏愙斋两家藏器目叙》中,对潘祖荫的青铜器收藏作了概述:"潘氏器,未有人编其目,余亦就所见拓本而钤有其藏印者,录为一册,计四百数十器,秦、汉物及其杂器则尚未在焉,洵足为藏家之冠。至所藏总数,未由访悉,惟褚礼堂尝谓藏六百余品,则余所辑录者三之二耳,余者得非即秦、汉物及其他杂器也耶?"潘祖荫的攀古楼所藏铜器在1933年左右约有600余件。上海博物馆前馆长、青铜器研究专家马承源曾经对潘家表示,"你们的青铜器收藏,仅次于故宫"。这些记述充分印证了潘家收藏的地位。其中,大盂鼎和大克鼎,无疑是潘氏最令人瞩目的收藏。大盂鼎,鼎高101.9厘米,重153.5千克,清道光初年出土于陕西省岐山县礼村,是目前出土的形制最大的西周青铜器,距今已有3 000年左右。大盂鼎腹内侧铸有铭文19行,分2段,共291个字,记载了周康王对大贵族盂的训诰和赏赐。大克鼎,清光绪十六年(1890年)出土于陕西扶风法门寺任村,高93.1厘米,重201.5千克,口径75.6厘米,是仅次于淳化大鼎、大盂鼎的西周第三大青铜器。它是周孝王时大贵族克为颂扬国君、祭祀祖父所铸,距今有2 800多年。大克鼎腹内壁亦铸有铭文2段,共28行,290字,其内容一是歌颂祖父佐助周室的功绩,记述自己由此蒙受余荫,被周孝王任命为大臣;二是记载其受赏赐的物品,其中有服饰、田地和大量的奴隶。

潘家有宝可谓是众人皆知,两尊国之重器,更是海内外青铜收藏人士梦寐以求的精品。清末权臣端方就曾对潘家人百般纠缠,想要"借"走两尊宝鼎。幸运的是,时值辛亥革命爆发,清政府在内忧外患中垮台,潘家宝鼎才得以存留。此后,有一位美国人漂洋过海,一路打探到了潘家。他提出以巨资外加一幢洋楼来换取盂、克二鼎,但潘达于不为所动,一口回绝。1937年"八一三"淞沪会战后,潘达于随家人到太湖边的光福避难。她叫来了家里的木匠做了一个结实的大木箱,底板用粗粗的圆木直接钉牢,然后在夜间搬开住处的地面方砖掘个坑,先放入木箱,再把大盂鼎、大克鼎成对角慢慢放进箱子,空档里塞进一些小件青铜器及金银物件,随后盖好箱盖平整泥土,按原样铺好方砖,再细心整理,外表不留挖掘过的痕迹。书画和部分古董则放进了住宅夹弄里的三间隔房,在潘达于的《自传》中,她记得参与这件大事的除她之外,有家里的两个木匠师傅,姐夫潘博山和他的八弟。后来,为了保密,潘家承诺两位木匠师傅——潘家养你们一世。日本人攻陷苏州后,果然直奔潘家大宅,威逼潘家交出家藏文物,但潘达于和家人在侵略者的淫威面前丝毫都没有动摇。日军前后7次闯到潘家一遍又一遍地搜刮。虽然潘家的财物损失不少,但大土坑和三间隔房,一直都没有被发现。据说日军司令松井曾亲自查问过潘家的收藏,但最终也没有抢到手。两个宝鼎和众多潘家珍贵收藏就这样躲在地下安然躲过了那场灾难。

1951年7月,移居上海的潘达于致函华东军政委员会文化部,函曰:"窃念盂、克二大鼎为具有全国性之重要文物,亟宜贮藏得所,克保永久。诚愿将两大鼎呈献大部,并请拨交上海市文物管理委员会筹备之博物馆珍藏展览。俾全国性之文物得于全国重要区域内,供广大观众之观瞻及研究……"刚刚成立的上海市文物管理委员会以隆重的授奖典礼表彰潘氏捐献之举。典礼由华东军政委员会文化部文物处处长唐弢主持,华东军政委员会文化部部长陈望道致辞,颁发的文化部褒奖状上落着部长沈雁冰的大名。褒奖状上写道:"潘达于先生家藏周代盂鼎、克鼎,为祖国历史名器,六十年来迭经兵火,保存无恙。今举以捐献政府,公诸人民,其爱护民族文化遗产及发扬新爱国主义之精神,至堪嘉尚,特予褒扬,此状。"这张奖状在潘达于的卧室里挂了50年。1952年,上海博物馆开馆,两鼎入馆珍藏。1959年,中国历史博物馆开馆,大盂鼎等125件珍贵文物应征借调北上。两件巨鼎自此各镇一方,大克鼎成为上博的镇馆之宝。

这一惊心动魄的传奇故事,是海派收藏家传承艺术、自强不息的缩影,是弘扬文化、无私奉献的体现,更是海派收藏昔日辉煌的明证。

二、改革春风　盛世收藏

清末民初的收藏高潮,拉开了艺术收藏从传统宫廷士族走向民间各阶层的序幕。经历短暂的蛰伏,改革开放后,中国经济快速起飞。20世纪80年代以集邮、集币为先导的收藏热异军突起。90年代开启的古玩艺术品收藏又显示出前所未有的势头。经济向好,社会稳定,为民间收藏热持续发展创造了良好氛围和提供了物质基础。同时,具有独立法人资格的一级收藏协会就数十家,而且遍及几乎每个中国省市;此外还有许多省会城市建立起二级协会,特别是各地还出现了一大批私人博物馆、收藏馆。各地收藏的品种也越来越广,有电话磁卡、像章、玉器、奇石、根雕、火花、图书、唱片、门票、火车模型、汽车模型、钢笔、筷子、请柬、菜单、名人签名、酒瓶、创刊号等包罗万象。收藏品交易市场蓬勃兴起,不断满足不同层次收藏者的需求。收藏作为爱好时尚和投资手段已成共识,全国各地涌现无数收藏品交易市场,如北京的朝外、红桥、亮马、潘家园、报国寺;上海的"卢湾工人体育馆""东台路"、豫园华宝楼;兰州、吉林、深圳、石家庄、厦门等地还建立了大规模古玩城。

作为改革开放的前沿,上海再次成为经济发展的中心,上海人均GDP更是屡创新高。海派收藏与盛世收藏的理念交织在一起,更为深入人心。刘益谦、王薇夫妇作为改革开放的受益者就是其中的代表者。

刘益谦早在初中毕业后就

刘益谦和王薇夫妇

开始了创业。1990年,豫园商城发行股票,他以每股100元的价位买入了100股。1991年,以每股1万元的天价卖出。1992年元月,已经掘到第一桶金的刘益谦在一张面值为30元的认购证上又找到了新的机会。他以类似期货交易的手法大量高价收购认购证,认购证平均市价随之上升,在摇号后再抛出去。据他回忆,成本30元一张的股票认购证平均以6 000元的价格卖出,大概翻了200倍。1993年,刘益谦在继续炒作认购证的同时,开始涉足股票一级市场和一级半市场。2000年初,刘益谦成立了上海新理益投资管理有限公司,很快新理益便在中国资本市场上大名鼎鼎了,成为囤积法人股的大玩家。当市场中人士惊叹法人股是"中国股市最后一座金矿"时,新理益已将十几家上市公司的法人股纳入囊中,先后进入十多家上市公司前10大股东之列。

刘益谦、王薇夫妇在积累了大量财富之后,对艺术产生了浓厚的兴趣,从1992年开始涉足收藏领域。这一时期也是中国艺术市场从无到有的黄金时代。夫妇二人可谓见证并参与了中国艺术市场最为激动人心的发展历程。随着在收藏界的声誉日隆,各种具有影响力的艺术收藏荣誉也接踵而来。

2010年　艺术财经ART POWER 100中国当代艺术权力榜NO.1;

2011年　艺术财经ART POWER 100中国当代艺术权力榜NO.4;

2011年　ART+AUCTION Power 100上榜藏家(法国);

2012年　21世纪首届艺术赞助人奖;

2012年　ARTnews "Top 200"上榜藏家(美国);

2013年　ARTnews "Top 200"上榜藏家(美国);

2013年　首届浦东文化风云榜"十佳公益文化人物";

2013年　"罗博之选"年度私享家;

2013年　艺术财经年度推动人奖;

2014年　第二十三届万宝龙国际艺术赞助大奖。

这些荣誉的获得也从另一方面彰显出刘益谦、王薇夫妇收藏之丰富,影响力之巨大。

三、传承古今　大雅大俗

早期，刘益谦、王薇夫妇专注于古代艺术品的收藏，并投入了大量的资金。当有人对这种不计成本，近乎狂热的举动提出疑问时，刘益谦淡然地一句，"不希望这些珍贵的国宝再度失散"，振聋发聩，引人深思。

刘益谦、王薇夫妇花费重金从海外购入的中国古代艺术珍品不胜枚举，其中影响较大的有以下五件：2009年11月在北京"尤伦斯夫妇藏重要中国书画"专场中，以1.69亿元，迎回明代吴彬作品《十八应真图卷》；2013年9月在纽约，耗资822.9万美元，购回苏轼《功甫帖》；2014年4月在香港，以2.8124亿港元，让玫茵堂珍藏明成化斗彩鸡缸杯重回故国；2014年11月在香港，突破多名外国收藏家的"阻击"以3.1亿港币，将巨幅明代永乐御制红阁摩敌刺绣唐卡收回祖国；2015年4月在香港，以打破了中国家具世界拍卖纪录的8578万港元，囊入乾隆御制"水波云龙"宝座。

这一桩桩值得载入史册的事件，与前一代海派收藏家的民族情结和时代责任是一脉相承的。当刘益谦、王薇夫妇购回一件件凝聚中国传统文化艺术的精品时，人们仿佛又看到了潘达于、吴湖帆们的拳拳爱国之心。

后期，相对稀少的古代艺术精品，显然无法满足刘益谦、王薇夫妇对艺术的热爱之情。他们将更多的收藏方向，投向了与自身有着更多共鸣的"红色经典"以及近现代与当代艺术精品。如此庞大和系统的收藏方向，让夫妇二人成为不同于任何局限于某一门类的收藏者，而成为艺术收藏的集大成者。

截至2015年，夫妇二人拥有中国传统艺术、近现代艺术、红色经典艺术和当代艺术四条主要收藏脉络，共计1827件艺术精品作品。其中，中国传统艺术包含中国古代书画131件，瓷器杂项132件；近现代艺术包含近现代书画230件，老油画196件，连环画38件，红色经典艺

明代吴彬《十八应真图卷》

明永乐御制红阎摩敌刺绣唐卡

术225件；当代艺术包含70年代后艺术209件，现当代艺术521件、亚洲艺术123件及其他外国艺术22件。

这1 827件艺术品不仅让刘益谦、王薇夫妇拥有收藏艺术品的广度，其中的精品，更让人们看到他们从事收藏的深度。他们的收藏正在发生一种从无到有，从有到精的深层次的蜕变。以古代书画为例：清宫廷皇家收藏著录《石渠宝笈》中记载的珍品，刘益谦拥有其中的30多幅，而其他时期的精品更是不胜枚举。在龙美术馆中游走，你总会在不经意中发现一幅幅熟悉的作品，不仅发出"原来它在这里"的感叹。

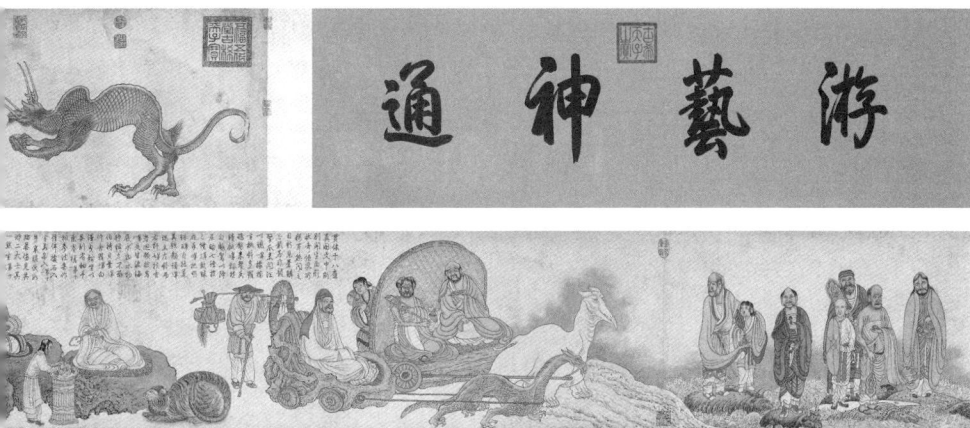

在中国古代书画馆藏方面，最为重要的藏品有王羲之《平安帖》、苏轼《功甫帖》、宋徽宗《写生珍禽图》、杨维祯《草书七言诗》、董其昌《行书颜氏家训二则》、文徵明《兰亭修稧图并记》、石涛《花卉册》、吴彬《十八应真图卷》等。

清乾隆御制水波云龙宝座

　　王羲之真迹早已不存于世，唐代的精摹本历来被当作真迹看待。由于年代久远，《平安帖》享盛名久，与王羲之其他墨迹一样，对它的摹刻年代有不同推断。有称为宋代摹刻的，也有疑为米芾所摹的，而更多的则推定为唐摹。此帖，最早见于《宣和书谱》，后刻入北宋著名的丛帖《绛帖》，当时共有9行，后被一分为二，此为前半部，共4行41字。它著录极多，一再被刻入各种丛帖中，元以后的公私藏印及流传历历可考，其珍贵性不言而喻。乾隆帝曾盛誉此帖"可亚时晴"，媲美三希堂瑰宝王羲之的《快雪时晴帖》，民间流传王羲之高古摹本无出其右。乾隆二次题识著录于《石渠宝笈·续编》，且历经多位收藏家收藏，流传有序，极其难得。

　　刘益谦、王薇夫妇在近现代书画收藏方面也是一大亮点。他们有吴冠中《爱晚亭秋意》、齐白石《可惜无声·花草工虫册》、张大千《荷堵野趣》等。同时还有许多知名的连环画作品，唤起了许多人对儿时的美好回忆，如王公懿《秋瑾组画》，韩喜增、施胜辰《人民的好总理》，杨永青《半夜鸡叫》，董辰生《罗盛教》等

　　齐白石是现代中国绘画大师，世界文化名人。他擅画花鸟、虫鱼、山水、人物，笔墨雄浑滋润，色彩浓艳明快，造型简练生动，意境淳厚朴实。画册《可惜无声·花草工虫册》，是齐白石艺术成熟期的巅峰之作。册页中的工笔草虫情趣盎然，笔墨清雅，工整细致而有天真之态。白石老人对此册钟爱有加，亲笔为其题名为《可惜无声》，意指画中草

王羲之《平安帖》(局部)

蘇軾謹奉別
功甫奉議

蘇軾謹奉別
功甫奉議

舊藏子瞻宋犀角印附綴於此
甲午春日
漢卿

苏轼《功甫帖》

齐白石《可惜无声·花草工虫册》

虫栩栩如生，跃然纸上，其形态逼真无以复加，实不输于真实世界的草虫，只可惜无法耳闻虫鸣之声。

杨永青为中国著名国画家、版画家、连环画家。他以中国画为基本绘画主题，创作儿童图画书、连环画220余册及数千幅插图，其中20余种图画书以多种文字在海外出版发行。他将中国传统文化贯穿于儿童美术出版与儿童美术教育事业，为中国画的创作和普及推广做出了突出贡献。曾获国际安徒生奖提名及中国新闻出版总署颁发的多种荣誉奖。《半夜鸡叫》为杨永青的代表之作，故事取材高玉宝的同名小说，这本连环画册故事中的艺术形象很快便家喻户晓。

在中国油画方面，林风眠、常玉、潘玉良、赵无极、朱德群、吴大羽等人的名字几乎构建起了一部中国油画史。

常玉是中国早期旅法画家流亡域外的一个典型的悲剧人物，同时又是一个为自己艺术信仰而自由创作、成就斐然的绘画大家，更是一颗不可湮没的东方明珠。常玉的背式女人体独具特色，画中的女人有的独眼视人，若有所思；有的欲言又止，眉宇间还夹杂着冷眼相观、不屑一顾的神情。有的作品女人体的青丝发髻最为招眼，体态含羞带怨，颇有作者"不可向人语，独自暗神伤"的自怜情态。1960年所作的《红衣女子》为其由具象转为抽象的代表作。此作是艺术家"粉色时期"的作品，他把人物置于单色的背景前，简化的形态保留了人物婀娜的姿态及流畅的线条。该作与艺术家其他描绘女性尤其以裸女为主题的画作，互相呼应。

红色经典艺术是龙美术馆有别于其他馆藏的独特艺术分类，其中不乏陈逸飞、陈衍宁、黄胄、沈嘉蔚等知名画家。

《踱步》是陈逸飞个人艺术生涯中至关重要的一件作品。这是一件自画像性质的作品。画面的左侧是一把带有厚重历史感的黑色靠背木椅，右侧其实是艺术家自己低着头沉思的背影，画面的背景则是层层叠叠的历史画卷，其中似乎有鸦片战争、甲午风云、八国联军等我们熟悉或不熟悉的内容。艺术家在作品中将自我置身其中，并置于大量的历史图像前,这种作者自我在场的作品在陈逸飞之前的宏大叙事题材作品中,是未曾有过的,也是不可能出现的。《踱步》中的这种置身于历史图像的构思,无疑表明了与时代精神相对应的人的主体意识的觉醒,而这种觉醒是以对历史的深刻反思为前提的。《踱步》既是一种个人的反省,也是当时反思文化的一种体现,是一种苦难之后的反思美术。同时,《踱步》也成了中国新时期美术从反思到走向国际化道路的一个起点和标志。

在现当代艺术方面,龙美术馆拥有了罗中立、刘小东、何多苓、周春芽、陈丹青、徐冰等大牌力作。

罗中立最广为人知的作品便是《父亲》,该作品已经成为新中国美术史上的经典之作。而被誉为它的姊妹篇的《春蚕》也曾多次在各大美术馆、博物馆展出。《春蚕》是深受艺术家喜爱的创作主题以此为名的艺术作品共有三幅。与《父亲》相比,罗中立创作《春蚕》是为了

罗中立《春蚕》

表达对母亲的感情,与《父亲》着重刻画老人面部的沧桑不同,《春蚕》完全隐去了人物的面部,深色的背景加上头顶的光线投射,使得画面的焦点集中在母亲蚕丝般的满头银发上。画面只有一位母亲低着头,手里拨弄着蚕,她银白的头发就像蚕丝一样,而发间也有一个若隐若现的蚕茧,描绘了传统中国农耕社会里男耕女织的分工。深圳美术馆艺术总监鲁虹表示,《春蚕》用的是"春蚕到死丝方尽"的诗句来表现了一位母亲形象,是有象征意味的,他将默默奉献的母亲比作春蚕。

　　在古器物方面，明清两代的皇家御用品，无疑是最为精致的收藏。明永乐红阎摩敌刺绣唐卡与明成化斗彩鸡缸杯，更是其中的吸睛之作。

　　明永乐红阎摩敌刺绣唐卡备众美，通古今，意象深远。幅面甚大，高逾3公尺，宽2公尺，做工精巧绝伦，全图用金线和五彩丝线绣成。唐卡正中的红阎摩显忿怒相，怀抱明妃毘院利金刚，寓意智慧和慈悲的结合，右上具"大明永乐年施"款。永乐皇帝醉心藏传佛学，对噶玛噶举派第五世噶玛巴的法力更是心悦诚服，并多次御赐各种珍贵器物给噶玛巴，本唐卡亦被认为是此种皇家赠器之一。

　　成化斗彩鸡缸杯是中国传统陶瓷中的艺术珍品，属于明代成化皇帝的御用酒杯。此杯在直径约8厘米的撇口卧足碗外壁上，先用青花细线淡描出纹饰的轮廓线后，上釉入窑经1 300℃左右的高温烧成胎体，再用红、绿、黄等色填满预留的青花纹饰中二次入窑低温焙烧。外壁以牡丹湖石和兰草湖石将画面分成两组，一组绘雄鸡昂首傲视，一雌鸡与一小鸡在啄食一蜈蚣，另有两只小鸡玩逐。另一组绘一雄鸡引颈啼鸣，一雌鸡与三小鸡啄食一蜈蚣，画面形象生动，情趣盎然，后世多有仿制。

　　作为历代收藏家知名度最重要的指标，刘益谦、王薇夫妇的丰富精彩的藏品，支撑起了夫妇二人新一代中国收藏大家的历史地位。他们传承古今的收藏品也彰显了"海纳百川"的海派收藏精神。

明成化斗彩鸡缸杯

四、以商养藏　公益建馆

"以藏养藏"曾经是收藏家维持与完善自身收藏体系的常见方式。历代收藏家都有这样的事例,如1938年吴湖帆将家中珍藏商彝周敦古铜器换下了上海汲古阁主人曹友卿刚购买的一张破旧的《剩山图》。后与故宫博物院藏《富春山居图》影印本一对照,发现竟然疑似黄公望《富春山居图》的前段。所以,"以藏养藏"的故事在过去的收藏界时有发生。

时过境迁,当今依旧有许多人高举"以藏养藏"的大旗,提倡收藏家以随着自身藏品的增多与鉴赏能力的提高,采取"去粗取精"的办法,卖出普品,收进精品,并在一进一出之后,能够收益多多。然后收藏家利用收益,去找寻升值潜力大的精品,长此以往慢慢积累,让小藏变大藏,让普藏变精藏,建立自己的收藏体系与理念,让藏品质量不断提高,最终实现"以藏养藏"。这样的收藏逻辑看似完美,但其实在现实的操作过程中有着诸多的困难。特别是在信息发达的今天,收藏者们已经很难在不惊动市场的情况下,长期时间积累某一特定门类的艺术品或某位风格独特的艺术家。过去的"以藏养藏"的收藏手法是利用信息不对称及信息封闭的情形下来实现的,在如今这个几乎完全公开透明的市场里,失去了任何腾挪的余地。理想化的"以藏养藏"在今时今日,显然缺乏可操作性,而"以商养藏"成为一种现实摆在了收藏家们的面前。

"以商养藏"其实具有两层含义:第一,是以房地产、金融等其他商业领域获得的资金来维持与实现自身的收藏需求;第二,是开发藏品除去自身交易价值外的其他收益,来实现自身收藏体系的建立与完善。这些收益来自限量复制品、外售版权、外借展览等。"以商养藏",并不是简单的抛弃文化艺术以及服务社会大众的公益性,只注重商业利益的攫取与开发。而是,以商业经营来维持与推动艺术作品更好地为社会大众提供公益性服务。

刘益谦、王薇夫妇就走了这条"以商养藏"道路。他们以自己的物质财富，建成了一座艺术殿堂——龙美术馆，将他们的收藏纳入其中，为社会大众提供了感受文化艺术传承与休闲旅游的"胜地"，并使其成为中国私立美术馆的标杆与翘楚。

当然，这条道路也并非一帆风顺。私立美术馆在中国，可谓是命运多舛。在改革"春风"的吹拂下，20世纪90年代以民办公助方式建立的炎黄艺术馆，开启了中国私立美术馆之路。上河、东宇、泰达等私立美术馆纷纷上马。一时间效仿炎黄艺术馆，成立私立美术馆，成为中国富豪收藏家触手可及的新梦想。

梦想是美好的，现实是残酷的。炎黄艺术馆的政府背景，无疑是其他私立美术馆所不具备的。第一批声势浩大的私立美术馆，并没有掀起什么大浪，便在历史的大潮中退去了。他们中大多数是存在资金问题，没有经营方向，更重要的是缺乏政府层面的支持。以房地产商陈家刚所建的上河美术馆为例，美术馆基本由其决策馆内所有事项，美术馆所需资金也基本为其房地产企业投资。随着房地产生意的没落，美术馆也只得以失败落下帷幕。

中国私立美术馆兴起的第二波浪潮在21世纪初，也是以企业投资的方式拉开帷幕。基于之前的失败经验，私立美术馆在运营机制和模式上更加专业化。如上海证大现代艺术馆，是由综合商业地产衍生出的文化艺术创意项目。从根本上看，它就是为地产项目的特色经营而存在的，只是引进了专业人士来管理。比之前的单一经营管理模式显得更多元了。同时，房地产的新贵们也开始以文化艺术产业为由，开发大量以文化艺术为名的房地产项目。由于他们在规划方面更为合理，所以这些私立美术馆或私立艺术机构，都有自身相对专业的管理及经营方向。

第三次中国私营美术馆的兴起浪潮，就是以龙美术馆、余德耀美术馆的成立为标志。他们基本改变了政府土地补助，企业出资建馆的变相向政府要地的方式。客观地说，只有龙美术馆、余德耀美术馆的建

龙美术馆浦西馆内景

龙美术馆浦东馆内景

立,才是中国真正以建立私立美术馆为主导的文化艺术项目,也是收藏家"以商养藏"的现实表现。

综上所述,除了特殊背景的炎黄艺术馆外,在缺乏政策的扶持下,中国大多的私立美术馆只是中国房地产项目发展的辅助产物。这种房地产阴影下的美术馆,常常处于"一年一展,一展一年"的恶性循环之中。但随着中国艺术品市场的繁荣与发展,中国艺术品逐渐融入广大群众的生活之中。特别是在上海这样的蕴涵丰富文化底蕴的大都市,大众的文化艺术鉴赏需求逐渐被唤醒,使得私人收藏家获得了发展空间。由此,龙美术馆、余德耀美术馆这类相对纯粹的私立美术馆出现了。他们将为中国私立美术馆正名,也将为世人开拓出一条"以商养藏"的道路。

五、推动行业　繁荣市场

刘益谦、王薇夫妇及众多海上收藏家的崛起,更推动了中国艺术品市场的高速发展。在这二十多年的时间里,中国艺术品拍卖可以说是"从无到有,从有到强"。这二十多年的巨变,让数千年的中国收藏业达到了前所未有的高度。

1992年10月,北京国际艺术品拍卖会在北京中日青年交流中心世界剧院内举行。据说,当时现场配备了100名治安警察、65名武装警察、72位各个语种的翻译,买家需凭门票入场,拍卖会最终成交了902件拍品,成交金额235万美元。这是中国恢复拍卖业以来首次举行的大型艺术品拍卖会,全球有500多家新闻媒体进行了报道。

1993年6月,上海朵云轩举行了首场拍卖会,成交额835万元,成交率74.5%。此次拍卖会的佣金达到200万元,这在当时无疑是个天文数字,因为当年朵云轩一年的利润也不过60万元。

2003年,因为"非典疫情"的散播,中国大多数艺术品拍卖公司的春季拍卖会都向后推迟了两个月举行。这一突发事件,反而成为中国艺术品市场井喷的导火索。7月初举行的3场拍卖会,在短短4天内创造了3个"高"数据：90%以上的成交率，80%以上的新人进场竞买以及3亿元的成交额。从此，中国艺术品市场真正进入了一个快速上升的时期。

2006年艺术拍卖市场中国当代艺术品行情的突然走强了。保利春拍中，王广义、张晓刚等人的作品价格开始强劲上升。当中国导演贾樟柯凭借《三峡好人》在威尼斯捧起金狮奖的时候，社会各界将目光投向了这幅与电影息息相关的艺术作品——刘小东长达10米的画作《三峡新移民》，最终以2 200万元成交。

2008年金融危机期间，中国艺术品市场没有受到太大影响，反而迈入了亿元时代。

2009年，清代徐扬《平定西域献俘礼图》以1.34亿元成交，明代吴彬《十八应真图卷》以1.69亿元成交，宋代曾巩《局事帖》以1.09亿元成交。这些标志着中国艺术品正式进入了"亿元时代"。

正是在刘益谦、王薇等一大批收藏家的支持下，中国艺术品拍卖进入了"神话时代"。同时，他们也从以下几个方面推动了艺术品行业的发展。

首先，中国形成了完整的艺术品拍卖产业链。全国有数百家拍卖行专业从事艺术品拍卖，并打破了西方拍卖行长期垄断中国艺术品拍卖市场的历史。2010年后，中国拍卖总额超过美国，跃居世界第一，其中，2011年中国艺术品成交总额为975亿元，拉动收藏总额达到了2 108亿元人民币。

其次，刘益谦、王薇等收藏家的崛起，扭转了中国艺术品向外流失的状况，引领了自鸦片战争后，中国艺术品回归的潮流。据统计，近年来从海外回流的艺术品已有十多万件，其中知名的艺术精品有米芾《研山铭》、宋徽宗《写生珍禽图》、王蒙《稚川移居图》、清乾隆粉彩开光八仙过海图盘口瓶等。中国收藏家还前往世界各地，将遗散在海外的珍宝收归囊中。

最后，中国艺术家也在收藏家们的大力推广下，进入了世界收藏领域，打破了国际艺术品市场由西方艺术家垄断拍坛的局面。世界艺术品价格网（artprice.com）发布的2011年全球最昂贵的十大艺术家排名榜，中国艺术家就占有6席，分别为张大千、齐白石、徐悲鸿、傅抱石、李可染、吴冠中。其中张大千、齐白石位居冠、亚军，取代了凡·高、莫奈、毕加索、安迪·沃霍尔这些西方的鼎鼎大名家。

从某种意义来说，是刘益谦、王薇等一大批中国收藏家，将中国艺术品市场推向了繁荣，让中国艺术品在世界舞台上发出更为灿烂的光芒。

六、海派收藏　重铸辉煌

随着刘益谦、王薇夫妇收藏品的日益增多，收藏理念的日趋完善，以及学术界对二人收藏成就有越来越多的肯定，加上他们对海派收藏事业富有极强的责任感和公益心，使得龙美术馆从建立之初，就有重铸海派收藏昔日辉煌的定位。

首先，刘益谦、王薇夫妇的收藏，极具海派收藏"海纳百川"的风格，涵盖了几乎整个中国美术史的脉络。其次，古代艺术藏品的价值是判断一个收藏家学术地位的重要指标。当刘益谦说出，"除了故宫、上海博物馆和辽宁省博物馆之外，我的（中国）古代书画是其他博物馆没办法比的"这句话时，相信绝大多数艺术从业者都会投以钦佩的目光。由此，海派收藏的大旗又一次飘扬在了这座昔日远东第一都市，"问鼎半壁"不再是上海往昔的辉煌，而是今日再现的"奇迹"。

刘益谦、王薇夫妇一次次激动人心的展出，既展现了今日海派收藏的辉煌，也确立了二人在中国收藏史的地位。展览既体现了藏家的底蕴，也彰显了其对文化艺术脉络的理解。

2012年12月，由单国霖、赵力联合策划的"龙章凤函——龙美术馆中国传统艺术馆藏展"，集中展出了刘益谦、王薇夫妇多年收藏的古代精品佳作近百件。这些古代艺术珍品、清晰、全面、系统地反映了中国古代艺术发展、传承的脉络，以及中华传统文化的博大精深。"革命的时代——延安以来的主题创作展"集中展示了王薇女士自2003年起收藏至今的红色经典作品。该展览的学术主持陈履生身为新中国美术史专家,对该展览所涉及的作品做了个案研究。这些作品都表现了与特定时代相关联的社会、政治、文化的背景,是反映一代人对历史和现实的认知的重要图像资料,堪称是一部完整的自延安以来的"革命"美术史。由吕澎主持的"新续史——龙美术馆现当代艺术馆藏展"展出了从1917年至今近百幅民国绘画及当代艺术作品,包括从徐悲鸿、刘海粟、颜文樑直至"80后"等一大批重要画家,使其构成一个粗略的艺术史线索和"历史形状",在相当程度上寻回遗失的历史。这些作品的历史细节与意义,将在一定程度上重新承担接续历史的责任。

2014年3月,王璜生担任总策展人,曹庆晖、郭晓彦任联合策展人,以艺术史脉络的梳理为线索,结合刘益谦、王薇夫妇自身的收藏特色,举行"开今·借古"大展。展览分为"古代·当下""国画·洋画""个案·历史"三大板块,展出包括中国当代艺术、中国近现代艺术和传统艺术在内的两百余位艺术名家的三百多件艺术作品。

"当下"是一种文化观念,是一种具有"今"的立场的眼光和表达,展览在这样的当代关照和展示中游走于古人的情怀心境间。既希望通过当代的文化思考及艺术表现,重新解读历史,从而形成既注重"古代·当下"的对话关系,又重视经典文化的精神与特质,强调观照内心以"悟对通神",为观者开启一次连通古今的精神之旅。"国画·洋画"板块由曹庆晖担任策展人,结合龙美术馆近现代美术的丰富藏品,以作品的对置与对照、语言的自叙与他叙、文化的自思与反思为

龙美术馆的"开今·借古"大展

出发点,从"取景·造境""造像·肖像""状物·托物"的结构关系中,探讨中西文化在近现代历史转折期的特征以及其他艺术史问题。郭晓彦担任策展人的"个案·历史"突出个案与历史关系的展现。个案是历史的元素和基础,一系列的个案构成了相关的历史及历史表述,而个案本身也是一种历史,一种发生、发展着的历史。

有如此之规模和质量的私人收藏,可以说在收藏界是空前绝后的,这也奠定了当今刘益谦、王薇夫妇海派收藏第一人的地位,龙美术馆也就成为中国第一私人美术馆。之后,龙美术馆又举行了大量具有巨大影响力的展览,如"味象——龙美术馆写实油画藏品展""亚洲线索——龙美术馆亚洲当代艺术馆藏展""朱见深的世界:一位中国皇帝的一生及其时代"特展等,展现了其藏品的深度与广度。

与此同时,刘益谦、王薇夫妇也将"以商养藏"理念在这些展览中进行了完美结合。他们将一件好的藏品,策划成为一个好的展览,最终获得好的回报。"朱见深的世界:一位中国皇帝的一生及其时代——成化斗彩鸡缸杯特展"成为一个值得深入探讨的案例。

首先,成化斗彩鸡缸杯在中国历代瓷器收藏中,具有重要的历史地位。此杯可谓"千金难买,一器难求"。自出世以来,数百年间久负盛名,各朝帝王对其尤为钟爱,后世的摹仿虽极尽奇巧,却始终难达"成化"的艺境。这样展品就如其2.8亿的身价一样,成为中国明清瓷器之最。其次,展览以成化斗彩鸡缸杯为核心,辅以成化时期的书画精品以及大量珍贵历史文献资料,并与现代化的影像技术相结合。在数百年后,通过展览形式还原了成化皇帝朱见深的日常生活,并让观众能进入其思想世界,全面展示了这位传奇皇帝治理下的中国。这样的展览称得上匠心独具、寓意深远,方寸之间恍若时空颠倒。最后,在展览过程中,龙美术馆适时推出了成化斗彩鸡缸杯的限量复制品,并引发了新一轮的追捧。让此次展览在运营上,也获得不少的加分,最终形成了一个名利双收的成功展览。

面对未来,肩负着时代责任的刘益谦、王薇夫妇,可以在以下几个方面再接再厉,延续海派收藏的辉煌。

第一,利用丰富的收藏优势,继续引入高质量的艺术品提升自身影响力。如攀古楼的大盂鼎、大克鼎,吴湖帆的《剩山图》,庞元济的《渔庄秋霁图轴》等收藏品永远是收藏家梦想。相信,刘益谦、王薇不会停下收罗天下珍品的脚步,观众们将会看到更多的成化斗彩鸡缸杯、《写生珍禽图》、明永乐红阎摩敌刺绣唐卡等艺术珍品。

第二,发展"以商养藏"的经营理念,实现藏品的多元化商业运营。让一件优秀的藏品能开发出更多的价值。同时,我们也希望刘益谦、王薇能持续投入资金,让传承古今的艺术精品留在祖国,留在上海。

第三,普及艺术教育,融入城市文化。刘益谦、王薇建立私立美术馆,其核心价值就是普及社会公众的艺术教育,提升广大人民群众的艺术审美和艺术视野。最终,通过龙美术馆这一窗口,让上海乃至全国的人们能体验海派收藏的魅力,实现海派收藏融入城市文化生活的目标。

我国改革开放之后,出现了精神文明发展滞后于物质文明建设的问题。而私人收藏的建立,对于中国精神文明的建设是有积极意义的,是社会和政府大力提倡与支持的事业。虽然,这条道路并不平坦,但海派收藏的复兴,让人们看到了希望与未来。

(刘益谦、王薇夫妇创立的龙美术馆重要藏品目录见"附录"中附表7。)

第七章

陈逸飞原创绘画的经济价值

（韦 蔚）

艺术品市场由艺术家、中介机构、收藏者三部分组成。艺术家创作的作品，除了古代传统经典地位稳固，现当代的艺术作品也令人瞩目。油画，作为我国现当代艺术的重要门类，其本身的商品属性为进入市场提供了自然的条件。

上海的油画市场历经了解放前的初步培育和形成，20世纪50—70年代的萎缩，80年代的恢复后，至90年代逐渐兴起，并于21世纪获得繁荣发展，日渐凸显其在艺术市场的重要地位。

90年代中期，中国大陆的艺术品拍卖诞生，上海油画在市场中迅速发展。上海油画家陈逸飞的代表作品在海外拍卖中屡创新高，成为中国第一个油画价格过百万的人，也第一次让中国油画家的作品价格达到了世界水准。他的成功，在上海乃至全国油画界引发不小的震动，促使中青年油画家群体迅速成长。陈逸飞及其作品的独特价值和意义，引起人们的重视。

一、陈逸飞的生平简介和深远影响

陈逸飞（1946年4月14日—2005年4月10日）生于浙江镇海。著名艺术家、艺术产业活动家和组织者。他1965年毕业于上海美术专科学校（现上海大学美术学院），后进入上海油画雕塑创作室成为一名专业画家。60—70年代创作了《黄河颂》《占领总统府》《踱步》等知名的优秀油画作品。1980年赴美留学，1984年获美国纽约亨特学院艺术硕士学位后，在纽约从事油画创作。他以扎实的艺术功底和独特的艺术风格获得了享誉国内外的声誉和欢迎。作品多次参加香港和内地的油画精品拍卖会，并被中国美术馆、中国人民革命博物馆和国内外收藏家广泛收藏。他创作的绘画作品在国内艺术品拍卖刚刚兴起的时候就

1980年，陈逸飞在
美国纽约

异军突起，不断攀升，创造了一个个拍卖天价，市场成绩之显赫，鲜有当代中国画家与之比肩。1992年回国发展以后，陈逸飞又以"大视觉"为理念，将自己唯美的追求，从画布延伸到了影视、广告、服装、模特、书刊、环境等各个领域，创造了艺术与商业的成功结合。

虽然陈逸飞已仓促离世，但他的原创艺术以及前瞻理念给人带来了强烈的震撼。他的成功经验和奋斗经历虽不可复制，却引发了人们深深的思索。

二、陈逸飞的艺术经历和创作系列

1946年，陈逸飞出生于浙江镇海，成长于上海。父亲陈庚赉是一位化学工程师，母亲范雅芳则是他的艺术启蒙老师。童年时代，他经常被母亲带去教堂做礼拜，由此对宗教绘画、雕塑、节庆以及管风琴产生了浓厚的兴趣。因而，开始在生活中寻找与艺术有关的点滴信息，连环画、苏联电影、美术入门书等都是他的教材。后来，他以优异的成绩被保送至上海美术专科学校油画班。在学校里，他如鱼得水、勤奋刻苦，经常在熄灯之后还悄悄溜到素描教室里用功。在当时严格的苏联教学体系的训练中，陈逸飞在以苏联为范本的写实主义油画技法训练中得到滋养，夯实了素描基础。

1969年，陈逸飞与徐纯中合作的《毛主席的红卫兵——向革命青年的榜样金训华学习》

（一）1972—1979年："红色历史"系列——英雄浪漫和深刻反思

1965年，陈逸飞提前从美专毕业后，进入上海油画雕塑院创作室，成为工作室首批专业画家之一。两年后24岁时，被提升为油画组负责人。现实环境迫使他不得不放弃艺术梦想，投身于强烈的社会震荡之中。陈逸飞用了整整十年的光阴创作电影海报；在街头画政治色彩极浓的巨幅宣传画；考察并描绘黄河流域，创作一系列表现革命事件和革命人物的作品。他的这些英雄浪漫主义、理想主义的绘画实践，奠定了他创作大幅油画的气度和能力。特别是英雄主义的熏陶，一直影响着他后来的创作，使他始终保持着浪漫主义的风韵、雕塑般的凸现能力和删繁就简的聚焦水平。

这一时期陈逸飞代表作品有《金训华》（1970年，与徐纯中合作，发表于《红旗》杂志封底）、《开路先锋》（1971年，现藏于中国美术馆）、《黄河颂》（1972年）、《红旗颂》（1972年）、《占领总统府》（1976年，与魏景山合作，现藏于中国军事博物馆）、《踱步》（1979年）等。

其中，《黄河颂》是引起美术界普遍关注的经典之作。巨幅宽银幕式油画中，一位威武的红军战士挺立山巅，背景配以苍莽的河山和低飞的群雁，烘托出浪漫壮阔的艺术境界。

《占领总统府》是陈逸飞获得最高评价的早期经典作品。当时，它从众多表现南京解放的作品中脱颖而出，荣获全国重大历史题材作品评选一等奖。作品打破了人们长期形成的历史画习作式的创作模式，

1976年，陈逸飞与魏景山合作的《攻占总统府》

摒弃了传统革命题材的"红光亮"，采用了灰色调及俯视构图，在坚实的素描造型基础上，配以强烈的色彩对比，使作品富有强烈的艺术感染力，飘荡在半空中的红旗预示一个新时代的来临，同时又唤起人们面对胜利的崇高感。无论绘画语言、艺术功力还是精神力量，都具有撼人心魄的感染力，在新中国艺术史上占有重要的地位。陈逸飞当年为创作这幅作品，专门搞了一组雕塑，以便将俯视的角度表现得更严谨，还想尽办法借来士兵服装和枪支道具作为参考对象。画面中透露出的一种无坚不摧的精神意志和蓬勃朝气，正是意气风发、自信魄力的青年陈逸飞的真实写照。

"文革"结束后，陈逸飞与全民族的知识精英一起陷入了深深的反思。1979年，他创作的油画《踱步》正是他反思的形象记录。作品是一幅别具一格的自画像，画中用椅子象征一种权力，用自己的背影象征青年一代的思考。背景是五四运动前后层层叠叠的历史画卷。陈逸飞将自我置身于大量的历史图像前，显示了在对历史的深刻反思中，与时

陈逸飞《踱步》成交价 4 043 万元人民币   北京保利   2009 年 5 月

代精神相呼应的主体意识的觉醒。

（二）1980—1988 年："水乡风景"系列和"音乐人物"系列

反思之后，陈逸飞决定走向国际舞台，到油画的故乡去探访，到更广阔的天地去历练，在陌生的社会秩序中重新设定自己艺术生命的支点。1980 年，陈逸飞转道深圳、香港，自费赴美留学，进入纽约亨特学院攻读美术硕士学位。在美国，他获得了给博物馆修复古典绘画的机会，从而修复了毕加索、凡·代克、萨金特等大师作品。修复的过程使他的写实能力又有了新的锤炼。后来他又周游列国，先后在意大利、西班牙等十余个国家的博物馆观摩了大量欧洲名画原作，这使他对油画的认识有了很大的提高，好学的他在全新的文化环境中吸收着各种不同的文化观念，调整和转变着自己的画风。他觉得可以将自己的写实能力与东方的浪漫风情与神秘情调结合，创造出一种静谧唯美的历史画面，一种高贵宽容的精神风味，一种放松自然的可能性，一种意境悠长的想象空间。因此，经过陈逸飞国际眼光的融合、改造，中国的历史和地理图像，形成了一种典雅、深厚而又柔美的境界，逐渐融入了西方社会的审美趣味。这一期间，陈逸飞创作出"水乡风景"系列和"音乐人物"系列两个绘画题材。

1. 水乡风景系列

陈逸飞水乡风景系列包括江南水乡、威尼斯水乡以及其他风格相近的风景写生作品。其中的代表作品主要有:《桥》(1983年)、《故乡的回忆》(又名《双桥》,1984年)、《童年嬉戏过的地方》(1984年)、《寂静的运河》(1985年)、《晨曦中的水乡》(1988年)等。

陈逸飞笔下的江南水乡有一种超凡脱俗的宁静,是主观、浪漫化了的农家古镇。他用朦胧的东方浪漫写实主义刻画出朦胧的温馨和距离感,让西方人看到了东方的古朴、神秘与宁静。清秀、朦胧、湿润中,凸显了水乡古镇如诗如画般的静美,勾起人感伤与怀旧的心绪,令人想象和神往。

这一系列的代表作为《双桥》,作品采用晕涂笔法展现色调的过渡推移,恰如其分地传达出江南水乡湿润清秀、朦胧古朴的特点。点、线、面的对比、聚散和穿插,非常富有中国水墨的神韵,有如一幅叹为观止的水墨丹青,也体现了画家作客他乡后浓浓的乡思情结。

陈逸飞《双桥》

陈逸飞《大提琴少女》 成交价550万元人民币 上海崇源 2005年6月

2. 音乐人物系列

这一时期陈逸飞绘画的另一个主题就是以音乐为题材的西方女性肖像体验,体现了他对绘画与音乐之间内在联系的努力探求。陈逸飞非常热爱音乐,时常聆听贝多芬、巴赫、柴可夫斯基等西方古典音乐,这一系列作品大部分为女乐手在演奏小提琴、钢琴、单簧管、法国号等。他充分运用西方的绘画技巧,将西方女性人物构置于空旷的黑色背景,采用照相写实主义技法来描摹高贵优雅的现代西方美人,造型异常扎实、完美,画面色调转向浓郁、优雅,技巧近乎炉火纯青,犹如出自西方古典画家的典范之作,画面中的音乐家、乐器和乐曲之间形成微妙的呼应关系,给人想象无穷的旋律感。

这一系列的代表作品有《大提琴手》(1983年)、《长笛手》(1987年)、《弦乐四重奏》(1986年)、《大提琴少女》(1988年)等。

其中,《大提琴少女》是这一系列的精品。画面中一位少女身着紫色晚礼服矗立在大提琴后,圣洁美丽、高贵典雅。少女和大提琴结合了中西方的特点,写实主义中渗透着中西方文化各自的传统韵味和经典优雅,体现了中国绘画与西方文化的融合。

(三)1992—2004年:"古典仕女及海上旧梦"系列和"西藏风情"系列

在海外打开局面后,陈逸飞的绘画也逐渐受到国内及东南亚藏家的追捧。资金和资源的宽裕,使他能够频繁地往返中、美两地,于是他开始将工作重心逐步转移到国内。

这个时期,陈逸飞的绘画风格远离了最初旅美时期纯美、静谧的意境,转到了更为华丽、浓厚的画面,由此产生了"古典仕女及海上旧梦"和"西藏风情"两个系列。

1. "古典仕女及海上旧梦"系列

陈逸飞创作的古典仕女题材,始于1988年。多以身穿清末民初服饰的中国仕女为主角,气息或落寞凄美,或清幽朦胧,诗意的画面与诗化的题目相得益彰。这类油画不同于此前的清冷基调以及写实主义的照相技法,大多通过颜料的叠加、晕染和混合,传递出一种古典诗词的典雅意象。画面中女子多身穿清末艳丽而独特的东方民族服装,或吹箫或抚琴或执扇或"犹抱琵琶半遮面"。他笔下的倩影依依、忧郁哀怨的民初少妇,她们无一不是落寞凄美、顾影自怜,以一种温顺的哀怨的目光凝视着观众。陈逸飞的这批画作将西方古典写实画风推向极致,充溢着一种柔和朦胧的神秘感,透显出浓郁的东方韵致和情调。

这一系列的代表作品有《浔阳遗韵》(1991年)、《罂粟花》(1991年)、《夜宴》(1991年)、《西厢待月》(1994年)等。

其中,最具知名度的当属《浔阳遗韵》。它根据唐代诗人白居易的《琵琶行》而创作,画面为深沉夜色中的三名年轻美貌、一身锦绣的江南女子。琵琶女子拨弄琴弦,吹箫女子低首弄箫,执扇女子凝神欣赏,三名女子都别具神韵、古韵悠长。画面表现的华夏遗风和传统服饰,对于弘扬中国文化也起到

陈逸飞 《浔阳遗韵》 成交价297万元人民币 中国嘉德 1999年春

陈逸飞 《上海滩》成交价2 530万元 南京经典 2012年7月

了积极的作用。

1993年,陈逸飞沿着仕女题材的思路创作了《黄金岁月》《玉堂春暖》《春风沉醉》等表现老上海滩风韵的作品,并命名为"海上旧梦"系列。这三件作品突破了仕女的传统题材,在古典与现代之间找到了一个新的结合点。1998年,陈逸飞创作了《上海滩》《多梦时节》《扇舞》等作品,从风格和意境来说,均为描绘旧上海浮华生活的上乘之作,统属"海上旧梦"系列。总体而言,"古典仕女"是"海上旧梦"的渊源,"海上旧梦"是"古典仕女"题材中的重要作品。

2. 西藏风情系列

1988年,陈逸飞初游藏北和甘南后,与神秘的西藏产生了极大的共鸣,为其雪域高原的苍茫而倾倒,粗犷豪爽的风情而感慨,不由觉得藏族是最入画的民族。此后,他曾连续8年进藏,发掘并创作出的一系列以西藏风情为主题的绘画题材。这些粗犷豪放、尺幅巨大的"西藏风情"系列作品,与他之前柔谧甜美、细腻精致的风格形成了巨大反差,刻意凸显了藏民的粗犷、原始、神秘。陈逸飞以圆满的技艺、老练的笔触、新颖的构图结合戏剧性的色彩效果,唤起了人们对神秘东方的无限想象。同时,陈逸飞以强烈的方式,表现出藏民人性化的情感,描绘了藏教世界粗犷而温情的真实,也隐含着对人性中淳朴之美的真诚讴歌与礼赞。

这一系列的代表作品有《山地风》(1994年)、《晨曦》(1995年)、《藏族人家》(1995年)、《山人》(1996年)、《神庙》(1995年)等。

陈逸飞 《山地风》 成交价8 165万元人民币 中国嘉德 2011年5月

"西藏风情"系列中的扛鼎之作当属《山地风》。它描绘了山地的秉性、大风的气质、生活的激情和精神的高亢。作品大胆运用了镜头的方式处理画面：人物设置"顶天立地"，长袖、宽腰、大襟的宽大藏服，流露出强烈的异域风情。人物没有设特定的动作和语言，直接出现于观者的视线之中，仿佛是电影中的画面定格。同时，造型上陈逸飞如实表现了人物黝黑、粗糙和苍老的面容，笔触雄健动感。画面意境深远，气魄浑厚，暮色笼罩下迎着高原寒冷的山风徒步行走的藏民，静穆神秘而充满力量。

三、陈逸飞艺术品享誉国际的原因和关键

从陈逸飞崛起的历史看，他的艺术享誉国际，获得市场高价位并非偶然，有其背后的深层原因。

（一）基础扎实的艺术功底

陈逸飞具有扎实的艺术功底。20世纪60年代，他在1 000多名考生的激烈竞争中考取上海美术学校，因成绩优异被保送到上海美术专科学校大学部油画班。上海油画雕塑创作室成立时，他因画技超群提

前毕业,成为首批专业画家之一,两年后的24岁,即被提升为油画组负责人。

1970年,陈逸飞与画家徐纯中合作创作的水粉画《金训华》发表在《红旗》杂志封底上,因而首获声名。此后,他创作的大型油画《黄河颂》《开路先锋》《红旗颂》《写于长夜——鲁迅》等作品,在全国美展中屡获好评。1979年,陈逸飞与魏景山合作创作的油画《占领总统府》,荣获全国重大历史题材作品评选一等奖。这也是他早期获得最高评价的经典作品。1979年,陈逸飞创作的反思中国近现代史的油画《踱步》被美国《艺术新闻》杂志评价为:"焦黑尖锐,写实而意境深远,有气势而专业",初显作品被西方接纳,步入国际画坛的端倪。

陈逸飞《红旗一》和《红旗二》
《红旗一》成交价　6 283万元人民币　香港苏富比　2013年10月

陈逸飞《黄河颂》成交价4 032万元人民币　中国嘉德　2007年5月

　　1980年，陈逸飞成为中国第一批去美国的自费留学生，在纽约亨特学院攻读美术硕士学位，期间他凭借扎实的艺术功底，为博物馆修复毕加索、凡·代克、萨金特等大师的古典绘画作品。他还在短时间内获得了在新英格兰现代艺术中心、史密斯艺术博物馆和布鲁克林博物馆展出的机会。由此可知，在出国前后，陈逸飞就已是国内知名的画家，具有扎实的写实艺术功底。

（二）备受青睐的写实油画

　　油画在中国一百多年的发展史中，尤以写实油画最具代表性。油画在进入中国初期就是以写实的形式开始传播的，虽然后来又有很多其他形式的艺术进入中国，但写实油画始终是中国油画的主流。

　　写实油画具有独特的不可替代的艺术语言和审美价值。它崇尚自然之美，重视细节刻画，但绝不是对客观物像进行简单的复制或克隆，画家是通过自己选择的视角观察和提炼自然之美，采用写实主义绘画特有的造型手段和色彩技法，融入自己的情感和感悟，使自然之美升华为充满人文精神的艺术之美。因此，写实主义绘画最贴近大自然，最适于描写世间百态，最有能力刻画重大的社会题材，这是其他画派不可比拟的。

写实油画在中国艺术市场中占据着重要位置,以其作品作画时间长,数量有限,品质高等特点,在艺术市场众多艺术形式并存的发展状况中,稳步前进,持续走俏。

(三)融合中西的绘画风格

陈逸飞早期接受的是苏联式的美术教育,赴美学习、游历欧洲后,对于17、18世纪荷兰、西班牙光和影的理论运用已经十分娴熟。于是,他将艺术与技术结合,在原来的写实功底基础上加入西方新的绘画元素,因而使绘画逐渐达到了一个新的高度,塑造出一种独特的艺术个性。他发现并创作了西方认可的绘画题材——水乡风景系列、音乐人物系列、古典仕女系列、西藏风情系列,既有写实功力,又有浪漫情调;既有怀旧情结,又有国际眼光。东方的特色元素,经过陈逸飞国际眼光的融合与改造,逐渐融入西方社会的审美趣味,从而获得了他们的普遍追捧。美国《艺术新闻》杂志将陈逸飞定名为"一个浪漫的写实主义者,作品流露强烈的怀旧气息,弥漫其中的沉静与静寂氛围尤其动人"。美国《纽约时报》称陈逸飞的画风"融合了写实主义和浪漫主义,叫人想起欧洲大师的名作"。康科兰博物馆馆长米歇尔·包特温尼先生在他一次个展中表示:"陈逸飞是为他的民族恢复与西方对话的第一位艺术家,现已成了美国和中国之间交流的重要象征。他的作品以西方人所能够达到的娴熟的形式,精湛而又准确地把握住了对中国风景的感受。他的诗化了的中国意象给予美国人很易于接近那个国度的人们的感受和情绪。他的作品为我们人性化了那块土地,帮助我们充实了两个民族之间的空隙"。

(四)西方市场的认可推介

西方艺术市场的认可和推介使陈逸飞的艺术和市场得到世界范围内的延伸和拓展。

1982年,陈逸飞的画作得到美国西方石油公司董事长阿曼德·哈默的认同。他认为"陈逸飞的画是接近诗的,因为他只是在指示而非肯定。"随后哈默画廊(Hammer Gallery)与之签约,并以每幅3 000美金的价格收购其12幅作品。1983年,陈逸飞在哈默画廊举办了首次个人画展,参展的42幅作品在第一周便全部被买家订购。第二次展览在当天又全部售出。他的画作在西方收获了超乎想象的反响。

1985年,陈逸飞的绘画《和平之桥》被联合国选为当年首日封,于纽约联合国总部以及日内瓦和维也纳的联合国机构公开发行,同时还发行了限量石版画,每件画作均由画家亲笔签名,并附联合国协会印鉴、签名证书。

同年,哈默访华时,从陈逸飞的作品中精选了一幅周庄双桥的油画,作为礼物赠送给当时中国最高领导人邓小平,并将原画名《故乡的回忆》改为《双桥》,以此寓意通过此画架起中美友谊之桥。这次具有外交意义的事件,使周庄成了世界知名的中国江南名镇,也奠定了陈逸飞在国际美术界大师级的地位。

1983年到1988年,陈逸飞与哈默画廊(Hammer Gallery)签约期间,先后在美国华盛顿、日本西武等地成功举办了4次个展,此后他的绘画之路开始风生水起,1982年到1994年与哈默画廊签约期间,他一共卖出了500张画,很多作品被博物馆、画廊收藏。

1989年,陈逸飞与英国著名的玛勃洛画廊(Marlborough Gallery)签约(一说1995年才正式签约),成为第一位与该画廊签约的亚洲艺术家。玛勃洛画廊的国际总裁吉尔伯特·劳伊德(Gilbert Loyid)称:"陈逸飞是当时中国最重要的艺术家,现在仍然是最重要的,他那被称为是浪漫的写实主义的独特风格是绝无仅有的"。签约后,玛勃洛画廊为陈逸飞操办了一系列大型展览:1995年,玛勃洛画廊为陈逸飞举行了个展,同年将陈逸飞作品带进威尼斯双年展;1996年至1997年分别在上海博物馆和北京中国美术馆举行"陈逸飞回顾展";1999年又为陈逸飞在纽约举办"跨世纪"个人画展。通过和玛勃洛画廊的合作,陈逸飞在西方的名气和市场都进一步扩大,数以百计的画作得以售出,很多作品进入到一流藏家的手中。如英国查尔斯王子收藏了陈逸飞的4幅水彩画,伦敦国家美术馆、中国美术馆、中国国家博物馆等国内外著名展馆均收藏了他的作品。

陈逸飞浪漫写实的艺术风格在西方的大力推介下,日渐深受市场的欢迎,成为第一个被海外画廊成功包装的中国艺术家,直接刺激了大批中国艺术家出国寻找机遇。

(五)国内市场的启动需求

在艺术创作和市场探索相结合的方面,陈逸飞始终走在中国艺术家的前列。1992年陈逸飞旅美回国后,由于当时国内还没有非常成熟的商业画廊出现,因此,他没有与国内画廊展开合作,而是继续保持着与国外两家画廊的合作关系。将自己的画作通过私下交易和拍卖的方式推向国内市场。由于正值国内社会体制变革、油画市场升温的时期。他享誉国际的绘画艺术,正好满足了市场的需求。因此,在国内刚刚开始发展的油画拍卖市场推动下,陈逸飞的作品在中国内地拍卖业刚刚兴起时就开始崭露头角,并且不断刷新其自己的拍卖纪录,创造了一个又一个拍卖天价。

1991年,中国内地还没有开始油画拍卖之时,陈逸飞的一幅《浔阳遗韵》就在香港佳士得秋拍上以137万港币成交,首创中国油画作品过百万元的纪录。该记录打破了中国艺术品的价值只是取决于其在美术史上的意义的传统。中国拍卖市场,通常将1991年看作中国油画市场开始成熟的一个标志,陈逸飞也由此成为国内油画艺术拍卖中的"领军者之一"。1999年,中国嘉德春季拍卖中,《浔阳遗韵》又以297万元的价格刷新了自己的纪录。

1994年,中国嘉德秋季拍卖中,陈逸飞的签名大型油画《山地风》以286万元的高价成交。当时刚刚进入中国嘉德油画拍卖的第二个年头,其中已进行的一场油画拍卖总成交额也只有几百万元,陈逸飞单幅作品的成价格足以令当时的市场瞠目。2011年,中国嘉德春季拍卖,这幅作品时隔17年再现拍场,以8 165万元人民币的成交价再度刷新中国油画的世界纪录,也打破了他自己作品的拍卖纪录。

1996年,香港苏富比首次举行中国油画拍卖,选中了陈逸飞的《黄

河颂》，并最终拍出 128.5 万
港元的价格。2007 年，中国
嘉德春季拍卖中，这幅作品
再度出现，以 4 032 万元的
价格成交。1997 年，陈逸飞
的《罂粟花》在香港佳士得
以 387 万港元刷新了当时中
国油画拍卖的最高价。据统
计，1991 年到 1998 年，陈逸
飞的 33 幅拍卖成交作品的价
值就已接近 4 000 万元人民

陈逸飞《罂粟花》 成交价 387 万港元 香港
佳士得 1997 年

币。当时，没有任何一个当代中国画家能在国际艺术市场上与之比肩。

通过与两家西方画廊的合作以及 90 年代初在香港的拍卖，陈逸飞
打开了港台和东南亚华人市场，很多重要作品因此流入这些藏家手中。
陈逸飞回国后，作品开始稳定地出现在内地拍卖会上，通过大陆拍卖行
接二连三的打破陈逸飞作品记录，很多作品得以回流，以上海和北京为
主的内地城市跃升为陈逸飞作品最重要的交易和收藏中心。

（六）去世效应的推动

虽然陈逸飞 90 年代上拍的部分作品曾经因为高价成交而引起巨
大反响，但这一时期他的作品拍卖价格总体趋于稳定，高价作品基本趋
于 100—200 万元人民币左右，真正的井喷行情出现在 2005 年及以后，
陈逸飞去世产生的巨大的社会效应引发了其作品艺术市场的热潮。

据有关媒体报道，陈逸飞去世当天，就有不少买家前往"逸飞之
家"购买陈逸飞的画作。除了《长笛手》《浔阳遗韵》等 4 幅印刷作品
未售出外，其余近 10 幅油画当天均被抢购一空。人们在求购不得后，
转而购买"陈逸飞画册"。

仅 2005 年一年，陈逸飞作品的各项拍卖指标就全面超越了 1994—
2004 年 11 年间的拍卖额的总和。陈逸飞的离世立刻让持有和关注陈

陈逸飞《玉堂春暖》　成交价 1.495 亿人民币　中国嘉德　2017 年 12 月

逸飞作品的人意识到商机的到来。2006、2007 两年，陈逸飞作品在拍场上势如破竹。其中，《玉堂春暖》2006 年在上海泓盛春拍中，以 1 100 万元首破千万；2017 年 12 月，又在中国嘉德的拍卖中，以 1.495 亿人民币的价格成为陈逸飞艺术品的最高成交纪录。2007 年，突破千万的作品达到 2 幅；作于 1995 年的《龙眼》以 1 019.2 万元在中国嘉德 2007 年秋拍中成交；曾在 1995 年苏富比拍卖上以 128 万港元成交的《黄河颂》，在 2007 年的嘉德春拍上拍出 4 032 万天价，价格上涨 30 多倍。2008 年受大环境影响，陈逸飞拍卖价格略有下挫。但刚到 2009 年，《踱步》就又在北京保利春季拍卖中创下 4 043.2 万元的新高。

近几年，虽然拍卖场上一批艺术家作品的成交价已经大大超过了陈逸飞的作品，但他的标志性作品依然不断地活跃在艺术市场，在中国当代艺术整体资金量下挫的局面中，显现出补涨的态势。

如陈逸飞"红色系列"的《红旗之一》，在香港苏富比 2013 年秋季拍卖会上以 6 283 万元成交。"音乐家系列"的《弦乐四重奏》在香港佳士得 2010 年春拍创出 5 368 万人民币的高价；作于 1988 年的《二重

陈逸飞《二重奏》 成交价4 592万元人民币 北京保利 2010年6月

奏》则在北京保利2010年春拍中创出4 592万元的高价。陈氏的转型之作——《踱步》在中国嘉德2009年春拍以4 043.2万元再创高价。作于1987年的《长笛手》在2009年北京瀚海秋季拍卖中以3 248万元成交。作于1995年的《父与子》在北京瀚海2010年秋季拍卖中以2 576万人民币成交。作于1996年的《晨祷》在香港苏富比2014年春拍中以2 133万人民币成交。作于1999年的《艺术家与众美女》在阳光艾德2008年春季拍卖中以2 408万元人民币成交。

这些高企的成交价格，显现出市场对于陈逸飞成熟时期的写实主义经典作品的由衷喜爱和追捧。

四、陈逸飞市场行情的拉动效应及经验影响

陈逸飞在自己的艺术成功后，不再满足于仅仅做一个画家，而将自己转化为一个"视觉艺术产业从业者"。他倡导一种"大视觉"的理念，将自己唯美的态度，从画布延伸到生活的众多领域。用画家的眼睛，将自己从画中悟到的东西运用到所做的各种事情中去。

他曾表示："作为一个艺术家,应该从现代生活理念出发,运用自己在造型艺术中得到的对美的积累,就像基因裂变一样,在各种载体中加以发展壮大。将经济的运作赋予更多、更新、更快的艺术倡导,把艺术与经济相结合,使美学与生活相融。"作为艺术家和商人,陈逸飞不应该被割裂看待,他的独一无二也决定了他作品的稀缺性,也是我们判断其作品市场的特殊前提。

1992年,陈逸飞回到上海,艺术创作之余就全力进行商业上的尝试。他的公司起始于1993年,雏形为拍摄电影《海上旧梦》而成立的陈逸飞工作室。至2000年底,陈逸飞与日本的伊藤忠商社(全球最大的贸易集团之一)、软银中国风险投资基金、法国最大的投资基金Vevendi和香港上市公司锦海捷亚(著名国际货运公司)签订风险投资协议,成立逸飞集团。风险基金投资人在调查结论中断言:"逸飞"将不仅仅是陈逸飞的名字,他创造了一种时尚生活,"逸飞"将是生活质量,生活品位的代名词,是时尚生活的平台,也是生活方式的符号。

逸飞集团注册资本是4 000万元人民币,4家投资机构向逸飞集团投入风险基金230万美元,占总股份的18.7%,注册在百慕达,品牌公司则在纽约,投资公司在香港,然后再到上海成立了独资与合资公司,事业横跨纽约、香港、北京、上海。逸飞集团鼎盛期共有8家公司,分别为:逸飞文化影视传播有限公司、逸飞环境艺术公司、逸飞模特文化有限公司、逸飞服饰有限公司、逸韵广告公司、逸飞之家、《艺术家》杂志及上海星汐洋商贸有限公司。逸飞集团的主力为其1995年底创建的上海逸飞模特经纪公司,与1997年成立的上海逸飞服饰有限公司,后者有LaYEFE女装、LaYEFE男装等服饰品牌,已经在35个城市中拥有100多家连锁店。陈逸飞生前曾对媒体表示:"逸飞集团的盈利连续3年以100%以上速度增长。其中,以逸飞集团的服装设计部分盈利状况为最好。2004年,逸飞集团旗下的LaYEFE服饰销售约3 600万美元,盈利超过360万美元。"

陈逸飞身体力行创立的逸飞集团,将艺术从画室延伸到服饰、模

特、环境艺术、出版、影视、广告、美食等多个领域，在中国率先吹响了
"视觉产业"的号角，并取得了骄人的成果。

影视方面，他拍摄了3部电影故事片：《海上旧梦》（处女作）、《人
约黄昏》（入选戛纳电影节特别荣誉单元）、《理发师》（未杀青）。此外
他还拍有反映上海拯救3万名犹太难民的纪录片《逃亡上海》，以及电
视纪录片《上海方舟》和电视连续剧《雨天有故事》。

陈逸飞拍摄的电影
《海上旧梦》

陈逸飞拍摄的电影《人约黄昏》

陈逸飞拍摄电影《理发师》

"逸飞视觉"丛书

出版方面,2002年陈逸飞和香港TATLER合作了《艺术家·上海TATLER》,这是一本面向高消费者、名流绅士、公司高级主管、高层政府官员的高端杂志,在上海滩成为时尚标志之一,取得了相当优秀的销售业绩。

2001年,陈逸飞和《中国青年》杂志合作策划出版《青年视觉》(*VISION MAGAZINE*)月刊。《青年视觉》属媒体办刊理念的一场视觉革命,每期以挖掘一个国际化城市的异域风情为选题,图片、文字、版式设计等400个页面,陈逸飞是《青年视觉》的总策划,传播美学理念。2002年1月一创刊立即引起瞩目,不过5期后,由于逸飞公司和中青社无法就利益关系达成一致,合作破裂。后来陈逸飞推出了"逸飞视觉"丛书。将自己唯美的追求延伸到了图书领域。

"逸飞视觉"丛书无论选题、文字、图片、设计和包装都给书市带来了新亮点。第一系列有4本,即《伦敦》《米兰》《布鲁塞尔》《东京》,市场反应相当好。陈逸飞又继续推出"逸飞视觉"系列丛书:《视觉捕手》《新锐期刊》《遇见100%希腊》等,也挤入了畅销榜行列。

服装方面,逸飞品牌的服装扭转了中国只能制造、没有品牌的服装历史。LaYEFE女装就像陈逸飞的绘画一样,继承了浪漫现实主义风格,丝丝入扣地遵循精致细腻的完美准则,将东西方的美丽特质熔炼于一炉。

除此之外,陈逸飞还帮助联想设计电脑造型,开逸飞时尚餐厅,做时尚网站。他甚至推动整个城市的美容设计,包括诸如优秀历史建筑和区域的保护、城市规划、城市雕塑、视觉艺术教育等。早前,浦东征集标志性城市雕塑,作为主要艺术评委的他,力主放置具有现代感的抽象雕塑。当时抽象雕塑在上海还很少见,难被认可。在他的力荐下,世纪大道顶端竖立起北京年轻雕塑家仲松的不锈钢抽象作品《日晷》,如今已成为浦东的著名标志物之一,由此拓展了这座城市的审美新境界。

在陈逸飞看来,自己不管做哪行生意都不远离艺术。"我的艺术生涯是从描绘美好的事物开始的,后来又进入到多个产业,在我看来,它们之间的唯美精神是相通的,都是以视觉手段表达对人生的态度,只不过载体不同。"

"大美术、大视觉"涉及生活中的方方面面,大到人、建筑、城市的概念,小到一个微型工业造型设计、一个杯子、一个叉子、调羹,概莫能外。他认为,画家不仅是在创造美,还要发现美,并把美的东西传达给观众。好的画家应该是一个真正的文化人,他的眼睛不能只局限于一块小小的画布。这也就是他在绘画之外,还要去拍电影、设计服装的缘故。选择什么样的形式表达美,在他看来并不重要,重要的是想告诉人们什么。"我把从绘画中悟到的东西运用到我现在做的所有事情中去。我会用对美的感觉,做出一些漂亮的服装;人们在看我的电影时,也会说这是画家的电影——实际上,是人们悟到了一个艺术家的眼光在电影中的流露。我想这就是艺术的价值所在。或许一个艺术家最值得人们关注的就是他的创新、他的发展。或许,这也就是人们关注我的缘故,我喜欢这种前进中的状态。"

陈逸飞认为,"大视觉"不是仅指美术作品。美术工作者有责任运用他们在造型艺术中对美的悟性,借助各种手段和载体把城市变得更美好。从这一点出发,陈逸飞从事其他产业时得到的经验,反过来对他的绘画艺术也有借鉴意义。

虽然陈逸飞后期将很多精力用于艺术产业,但他从未间断过自己的绘画。他和英国玛勃洛画廊签约,每年要完成20余幅画,每年要推出一到两个个人展览。他曾对外界表示:"我最重要的事业是绘画,尽管我做服装做杂志拍电影,但我每天都坚持画画,有时画到深夜"。"我是卖画办公司的。所有的都投入再生产,用于文化,用于视觉事业了,因为这是我的理想。"

　　陈逸飞是我们这个时代非常优秀和杰出的艺术家。他以卓越的才华,独创的"大视觉"艺术观念、敢为人先的头脑、不服输的闯劲和勇敢的冒险精神成为无数人学习的榜样。他对提升中国油画作品的价格起到了很大的作用,也示范了一条较好的油画市场化道路,对中国油画市场的发展作出了很大的贡献。

　　陈逸飞也是一个有重要影响的艺术产业活动家和组织者。他敏锐地感觉到时代的发展,并抓住机会,顺应潮流,通过自己的商业行为和操作方式,不断普及和深化大众的文化教育和审美能力,成功地将艺术生活化,商业艺术化。在他离去后,人们已经越来越多地感受到他对于艺术产业的引领作用。

　　(陈逸飞历年拍卖作品成交前百名见"附录"中附表8。)

第八章

海派十大书画家的市场动力

(程 沁)

"海派绘画"诞生于十九世纪中叶,是中国社会近代化的产物之一。作为中国美术史上一个重要艺术流派,它以上海为中心,辐射周边江、浙、皖等地,画家阵容之庞大,绘画风格之纷繁,开时代变革风气之先的声势和影响力,远超其他地方画派。但对于"海派书画"的定义一直有争议,是以地区还是画风定义? 程十发就曾提过"海派无派",他认为"研究海派,首先应认识到海派是一个开放的群体,它不以某一个画家为中心或为代表,而是综合了各家各派",他并非否定海派的存在,而恰恰是诠释了海派绘画的特点,即海纳百川,继承创新。海派正是在吸收和继承了中国传统绘画精髓的基础上,融汇中西、贯穿古今。

　　本章所论海派画家,以在上海定居生活过一段时期为基准,将绘画风格的传承与开拓上受到这个西方舶来文明城市影响的艺术家皆纳入讨论范畴,从他们在艺术市场的表现上梳理细脉。艺术品市场一般由五要素构成:艺术品、艺术品供给方、艺术品需求方、市场中介以及价格。分析各地的艺术市场,不仅要看价格,更要看到本土艺术家在市场中所发挥的创造性与市场推动力。拍卖数据作为艺术市场中唯一可以公开获取的艺术品数据,简单、直接,也具有一定说服力。本章数据以雅昌艺术网监测中心2000年春拍至2015年秋拍期间海派艺术家的拍卖成交总额为依托,遴选市场成交额前十位的海派艺术家,以点窥面,分析海派书画在艺术品市场中的动力。任何事物没有量的增长,就很难显示出他的价格。只有艺术家的作品在市场投放达到一定的量,获得一定的收藏家支持后,它的价格才会快速的上升。下文所提出的海派十大书画家也是基于一定市场投放量的基础上做出的探讨和研究。当然需要注意的是,在艺术市场中,价值与价格是不对等的,原始拍卖数据所携带的信息量毕竟有限,其中隐藏着大量有价值的信息还值得细细推敲判断。

　　1840年鸦片战争爆发,西方列强叩开了中国关闭的大门,中国进入了半封建半殖民社会。上海作为较早开埠的沿海城市,吸引着大量海内外资本的注入,并迅速崛起为中国最重要的工商业城市。在商品经济高速运转的齿轮下,文化艺术市场也表现得尤为繁荣,上海以海纳百川的气度与姿态吸引了大批文人墨客汇集于此,催化了上海艺术市场的发展。如清代张鸣珂在《寒松阁谈艺琐录》中广载清代书画家事迹,卷六中记载道:"自海禁一开,贸易之盛,无过上海一隅。而以砚田为生者,亦皆于于而来,侨居卖画,公寿、伯年最为杰出。"这一重要记录印证了当时上海的经济贸易情况,同时也对早期的海派绘画做了历史性概述。当时的上海形成了以任熊、任薰、胡公寿、虚谷、蒲华、钱慧安、任伯年、吴昌硕为代表的第一代海派书画家,而其中尤以任伯年、虚谷、蒲华、吴昌硕为翘楚,被誉为"清末海派四杰"。此时传统的"游于艺"的绘画艺术渐渐失去了其业余性质,逐步转换成一个专门的职业。大批书画家在此订润鬻字,买卖书画,艺术交易量急剧扩大,早期海派绘画艺术市场的雏形此时可以窥见。

　　至清末民初,上海已发展成为中国近代史上较先成熟的城市,占领了城市经济发展的绝对优势。画家的数量成倍上升,艺术市场的氛围日益浓厚,迈进了海派绘画发展的黄金时代。加之西方新思潮和新风气影响,配合画家的展览、出版、销售方式日趋完善,美术院校、博览会纷纷出现,推动了上海美术现代化的进程。在此背景下,海上画坛之风也在悄然转变,原本备受推崇的"四王"被认为是造成"中国画学至国朝而衰蔽极"的根源,遭到了全面的否定。陈独秀在《美术革命》一文中称:"若想把中国画改良,首先要革王画的命。"中国传统文人画开始摆脱传统文人士大夫所营造的萧逸清疏之景象,更加迎合市民阶层的审美情趣。绘画题材大多以市场需求为导向,讲究画面效果,倡导市民化、通俗化、职业化,形成了创作题材亲和入世、画风兼容并蓄、色彩清丽敷秀、笔墨表现多元的新画风,涌现出一批代表画家,将海派绘画推向了高潮。这些画家大都在秉承传统绘画基础上,又注重接近现实生活,除了画梅、兰、竹、菊四君子以外,还将市民日常生活中的瓜果蔬菜融入画面,甚至一些常见的小动物也在作品中多有出现,替代了古代绘画中的奇珍异兽,更符合一般市民的观赏趣味和审美要求,成为中国古典绘画向近现代绘画过渡的一个重要环节。另一重要原因来源于很多画家自身,当时大多数书画家出身清贫,来自社会底层,为维持生计,只能以鬻画为生。在吴昌硕作《饥看天图》中提到:"生计仗笔砚,久久贫向隅。典裘风雪候,割爱时卖书。卖画犹卖田,残阙皆膏腴……"这些基调的题画诗,道出了作者为生活所迫,不得不放下文人架子,将原本雅兴之事转变为换得一家人维持生活的商品,实属无奈。同时,这些画家本身与民间艺术有着千丝万缕的天然联系。故创作从内容到形式,都融入了民间艺术之长。海派绘画题材范围的拓展、创作主题的世俗化与商业化,使得雅俗共赏成为海派绘画最显著的特色。发展到新时期,产生了新的一批海派画家,包括谢稚柳、刘海粟、程十发、唐云等。随着皇权的终结,大量宫廷画散落民间,以及西画的引进和印刷业的兴起,画家们的眼界更宽更广,艺术没有完全继承民国海派特点,而是博采众长,古风新貌,作品极具个人特色。

以2000年春至2015年秋季京津画派书画与海派书画指数作对比(见图8-1和图8-2),大盘走势基本吻合,但海派书画最高成交额与指数最高点明显高于京津画派以及其他的地方画派,海派书画市场仍是中国近现代书画市场的最重要的部分。2000—2003年为艺术品市场的平稳发展期,此时的中国艺术市场刚刚走过艺术市场的初期阶段;2003—2008年为市场增长期,整个艺术市场买家和卖家群体的培养已经初具规模,艺术品价格开始一路飙升,数据显示这五年间,艺术品拍卖市场总成交额以平均每年55%的高速在增长;2009—2011年整体艺术品市场伴随着泡沫膨胀达到爆发点,迎来了中国的"亿元时代";2012—2015年随着中国宏观经济发展的降速,对艺术品市场也产生了

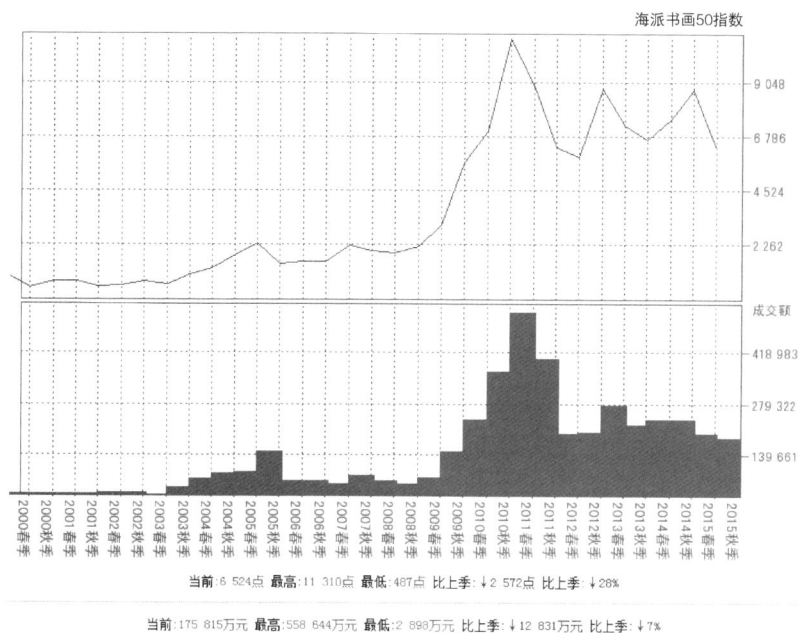

海派书画50指数

成交额

当前：6 524点 最高：11 310点 最低：487点 比上季：↓2 572点 比上季：↓28%

当前：175 815万元 最高：558 644万元 最低：2 898万元 比上季：↓12 831万元 比上季：↓7%

图 8-1　2000—2015年海派书画50指数变化（单位：RMB万元）

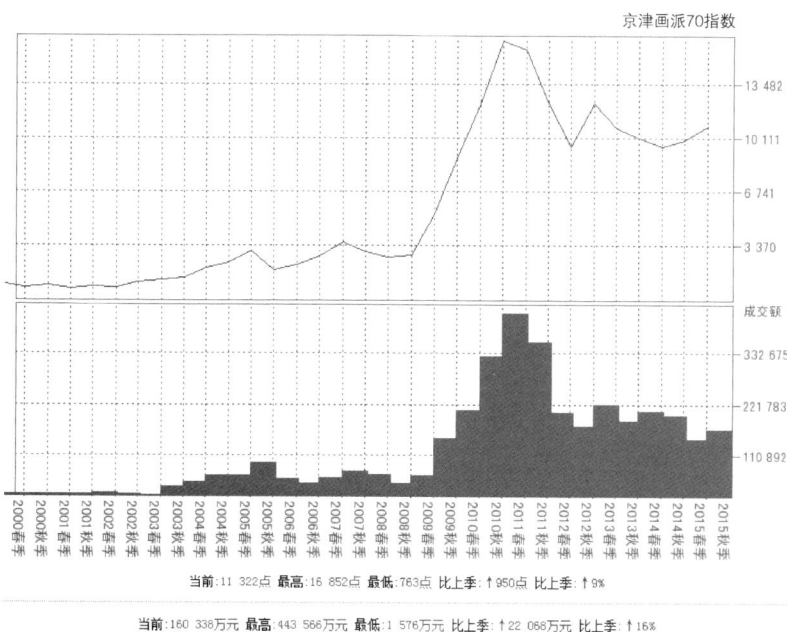

京津画派70指数

成交额

当前：11 322点 最高：16 852点 最低：763点 比上季：↑950点 比上季：↑9%

当前：160 338万元 最高：443 586万元 最低：1 576万元 比上季：↑22 068万元 比上季：↑16%

图 8-2　2000—2015年京津画派70指数变化（单位：RMB万元）

一定外部冲击,市场逐步回归冷静,开始进入调整期。

综观十五年来海派书画在拍卖市场的表现(见图8-3),呈现一大特点:价位总体走势稳中有升,在艺术品拍卖市场整体回调的时候,却看到海派书画市场表现依然坚挺,并未呈大幅度跳水现象,经得住市场考验,大盘本身的纠错机制在回归理性状态后走势平稳,海派书画的学术价格和市场价值逐步受到市场认可,这也会是今后几年发展的基调。

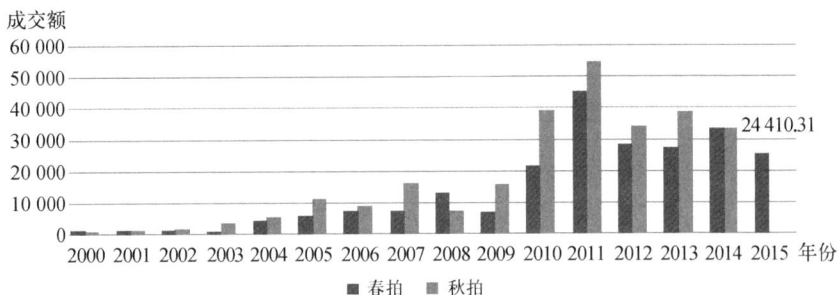

图8-3 2000—2015年艺术品成交走势图(单位:RMB百万元)

表8-1 2000年春拍至2015年秋拍成交额前十名海派书画家

排名	姓名 (生卒年份)	上拍数量 (件)	成交数量	成交额 (亿元)	成交率	均价 (每平尺/万元)	最高单价 (万元)
1	黄宾虹 (1865—1955)	3 760	2 797	29.97	74%	33.76	6 267.5
2	陆俨少 (1909—1993)	4 790	3 712	28.3	77%	22.45	6 930
3	吴昌硕 (1844—1927)	4 804	3 542	26.92	74%	14.04	3 852.5
4	林风眠 (1900—1991)	2 617	2 061	26.03	79%	44.69	1 930
5	潘天寿 (1897—1971)	817	589	15.2	72%	77.38	27 900

续　表

排名	姓名 （生卒年份）	上拍数量 （件）	成交数量	成交额 （亿元）	成交率	均价 （每平尺/万元）	最高单价 （万元）
6	谢稚柳 （1910—1997）	3 511	2 655	15.07	76%	14.1	6 900
7	吴湖帆 （1894—1968）	2 043	1 494	11.15	73%	28.08	9 890
8	程十发 （1921—2007）	4 827	3 550	10.18	74%	6.77	1 680
9	任伯年 （1840—1895）	1 749	1 185	8.65	68%	4.99	16 675
10	唐云 （1910—1993）	5 090	3 730	5.04	73%	3.5	575

数据来源：雅昌艺术网，统计时间2015年10月。

　　根据雅昌艺术网资料统计显示（见表8-1），2000年春拍至2015年秋拍成交额前十名的海派书画家分别是：黄宾虹、陆俨少、吴昌硕、林风眠、潘天寿、谢稚柳、吴湖帆、程十发、任伯年、唐云。他们的作品总上拍数量3.4万件，成交2.5万件，成交率74.46%，成交额176.51亿元，已达到海派书画50样本成交总价的45.41%。其中单幅作品价最高价为2015年在中国嘉德"大观——中国书画珍品之夜"场拍卖的潘天寿的《鹰石山花图》以6 800万元起拍，最终以高于起拍价4倍价格的2.79亿元成交。此幅作品创作于20世纪六十年代，为潘天寿最典型的"鹰石图"题材，是其扛鼎之作。2005年曾在中国嘉德拍出过1 171.5万元的高价，创下了当时潘天寿市场最高拍卖纪录。2015年再次上拍，尽管是在艺术市场低迷的时期，依旧创潘天寿个人作品拍卖新纪录，十年期间作品涨了23倍，平均年复合收益率超30%。潘天寿也是十大海派书画家中市场上流通量最少，且每平尺均价最高的一位画家。在这件亿元作品拍卖之前，其作品的最高成交价还徘徊在5 000万元附近。另一位作品进入"亿元俱乐部"的画家为任伯年，其拍卖成交最高价作品为

2011年浙江西泠印社拍卖公司拍出的《华祝三多图》,此幅作品是任伯年已知的单件最大尺幅、最具代表性风格的作品,人物、山水、花鸟三者画风相互交融。创作于任伯年精力最旺盛、技法正纯熟的盛年时期,此时期他刚刚摆脱了老师任熏的影响,受陈洪绶的细笔人物影响形成自己的风格,山水树石开始向疏朗的一面转变。这幅画在2005年和2008年也在拍卖市场出现过,分别以2 419.2万元和2 860万元的价格拍出,三年时间涨了近7倍。

一、第一位:黄宾虹(1865—1955年)

黄宾虹,1865年出生于浙江金华,他是一位有着画家、官吏、鉴定家、革命家、作坊老板、艺术教育家、编辑、美术史论家等多重身份的人物。世俗化是早期海派绘画的重要的特征之一,虽黄宾虹在上海生活近30年,但却是排行榜上最不具备海派书画世俗化特征的一位,他的作品黑、密、厚、重,明显区别于早期海派书画市场中大量迎合市场的明丽色调的作品。

黄宾虹生前曾对身边至亲说过:"五十年后方有人懂我画"。纵观其作品的艺术市场,正印证了他的预言。虽然黄宾虹的道德学问向来备受推崇,但市场对于黄宾虹绘画的艺术价值的认识是比较晚的。这个阶段可以用缓慢来形容,缓慢但不停滞,可以说他是一位不断被二次认识的艺术大家。黄宾虹的研究者曾形象地把他的作品分为"白宾虹时期"和"黑宾虹时期"。"白宾虹时期"的作品以干笔淡墨、秀逸疏远为特色,且多见古人的影子。这和他早期临摹古人的作品有关。他出生于浙江金华,成长于老家安徽歙

黄宾虹先生

县。5岁时,父亲请了老师教其读书,这位老师喜画,对黄宾虹的启蒙教育影响很大。11岁时黄宾虹即能摹刻邓石如的印章。13岁时他有机会在旧族亲戚处观得大量古代古籍字画,大开眼界。尤其喜欢临董其昌、查士标的山水画,稍长临摹王蒙、石涛、龚贤等作品。44岁时他离开安徽来到上海做美术编辑,期间临摹了大量古人作品。70岁时赴四川讲学游览,巴蜀地区的独特风貌对其笔墨观影响很大,他一改画风开启了"黑宾虹时期"的创作。晚年的黄宾虹已搜尽奇峰打草稿,形成自己的笔墨特色,独创"五笔七墨"理论,用笔稳练厚重、老辣遒劲,超越古人笔法,画笔浑厚华滋、卓跞前人。

黄宾虹的作品从20世纪80年代起进入国际艺术品市场,价格大都在几万至十几万左右,进入90年代受到全球艺术品市场利好的影响,价格大幅上升,拍卖纪录不断被刷新。1995年黄宾虹《巨幅山水》在中国嘉德以264万元成交,首次突破百万元关口。2005年,黄宾虹1952年作《山川卧游图》手卷在中国嘉德以638万元成交,2008年在朵云轩以1 288万元成交,三年成交额涨了1倍,价格进入千万级别行列。2011年在上海恒利拍卖会上,他的1948年作《山水写生册》以3 277.5万元成交;同年,在北京翰海拍卖会上,黄宾虹作于1955年《黄山汤口》以300万元起拍,4 772.5万元成交,超估价10倍,并创下当时黄宾虹作品拍卖的最高纪录。在2014年秋拍中国近现代书画大盘整体形势不佳的时候,黄宾虹个人书画作品成交额却达到顶峰,他92岁时所作赠章伯钧的《南高峰小景》是其罕见的晚年创作大尺幅青绿山水代表作,以6 267.5万元位居2014年春拍榜首,再次刷新了黄宾虹个人作品拍卖的最高纪录。而此件作品曾在2001年秋拍以56.1万元成交,十三年增长了100多倍,投资收益率达11 072.01%。同样黄宾虹作品涨幅案例还有其在1946年作《山川卧游图四屏》,在2011年浙江长乐秋拍中,以649.6万元成交。时隔两年,仅起拍价就高于上次拍卖的5倍,最终以4 025万元成交。

黄宾虹　1952年作《山川卧游图》手卷　成交价638万元　中国嘉德　2005年

黄宾虹　1955年作《黄山汤口》　成交价4 772.5万元　北京翰海　2011年

黄宾虹　1955年作《南高峰小景》成交价6 267.5万元　中国嘉德 2014年

黄宾虹　1946年作《山川卧游图四屏》　成交价4 025万元　南京经典　2013年

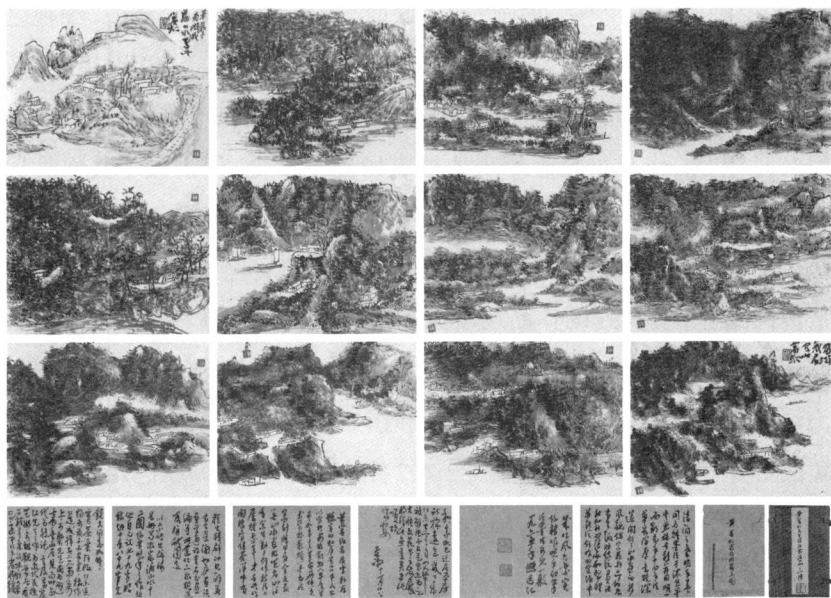

黄宾虹　20世纪50年代作蜀游峨眉山水册　成交价3 450万元　南京经典
2013年

　　黄宾虹的市场表现虽然暂居海派书画家第一名，但与美术史上并称为"南黄北齐"的齐白石，甚至与同样近现代的山水画家傅抱石，以及他的学生李可染来说，作品价格及上涨幅度仍有一定差距和空间。以近十五年艺术拍卖市场行情为例，齐白石作品上拍总量7 811件，过亿级拍品2件，过千万级拍品244件，过千万级拍品占上拍总量的3.12%；黄宾虹作品总上拍总量2 797件，无有过亿的作品，过千万级拍品43件，过千万级拍品占上拍总量的1.54%；傅抱石作品总上拍总量1 601件，过亿拍品1件，过千万级拍品173件，过千万级拍品占上拍总量的10.81%；李可染作品总上拍总量2 519件，过亿拍品5件，过千万级拍品84件，过千万级拍品占上拍总量的3.33%（参见表8-2）。综其原因主要有以下几点：其一，海派画家的市场整体认知度有待提高，作品市场价值处于低洼阶段，有待开发。其二，如果齐白石的画是雅俗共赏，则黄宾虹的画必定是曲高和寡。他有自己的一套理论体系和艺术风骨，不愿迎合市场。正如其非常欣赏清代画家王昱在《东庄论画》的话："有一种画，初入眼时，粗服乱头，不守绳墨，细视之则气韵生动，寻味无穷，是为非法之法。惟其天资高迈，学力精到，乃能变化至此。"这也正是对他作品的最佳解释。其晚年变法坚持的"黑宾虹时期"的作品虽是近年来才被市场慢慢接受，但占领了其作品拍卖成交价的前十名和市场上受追捧的恰恰是这些作品，市场是检验变法成功与否的试金石。随着收藏家收藏趣味的变化和黄宾虹自身学术价值的凸显，黄宾虹的作品逐步成为市场的关注焦点。但其精品放出量较少，导致市场一直处于不温不火的状态，是一个有待被激活的强力个股。据不完全统计（见表8-3和图8-4），2000年春至2015年秋，黄宾虹上拍作品3 760件，成交2 797件，总成交额29.97亿元，成交率74%，成交均价每平尺33.76万元，拍卖总成交额位列海派书画家第一名。

表8-2　近十年艺术拍卖市场上齐白石、黄宾虹、傅抱石、
　　　　李可染的相关情况

姓名 （生卒年份）	上拍总量 （件）	过亿元级拍品 （件）	过千万级拍品 （件）	千万级拍品占 上拍总量（%）
齐白石 （1864—1957）	7 811	2	244	3.12
黄宾虹 （1865—1955）	2 797	0	43	1.54
傅抱石 （1904—1965）	1 601	1	173	10.81
李可染 （1907—1989）	2 519	5	84	3.33

数据来源：雅昌艺术网。

表8-3　黄宾虹书画拍卖成交额前十名作品

排名	作品名称	装裱/材质	尺寸（厘米×厘米×厘米）	拍卖日期	拍卖公司	成交价（万元）
1	1955年作南高峰小景	立轴/设色纸本	177.5×74	2014-05-18	中国嘉德	6 267.5
2	1952年作山川卧游卷	手卷/设色纸本	40.5×305	2011-11-13	中国嘉德	5 290
3	江山卧游图四屏	镜心/纸本	88×31×4	2014-12-03	北京匡时	4 830
4	1955年作黄山汤口	立轴/设色纸本	171×96	2011-05-19	北京翰海	4 772.5
5	1946年作山川卧游图四屏	立轴/设色纸本	151×41×4	2013-07-28	南京经典	4 025
6	20世纪50年代作蜀游峨眉山水册	册页/水墨纸本	17×22×12	2013-07-28	南京经典	3 450
7	1948年作山水写生册	册页/设色纸本	29×22×8	2011-04-26	上海恒利	3 277.5
8	1952年作山川卧游卷	手卷/设色纸本	41×305	2010-06-30	上海天衡	2 912

续　表

排名	作品名称	装裱/材质	尺寸（厘米×厘米×厘米）	拍卖日期	拍卖公司	成交价（万元）
9	1944年作拟董巨二米大意山水	立轴/设色纸本	174×91.5	2011-11-17	北京翰海	2 530
10	1948年作蜀游山水	立轴/设色纸本	151×82	2014-11-21	中国嘉德	2 012.5

数据来源：雅昌艺术网，统计时间2015年10月。

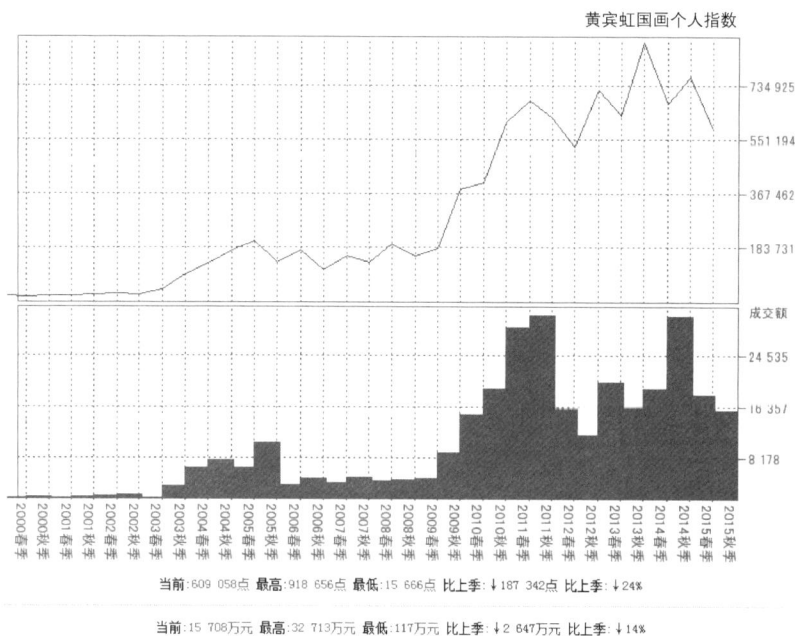

当前：609 058点　最高：918 656点　最低：15 666点　比上季：↓187 342点　比上季：↓24%

当前：15 708万元　最高：32 713万元　最低：117万元　比上季：↓2 647万元　比上季：↓14%

图8-4　2000—2015年黄宾虹国画个人指数（成交额：RMB万元，指数：元/平尺）
数据来源：雅昌艺术网，统计时间2015年10月。

二、第二位：陆俨少（1909—1993年）

陆俨少，小名骥，学名陆同祖，又名砥，字俨少，后以字行，改名宛若。出生于江苏省嘉定县南翔镇（今属上海）。1926年考入无锡美术专科学校，期间经王同愈先生介绍，师从冯超然为师，为"嵩山草堂"入室弟子。后结识吴湖帆，有机会观摩大量历代名家佳作，眼界大开。早年作品由"清四王"上接宋元,较多留有古人的笔意。20世纪60年代,他沿长江归来后,就峡江险水多做探索,眼界和技法较早期作品更加成熟,用笔渐趋粗放,开始流露出鲜明的个人特色。据不完全统计,2000年春至2015年秋,陆俨少上拍作品4 790件,成交3 712件,总成交额28.3亿元,成交率77%,成交均价每平尺22.45万元,拍卖总成交额位列海派书画家第二名(见表8-4,图8-5)。

陆俨少先生

表8-4　陆俨少书画拍卖成交额前十名作品

排名	作品名称	装裱/材质	尺寸(厘米×厘米×厘米)	拍卖日期	拍卖公司	成交价(万元)
1	《杜甫诗意册》一百开	册页/设色纸本	43.5×27.5×100	2004-06-26	北京翰海	6 930
2	《宋人诗意册》二十二开	册页/设色纸本	24×33×22	2012-12-25	上海嘉禾	4 715
3	《杜陵诗意》	册页/设色纸本	45×34×24	2013-07-28	南京经典	4 485
4	1986《春江不老图·行书七言联》	立轴/水墨纸本	画197.5×110.5;书179×48×2	2011-11-13	中国嘉德	4 140
5	《峡江险水》	镜片/设色纸本	56×153.5	2010-12-13	浙江长乐	3 920
6	《峡江险水图卷》	手卷/设色纸本	引首25×130;画心25×480;跋文25×135	2014-10-31	上海嘉禾	2 990
7	《泉石之胜册》	册页/设色纸本	32.6×44×8	2011-05-22	中国嘉德	2 875

续　表

排名	作品名称	装裱/材质	尺寸(厘米×厘米×厘米)	拍卖日期	拍卖公司	成交价(万元)
8	1961《古今人物山水册》	册页/设色绢本	29×34×12	2011-04-26	上海恒利	2 645
9	《宋人诗意册》	册页/设色绢本	24×33×20	2009-12-18	西泠印社	2 464
10	《井岗山朱砂冲哨口》	立轴/设色纸本	140×68.5	2012-10-19	上海崇源	2 317.25

数据来源:雅昌艺术网,金额:RMB万元。

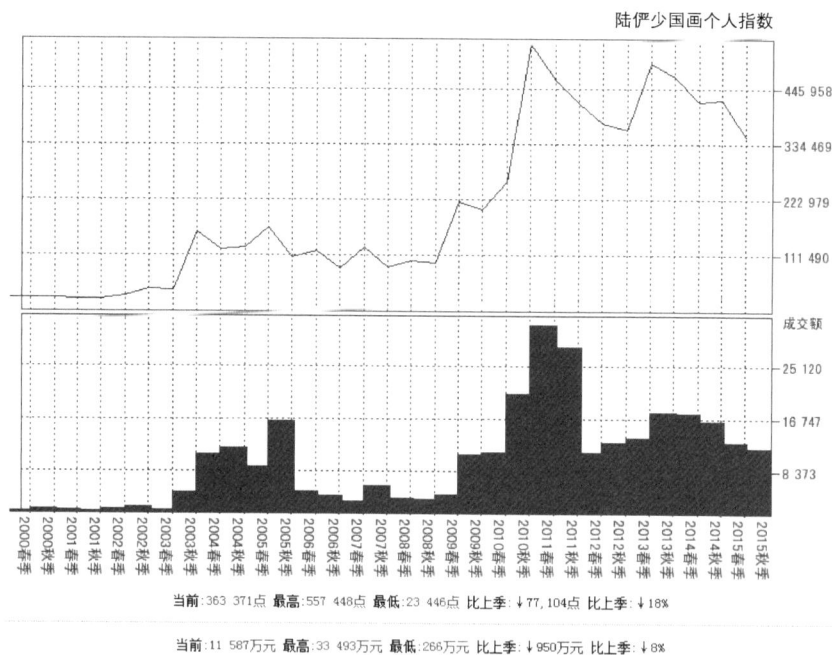

当前:363 371点 最高:557 448点 最低:23 446点 比上季:↓77,104点 比上季:↓18%

当前:11 587万元 最高:33 493万元 最低:266万元 比上季:↓950万元 比上季:↓8%

图8-5　2000—2015年陆俨少国画个人指数(成交额:RMB万元,指数:元/平尺)
数据来源:雅昌艺术网,统计时间2015年10月。

　　陆俨少擅长山水、人物、梅花竹石等题材,其中山水画成就最大,尤精杜甫诗意及峡江险水为经典题材的手卷和册页作品,且这类作品在市场上最受到追捧。所作三峡险江湍流让画面感充满韵律和节奏感,画中江河的汹涌澎湃之势,云水的浩渺弥漫之态被描绘得淋漓尽致,特别是表现云和水的动感最为精彩。一般画家构图总是从大到小,陆俨少的构图恰恰相反,他擅以现代构图和透视手法营造绝险之势,突破了传统山水画的程式构图。他曾说:"我一反此法,而是由小到大,笔笔生发,初无定稿,积小面成大面。在创作过程中,每或思路断绝,形势扞格,山重水复,终已无路,而转折之间,柳暗花明,绝处逢生,又是一个新境界。"

陆俨少的拍卖市场起步较早,早自20世纪80年代初,其作品就进入国际艺术品拍卖市场。1981年他在香港举办了画展引起轰动,作品被竞相购买。香港苏富比也在同年将陆俨少作品纳入征集范围中。1981—1985年,香港苏富比的陆俨少作品拍卖纪录显示,当时陆俨少常规山水画作品基本价格在5 000港元左右。1982年陆俨少《黄山松云》在香港苏富比以5 000港元成交。到了1986年,香港佳士得拍卖也开始推出陆俨少作品上拍。80年代中后期,其作品价格稳步上涨,此时大量收藏陆俨少作品的藏家群主要在海外如新加坡,以及中国香港、台湾地区一带。相比中国内地以外的艺术品市场,陆俨少作品在内地的价格起步略低,但涨幅迅速,短短几年间,价格一下子被拉高。据资料显示,1985年内地陆俨少的常规山水画作品约500元一件,1986年涨到了一倍到1 000元人民币,1987年1 500元一件,1988年起陆俨少的作品价格持续上扬。1989年,陆俨少的作品市面价是一平方尺2 000元。

步入90年代,国内艺术品市场开始蓬勃发展,陆俨少的作品价格也随之直线上升。1993年国内首次艺术品拍卖会上海朵云轩推出的《千里江陵》拍出3.3万元的价格,每平尺均价已过万。1994年春,上海朵云轩推出《杜甫诗意》(1平方尺),以103.3万元成交。1994年北京瀚海《山水》立轴,以30.8万元成交。1998年中国嘉德春季拍卖会上,共有4幅陆俨少的作品突破20万元。《东西两洞庭卷》以39.38万元成交,1974年作《雁荡胜概》手卷以38.5万元成交,1956年作《大厂村写生》(2.5平方尺)以20.35万元成交,《朝辞白帝彩云间》以58.3万元成交。同年北京荣宝秋拍,《江山笔力册》册页14开以77万元成交,1999年秋,朵云轩《洞庭桔红》(4尺整张)以45.1万元成交。从1994—1999年是陆俨少的作品拍卖成绩在市场上迭创佳绩的几年。

进入21世纪后,陆俨少的作品价格就基本稳居于较高的价位上,每平尺均价基本稳定在3万元—5万元的价格区间。尤其是他的手卷

陆俨少 《东西两洞庭卷》 成交价39.38万元 中国嘉德 1998年

陆俨少 《雁荡胜概》手卷 成交价38.5万元 中国嘉德 1998年

陆俨少 《大厂村写生》 成交价20.35万元 中国嘉德 1998年

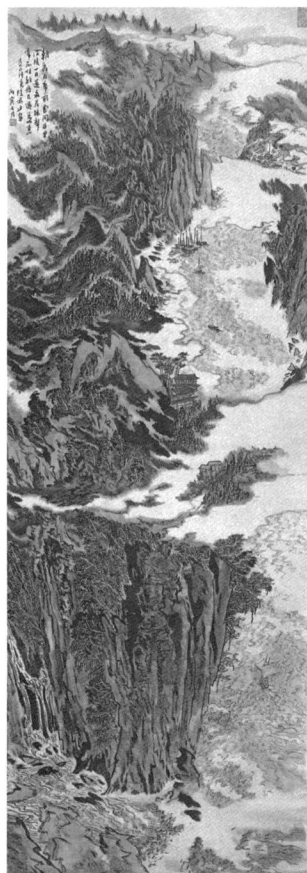

陆俨少 《朝辞白帝彩云间》 陆俨少 《洞庭桔红》 成交价45.1万元
成交价58.3万元 中国嘉德 朵云轩 1999年
1998年

陆俨少 《江山笔力册》 成交价77万元 北京荣宝 1998年

和册页,以及以名人诗意和峡江为题材所创作的佳作一直是收藏家追捧的对象,每出精品必成全场焦点,价格可能高出普通作品一倍以上。2000年香港苏富比春拍中的陆俨少《河山新象》册页九开以46.93万元成交,每平尺均价达7万余元;2000年香港佳士得的《山水纪游十四开册》以401.21万元成交,创当年陆俨少成交最高价;2001年香港佳士得的《毛泽东诗词图卷》以115.54万元成交。2001年至2003年开始,陆俨少的市场行情出现增长态势,不断地创造新的价格标的。

陆俨少 《山水纪游十四开册》 成交价401.21万元 香港佳士得 2000年

陆俨少 《毛泽东诗词图卷》 成交价115.54万元 香港佳士得 2001年

陆俨少 《杜甫诗意》册 成交价6 930万元
北京瀚海 2004年

2003年初起，内地艺术品市场空前繁荣，几乎每位名家的作品都价格大增，且内地艺术品市场的书画价格超越港台地区。这段时期，陆俨少的作品价格又开始暴涨。这一年，陆俨少作品上拍量从春拍的86件扩大到秋拍的690件，成交量从春拍的40件扩大到441件，增幅11倍；成交率也从46.51%上涨到63.91%，充分体现出买家对市场的信心；而成交金额则从475.57万涨到5 501万元，涨幅高达11.6倍，基本上与成交量的涨幅持平，这也说明2003年的陆俨少市场是一个放量增长的行情。

至此到2005年，陆俨少的作品一直以急速疯涨的态势呈现。陆俨少至今拍卖成交额第一名的《杜甫诗意》册也就是在其后北京翰海2004年春拍中亮相，以6 930万元高价成交，创下陆俨少作品拍卖的第一高价。这件作品陆俨少耗时三年完成，后又于晚年补足遗失部分，汇集了画家中晚年的山水画风格，且是难得一见的百开巨册。这一天价的出现，也刺激了此后的市场行情，引出了多件精品佳作。

值得注意的是，随着市场对陆俨少作品关注度的提高，市场上也充斥着大量陆俨少的赝品，这或多或少影响着其真迹在市场中水平的发挥。但总体来说，陆俨少的作品在市场走势一直相当坚挺，即使在市场回落的几年中，也基本保持着较好的成绩。

三、第三位：吴昌硕（1844—1927年）

吴昌硕，我国清末民初画坛上一位主将，以其金石、诗、书、画独立艺苑。1844年出生于浙江省安吉县，名俊卿，中年后改为昌硕，另号缶庐、苦铁等。吴昌硕幼时随父读书，少年时起癖爱刻印，1865年考中秀才，后游苏州、浙江、上海一带，拜名学者俞樾为师，学习辞章和文字训诂，又拜师杨岘学习书法。之后，吴昌硕结交了任伯年、张子祥、胡公寿、蒲作英、陆廉夫、施旭臣、诸贞壮、沈石友；又从收藏家潘伯寅、吴平斋、吴大澂处看到不少青铜器和名人书画，大大开阔了视野。为了寻求艺术事业的发展，于1911年在王一亭帮助下从苏州正式移居上海。

吴昌硕的绘画大致可分为三个时期，自30多岁至50多岁前后，主要倾力于学习传统技法，在求形似之外得古人精髓，特别倾心于青藤、白阳、八大山人和扬州八怪的写意画法；50岁开始至65岁左右，融古通今，在继续深入探讨古人法度同时形成了自己的金石入画特色；65岁之后，画风臻于成熟，各种题材游刃有余。其绘画以花卉为主，偶作山水，主要创作题材是梅、兰、竹、菊、荷花、牡丹、水仙、藤本植物等为主，取法徐渭、朱耷、石涛和扬州八怪诸家之长，并深受赵之谦、任熊、任熏、任伯年的影响，设色大胆，别开生面。他擅长把书法用笔融于绘画。他五十岁之时，任伯年对他说过："子工书，不妨以篆写花，草书作干，变化贯通不难得其诀奥也。"由此，吴昌硕将篆隶狂草等融入绘画创作中，用笔非常浑厚，一笔下去，力透纸背。线条粗细均匀、藏头护尾，篆书笔法出

吴昌硕先生

来的树干朴拙凝重、浑厚圆融,画面中具有浓厚的金石趣味,非常有文人的风骨。对于多以鬻画为生的海派画家来说,金石入画可能也是对笔墨本体文人画传统一种雅的固守。据不完全统计,2000年春至2015年秋,吴昌硕作品上拍4 804件,成交3 542件,总成交额26.92亿元,成交率74%,成交均价每平尺14.04万元(见表8-5,图8-6)。吴昌硕的写意花卉作品,占他绘画作品45%的市场交易额,拍卖总成交额位列海派书画家第三名。

表8-5　吴昌硕书画拍卖成交额前十名作品

排名	作品名称	装裱/材质	尺寸(厘米 × 厘米 × 厘米)	拍卖日期	拍卖公司	成交价(万元)
1	1917年作《花卉屏风十二扇》	水墨纸本	137 × 48 × 12	2014-12-01	北京保利	3852.5
2	1917年作《花卉屏风十二扇》	水墨纸本	137 × 48 × 12	2010-12-03	北京保利	3 696
3	1921年作《竹石双寿》	立轴/设色纸本	146.5 × 38.5	2011-11-24	荣宝斋(上海)	3 162.5
4	1927年作《花卉册》(画心十七开,跋文一开)	册页/水墨纸本	30 × 35 × 17;29 × 36	2011-07-16	西泠印社	2 875
5	1920年、1921年作《敝帚自珍册》	册页/设色纸本	32 × 39 × 11	2012-10-28	中国嘉德	2012.5
6	1924年作《兰石花果》四屏	水墨纸本	142 × 51.5 × 4	2015-07-05	西泠印社	1 897.5
7	1918年作《四季花卉》四屏	镜片/设色纸本	187 × 48 × 4	2014-12-14	西泠印社	1 840
8	1904年《花卉》四屏	设色纸本	244.5 × 61.5 × 4	2011-11-13	中国嘉德	1 725
9	《书法对联》	轴/水墨纸本	364 × 68 × 2	2014-11-23	山东翰德	1 680
10	1916年作花卉十二屏	水墨纸本	133.5 × 52.8 × 12	2004-05-15	中国嘉德	1 650

数据来源:雅昌艺术网。

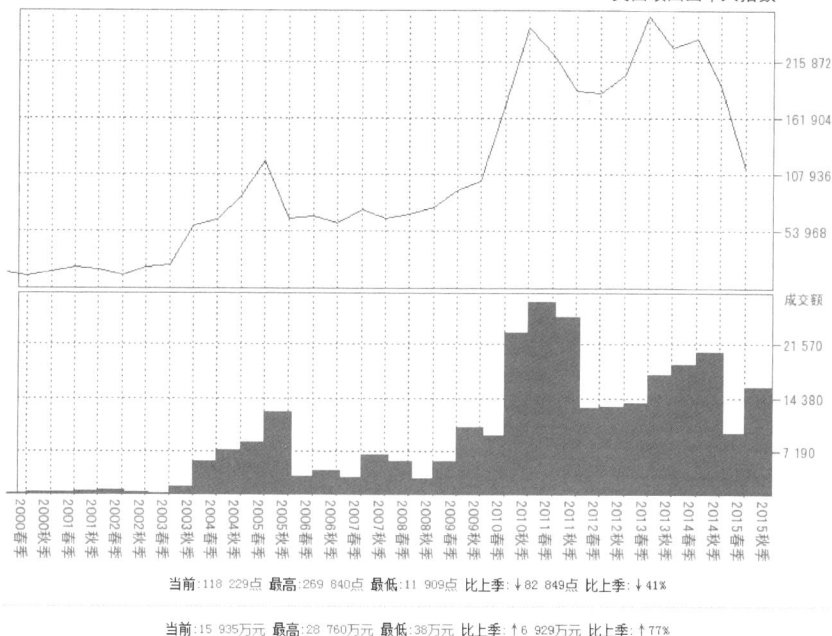

吴昌硕国画个人指数

成交额

当前：118 229点 最高：269 840点 最低：11 909点 比上季：↓82 849点 比上季：↓41%

当前：15 935万元 最高：28 760万元 最低：38万元 比上季：↑6 929万元 比上季：↑77%

图8-6　2000—2015年吴昌硕国画个人指数（成交额：RMB万元，指数：元/平尺）
数据来源：雅昌艺术网，统计时间2015年10月。

　　若论吴昌硕的书画作品市场，可追溯至民国时期。当时吴昌硕一幅作品的价格与张大千、齐白石不相上下。吴昌硕在20世纪90年代之前艺术品市场地位显赫，在1993年中国内地艺术品首次拍卖上，吴昌硕作品有13件，成交4件，最高成交价为朵云轩26.4万元成交的《玉堂富贵》，而25件齐白石的作品只成交了一件——在朵云轩拍出17.6万元的《贝叶草虫书法》。但至九十年代中后期，吴昌硕作品的价格开始被齐白石、张大千、傅抱石、徐悲鸿等超越，时至今日他们之间的市场地位悬殊。2015年吴昌硕作品的拍卖价格每平尺单价约20万元，而齐白石、张大千每平尺已高达70万—80余万元。齐白石和张大千已成为中国市场份额最高的两位画家（以上参见表8-6）。究其原因，其一就是吴昌硕创作的作品题材有限，相似主题较多。有藏家表示，想买全齐吴昌硕各种题材的作品，可能买20件就够了，但要把张大千和同样创作

表8-6　2013—2015年吴昌硕、李可染、张大千、傅抱石的
作品成交均价（单位：RMB万元）

姓　　名	2013年春	2013年秋	2014年春	2014年秋	2015年春	2015年秋
吴昌硕	21.56	27.10	—	24.74	20.08	11.82
李可染	104.17	174.83	119.90	109.06	169.66	301.70
张大千	94.37	58.68	48.48	56.74	65.60	49.27
傅抱石	231.14	242.73	218.52	239.69	169.10	198.89

来源：雅昌艺术网拍卖均价排名前50榜单。
注：—表示次年度均价未进入前五十名，无参考记录。

主题多为雅俗共赏的齐白石各题材作品买全，难度较大。其二，吴昌硕可算是海派中商业化最为彻底的艺术家之一，作品的商业化气息较浓成了其作品价格生长空间的绊脚石，且平日所作多率性而为之作品，艺术拓展性有一定弱势。

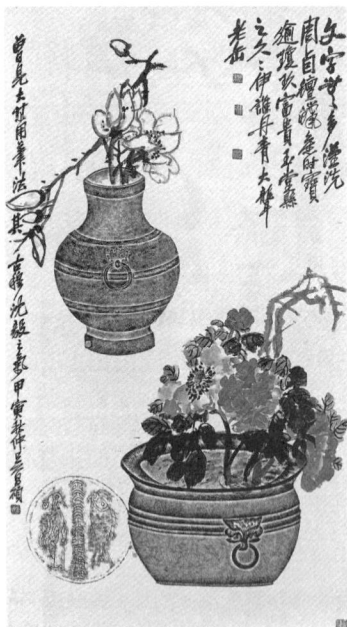

吴昌硕　《玉堂富贵》成交价26.4万元　朵云轩　1993年

20世纪90年代，吴昌硕每平尺均价稳定在1万　3万元区间，精品每平尺达5万元左右。1993年朵云轩首场拍卖《玉堂富贵》拍出26.4万元，每平尺2.5万元；1994年《四季花卉》在朵云轩以46.2万元成交，每平尺1.7万元；1994年大尺幅《红梅图》在北京瀚海以46.2万元成交，每平尺价格1万元；1995年《枇杷》在香港佳士得以27.57万元成交，每平尺4.8万元。2003—2005年秋，吴昌硕的市场行情出现增长态势。自2004年开始，吴昌硕作品的上拍量和成交额迅速上升，由2003年的448件翻倍增加至963件，2005年到达

1 441件,也可以看到图中2005年秋季短暂达到了成交额的顶峰。期间,2004年吴昌硕1916年作《花卉》十二屏在中国嘉德以高于估价200万八倍的价格1 650万元成交,创下当时其拍卖成交价最高纪录。2006—2009年期间基本稳定在每平方尺5万—10万的价格区间。到2010年秋,吴昌硕作品市场出现了回暖的势态,一方面上拍量大幅度扩大,从1 000余件作品两年时间扩大到2011年的3 864件作品。近些年,吴昌硕作品在拍卖市场的流通量基本维持在3 000件左右。2011年上拍作品534件,成交408件,成交率76.4%,成交额5.52亿元,创造了吴昌硕的个人书画作品单年成交总额的最高纪录。这年过千万的作品达到6件。

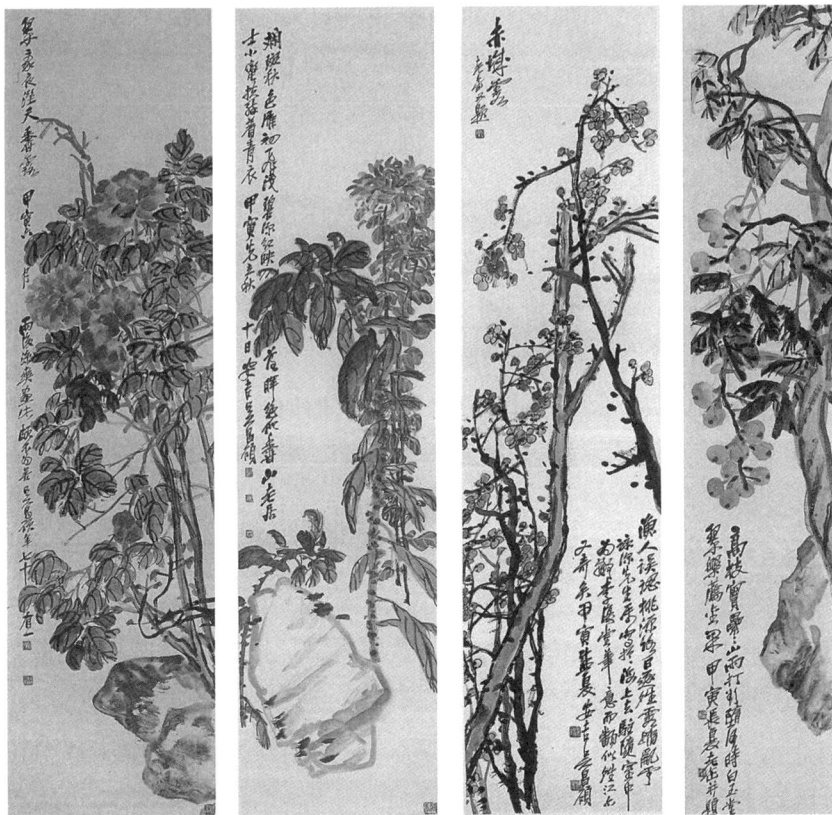

吴昌硕《四季花卉》 成交价46.2万元 朵云轩 1994年

吴昌硕《枇杷》 成交价27.57
万元 香港佳士得 1995年

2012—2015年期间，吴昌硕作品行情在市场调整期中仍未恢复元气。虽然在2014年各大拍卖公司都打出吴昌硕诞辰170周年的牌，也加大宣传力度，但该年度过千万的作品只有2件，分别是北京匡时推出的吴昌硕1915年作《篆书十六言联》，以1 207.5万元成交，以及上海嘉禾推出的吴昌硕1916年作《多寿图》，以1 012万元成交。

在吴昌硕拍卖成交的作品中，以梅花、菊花、兰花为题材的占据了市场交易额的前三名，而其中以红梅为主题创作的作品较以墨梅、白梅和绿梅为主题的作品市场交易状况又更胜一筹。一方面是因为这些题材的作品市场流通量比较大，另外一方面这一题材的作品寓意美好，也更迎合一般大众的审美品位，受到市场欢迎。另外，在其前十名成交额的作品中，绝大部分为其70岁后的作品，这个时间段吴昌硕迎来了其艺术生涯最辉煌的时期，技法已挥洒自如，达到巅峰。1913年吴昌硕更被公推为杭州西泠印社首任社长，名声大震。

值得留意的是，日本是吴昌硕作品的海外收藏重镇。据不完全统计，吴昌硕为日本公私收藏的作品至少有2 500件。吴昌硕与身为日本多家企业买办的王一亭关系密切，二人亦师亦友。王一亭在帮助吴昌硕拓展日本艺术市场方面发挥了很大的作用。他的水墨金石大写意、诗书画印一体的书画作品深得日本藏家喜爱。1912年，日本书画界大力宣传吴昌硕的作品，东京书店文求堂出版了《昌硕画存》，1920年日本长崎首次展出其书画，东京文求堂继刊《吴昌硕画谱》，长崎双树园刊行《吴昌硕画帖》。到1926年，日本掀起吴昌硕热："东瀛之岛，得先生单缣片纸，珍若拱璧。"日本市场促进了其水墨金石写意画风，使他在早

吴昌硕　1916年作《花卉》十二屏　成交价1 650万元　中国嘉德　2004年

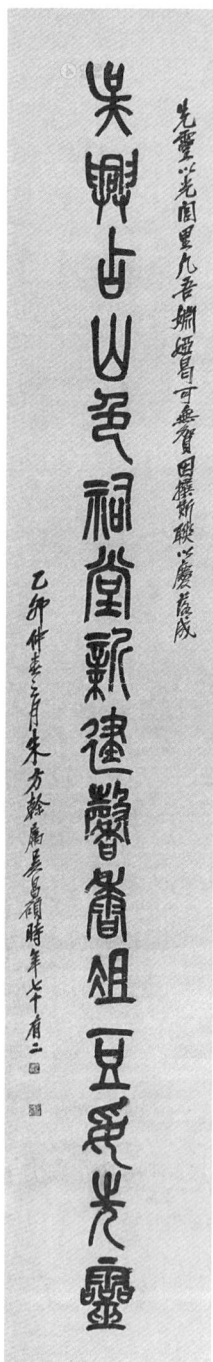

吴昌硕 1916年作《多寿图》 成交价 1 012万元 上海嘉禾 2014年

吴昌硕 1915年作《篆书十六言联》 成交价1 207.5万元 北京匡时 2014年

期海上画派形成的绘画与金钱共生体中注入了更多的文化内涵,绘画从早期海上画派对市场的迎合和顺从走向了一定程度上受市场的左右和支配。作为海派绘画的创立者之一,吴昌硕的艺术对于中国近现代绘画的发展产生了巨大而深远的影响。

四、第四位:林风眠(1900—1991年)

在20世纪中国美术史上,林风眠是怎么都带不过的一笔,他一生致力于中国美术教育事业的探索和改革,将中国绘画传统意蕴与西方现代绘画的语言积极融和,力求走出"中西调和"的艺术道路,颠覆中国传统绘画千年不变的程式。

林风眠,1900年出生在广东省梅县,名绍琼。自小跟着石匠的父亲学习绘画,临摹《芥子园画谱》。1919年与林文铮、蔡和森等30余人组成了勤工俭学团赴法求学,考入了国立蒂戎美术学院,后在院长杨西斯的引荐下,转入了巴黎国立高等美术学院就读。在国外留学的经历对他的艺术道路起有着重要的作用。这期间他接触到了印象派、后印象派、野兽派、表现派等个性奔放的狂热画家,流畅自由奔放的语言和色彩深深打动了他,为他日后的画风埋下了伏笔。他将西方现代派的表现手法与中国传统水墨的意境相结合,并融入了个人人生经历,成功地创出了他们所追求的节奏感和东方韵律感相拍合的境界,构成了他作品的主要基调,这也是他的作品受到国内外藏界关注的重要原因之一。林风眠的作品基本采取方形的构图。在绘画题材上,仕女人物、京剧人物、白鹭、渔村风情、女人体、静物等比较多。

他的作品主要经历了"中国画—油画—彩墨画"三大阶段。赴法之前的中国画主要受岭南画派的影响;巴黎时期

林风眠先生

到1930年之前则表达了他以西洋画之长传达个人情绪的意图;1938年之后的彩墨画则真正体现了他东西融合的创造。1925年林风眠学成归国,在蔡元培支持下任北平艺专校长,后迫于政治原因到杭州创办国立艺专。这一时期,林风眠的艺术是入世的,他的绘画主题开始关注劳苦大众和社会百态,先后创作了《人道》《痛苦》《悲哀》三幅影射社会现象的作品。同时在教学中,林风眠强调"中西并学,重视传统",破除门户之见。到了20世纪40年代,林风眠开始探索自己绘画风格语言。他主张"调和中西"的艺术理念,这时期他笔下的人物、仕女、风景、静物,都是以墨线为干,辅以淡彩,与传统的中国画并没有明显差别,可以说还没有找到变法的有效手段与途径。到了50年代至60年代中期,堪称林风眠创作的黄金时期,其画风已趋于成熟,无论在色彩处理、构图选择还是线条运用上都富有自己的特色,独辟蹊径,令人耳目一新。据不完全统计,2000年春—2015年秋,林风眠上拍作品2 617件,成交2 061件,总成交额26.03亿元,成交率79%,成交均价每平尺44.69万元,拍卖总成交额位列海派书画家第四名。

步入21世纪,随着中国艺术市场的繁荣发展,内地、港台等地对林风眠艺术的推广及藏家对其作品的关注度提高,林风眠书画市场价位不断攀升。2003—2005年持续上涨,并在2005年秋达到短暂高峰,作品上拍240件,成交199件,成交率82.92%,成交额2.13亿元,每平尺均价35.71万元,创当时拍卖纪录最高价。自2006年中国艺术品市场进

林风眠 《秋山深居》 成交价2 306万港币 香港佳士得 2011年

入调整期,林风眠的作品上拍量、成交量和成交总额略有下调,虽然在2007年秋有所回升,但受金融危机影响,作品上拍量几年持续走低,成交总额下滑明显。2009年秋始,随着中国书画市场的大放异彩,林风眠书画市场进入行情飞扬期,作品在上拍量、成交量、成交总额及高级作品数量等方面均呈现迅速上升趋势。同年,林风眠作品上拍284件,成交235件,成交率82.75%,总成交额4亿元,同比2009年成交额1.51亿元上涨62.25%;2011年,林风眠作品上拍293件,成交241件,成交率82.25%,总成交额4.63亿元,同比2010年成交额再次上涨了15.75%,林风眠书画作品行情达历史高峰,《秋山深居》在香港佳士得创下2 306万港币高价,成为当时也是迄今为止林风眠作品成交价最高纪录(以上参见表8-7,图8-7)。主要归因于这段时期内中国书画市场的繁荣发展,投资热潮高涨,以及精品佳作大量进入了市场流通环节。作为近现代书画家,林风眠的精品名作被看作是中国近现代书画市场的中流砥柱,其高价作品对这一板块的市场行情具有重大引领和支撑作用。

表8-7　林风眠书画拍卖成交额前十名作品(金额:RMB万元)

排名	作品名称	装裱/材质	尺寸(厘米×厘米)	拍卖时间	拍卖公司	成交价(万元)
1	《秋山深居》	镜框/设色纸本	137.7×68.5	2011-5-31	佳士得香港	1 930
2	《渔获》	布面油画	73×92.5	2013-11-23	佳士得香港	1 682
3	1984年作《火烧赤壁》	镜框/设色纸本	68.5×67.1	2013-04-05	苏富比香港	1 491
4	《五美图》	镜框/设色纸本	67×67	2013-04-05	苏富比香港	1 446
5	《人物风景花鸟册》(二十一页)	册页/设色纸本	题端34.5×34.5;画心34×34×10;题跋34.5×34.5×10	2014-12-13	西泠印社	1 725
6	《坐爱枫林晚》	镜心/设色纸本	67.8×136	2014-06-25	盘古拍卖	1 692

续　表

排名	作品名称	装裱/材质	尺寸（厘米×厘米×厘米）	拍卖时间	拍卖公司	成交价（万元）
7	1950—1960年作《渔获》	布面油画	83.3×78.5	2009-04-06	苏富比香港	1 437
8	1961年作《五美图》	镜心/设色纸本	66×66.5	2011-10-27	中国嘉德	1 610
9	《少女花鸟》	册页/设色纸本	32×45×6	2006-01-14	北京鸿正	1 430
10	20世纪80年代作《荷花仕女》	布面油画	45×48.5	2011-10-27	上海协合	1 380

数据来源：雅昌艺术网。

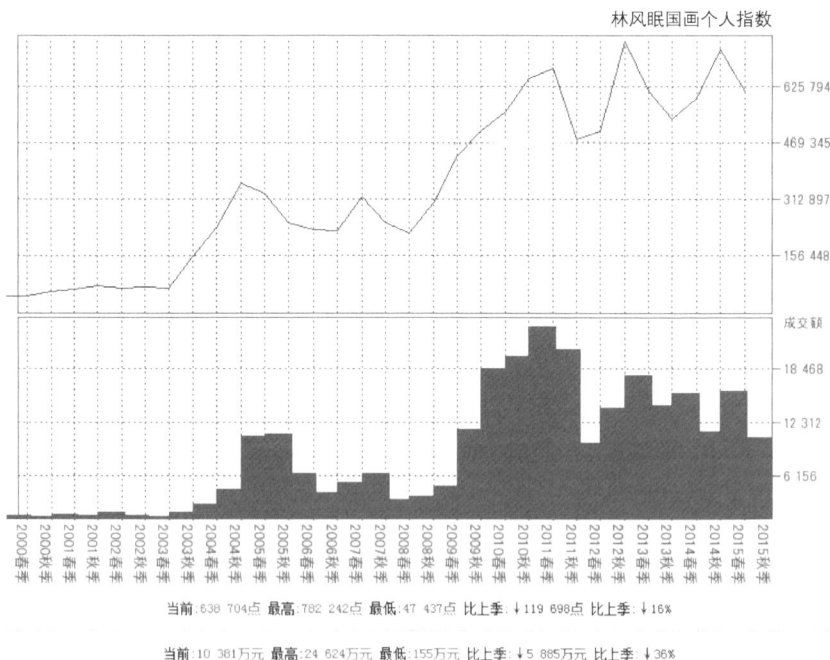

当前：638 704点　最高：782 242点　最低：47 437点　比上季：↓119 698点　比上季：↓16%

当前：10 381万元　最高：24 624万元　最低：155万元　比上季：↓5 885万元　比上季：↓36%

图8-7　2000—2015年林风眠国画个人指数（成交额：RMB万元，指数：元/平尺）
数据来源：雅昌艺术网，统计时间2015年10月。

林风眠 《火烧赤壁》 成交价
1 491万元 香港苏富比 2013年

林风眠 《五美图》 成交价1 446
万元 香港苏富比 2013年

林风眠 《渔获》 成交价1 682
万元 香港苏富比 2013年

林风眠 《人物风景花鸟》 成交价1 72.5万元 西泠印社 2014年

五、第五位：潘天寿（1897—1971年）

潘天寿先生

潘天寿，1897年生于浙江宁海。1915年考入浙江省第一师范学校，受教于经亨颐、李叔同等人。其写意花鸟初学吴昌硕，后取法石涛、八大山人。学百家之长，却另辟蹊径，形成自己独特的语言作品。他擅长写意花鸟和山水，人物较少，尤善画鹰、八哥、蔬果及松梅。近几年拍卖作品成交价第一名的《鹰石山花图》就是此类题材的最佳代表作。他构图清新苍秀,气势磅礴,常以勾线作矩形石块成为画面主题,不加皴擦,用淡赭石敷色,加以浑圆苔点点缀,号称"潘公石"。

表8-8 潘天寿书画拍卖成交额前十名作品

排名	作品名称	装裱/材质	尺寸(厘米×厘米)	拍卖日期	拍卖公司	成交价(万元)
1	《鹰石山花图》	镜心/设色纸本	182.3×141.8	2015-05-17	中国嘉德	27 945
2	《鹰石图》	镜片/设色纸本	110×300	2015-12-13	上海嘉禾	11 500
3	1964年作《劲松》	立轴/设色纸本	207×151	2015-11-15	中国嘉德	9 315
4	1961年作《朝霞》	横披/设色纸本	144×195	2015-11-15	中国嘉德	6 900
5	《秃鹰》	立轴/设色纸本	96×89	2012-12-16	北京盛天泰	5 520
6	1959年作《江天新霁》	镜心/设色纸本	72×241	2011-12-05	北京保利	4 715
7	《西子湖中所见》	镜心/设色纸本	171×65	2013-11-16	中国嘉德	4 025
8	1928年作《墨牛图》	立轴/水墨纸本	260×86	2012-10-18	上海崇源	2 875
9	1962年作《指画鹰石图》	立轴/设色纸本	214×48	2010-05-17	中国嘉德	2 800
10	1956年作《欲雪》	立轴/设色纸本	82×81	2012-12-03	北京保利	2 760

数据来源:雅昌艺术网。

据不完全统计,2015年中国艺术品拍卖春拍整体艺术品总成交额约为244亿元,为2011年以来的最低谷,同比2014年春缩水27%(见图8-8)。但令人惊喜的是,市场中依然出现了3件过亿的拍品,其中一件

潘天寿 《鹰石山花图》 成交价2.79亿元 中国嘉德 2015年

潘天寿 1964年作《劲松》 成交价9 315万元 中国嘉德 2015年

潘天寿　《朝霞》　成交价 6 900 万元　中国嘉德　2015 年

潘天寿　《秃鹰》　成交价 5 520 万元　北京盛天泰　2012 年

潘天寿国画个人指数

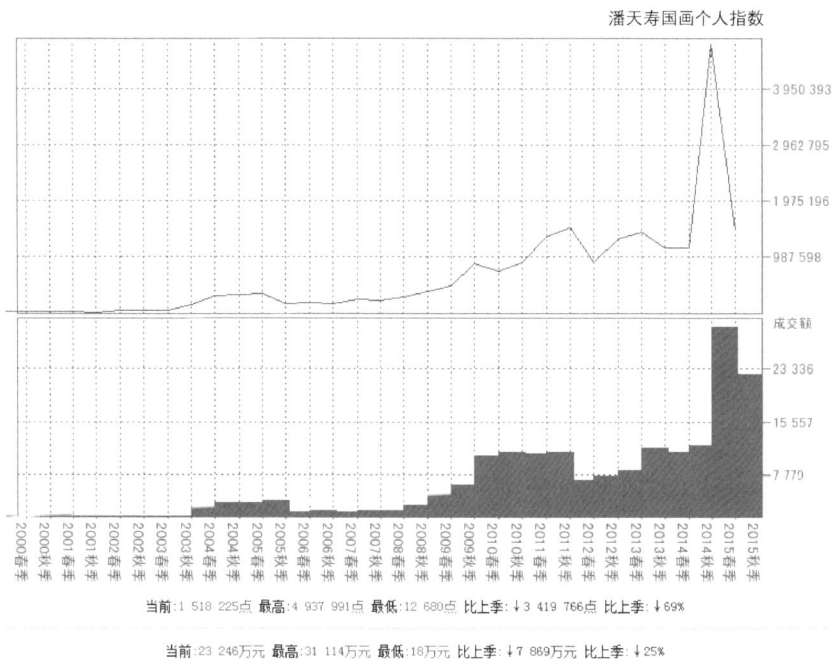

当前:1 518 225点 最高:4 937 991点 最低:12 680点 比上季:↓3 419 766点 比上季:↓69%

当前:23 246万元 最高:31 114万元 最低:18万元 比上季:↓7 869万元 比上季:↓25%

图8-8　2000—2015年潘天寿国画个人指数（成交额：RMB万元，指数：元/平尺）
数据来源：雅昌艺术网，统计时间2015年10月。

就是潘天寿拍卖成交榜第一名的《鹰石山花图》，以2.79亿元在中国嘉
德成交。这也再次证明了只要作品精，在美术史上占有一定地位，流传
有序，即使在宏观经济调整的大背景下精品佳作依然能有好的价格成
交。潘天寿这件作品在10年期间，增长了23倍。作品的本体艺术价值
是第一位，另外买主的长期持有也是不可忽略的重要因素。中国拍卖
艺术品市场20余年的数据表明，长期持有的艺术品更易获得较高回报
（见表8-9），艺术投资成功与否，时间差是一个重要的考量因素。同样，
短期持有和快速转手投资失败的案例也比比皆是。如成交额排名第三
位的吴昌硕作品前两位，都是1917年作《花卉》屏风12扇，2010年在
保利以3 696元成交，2014年再次出现在拍场上，以3 852.5万元成交
（见表8-8），扣除各方佣金和每年货币增值利率来说，是一个高风险的
投资案例。

在中国近现代书画部分板块,潘天寿是继齐白石、张大千、徐悲鸿、傅抱石、黄胄、李可染之后,又一位进入亿元俱乐部的近现代画家。自2000—2008年,潘天寿作品在拍卖市场上一直表现平平,波动不大,2009—2011年开始有所回升,2009年上拍作品73件,成交60件,成交率82.19%,成交额8 780.68万元;2010年上拍作品95件,成交81件,成交率85.26%,成交额2.04亿元,较上年度成交额同比上涨132.35%;2011年上拍作品77件,成交60件,成交率77.92%,成交额2.09亿元,比上年度成交额基本持平。2013年经历小幅下调,终于沉寂多年之后在2015年迎来了市场表现最佳期,上拍60件,成交43件,成交率71.67%,成交额5.43亿元,创历史新高(见表8-9)。在中国艺术品书画市场整体调整回落的情况下出现两幅过亿元的作品,实属难得。此次上海嘉禾拍出1.15亿元的《鹰石图》也是上海拍卖20余年首次出现的亿元拍品,再次证明精品佳作在市场中表现的坚挺性,也为调整期间低迷的艺

表8-9 2015年秋拍,不同持有期作品投资收益情况对比

	作品总数	投资成功数量	成功率	平均年复收益率	标准差	最高收益率	最低收益率	风险收益比
3年以下	78	30	38.46%	−6.33%	0.533 2	2.984 0	−0.975	/
3—6年	80	41	51.25%	1.74%	0.136 2	0.394 4	−0.417 0	7.834 3
6年以上	42	36	85.71%	14.28%	0.119 0	0.382 0	−0.179 0	0.833 6

潘天寿 《鹰石图》 成交价1.15亿元 上海嘉禾 2015年

术品拍卖市场注入一针强心剂。在艺术品拍卖市场回落调整之际，艺术家作品的成交额普遍下降，但精品依旧高价成交，作为市场硬货，不受影响。

潘天寿一生中作品数量相对于同时期其他画家来说不多，历年来上拍量从未逾百件，非常有限。且创作大多为研究类，应酬作品少。从2000—2015年，潘天寿作品的上拍量仅817件。以极少的数量却能位列海派画家拍卖成交额的前十名，可见其作品的净值之高。据不完全统计，2000年春—2015年秋，潘天寿上拍作品817件，成交589件，总成交额15.2亿元，成交率72%，成交均价每平尺77.38万元，拍卖总成交额位列海派书画家第五名。

六、第六位：谢稚柳（1910—1997年）

谢稚柳，1910年出生于江苏常州武进的书香世家。他既是近现代中国画坛的大师，也是古书画鉴定界的权威，具有丰富的绘画创作经验和理论建树。其父谢柳湖是清末秀才，为当时的著名诗人。表伯钱振锽（又名钱名山）是江南著名学者，设讲坛于常州东郊寄园，谢稚柳

谢稚柳先生

在寄园生活、学习了六年。16岁那年在寄园初次观赏到了陈洪绶的一幅《梅花》真迹，令他爱不释手，对他早年绘画风格有着很大影响，所以谢稚柳早年的作品多能看出一副老莲之态。后追溯至宋画，继而又着力五代董源、巨然，下至元、明、清诸家，笔墨日臻成熟。1942年，谢稚柳应张大千之邀赴敦煌考察石窟壁画后，为敦煌壁画之精美绝伦所震撼。晚年他又研究徐熙"落墨法"，画风由工笔转向写意。谢稚柳一生举办个人画展近20次，在书画界产生过重要影响。据不完全统计，2000年春—2015年秋，谢稚柳上拍作品3 511件，成交2 655件，总成交额15.07亿元，成交率76%，成交均价每平尺14.1万元，拍卖总成交额位列海派书画家第六名。

谢稚柳的作品大致可分为三种主要风格，早期的仿陈老莲画风、中期的宋元之风、晚年的徐熙落墨风格。其早期作品较少，且价位不高，未能形成稳定的市场力量。而高价位作品中多为中期取宋元之风作品，这一时期的谢稚柳在创作上汲取古代传统绘画之精华，画风扎实稳健，很好地展示了画家对于古人成法的精到理解，其用意之高古，取向之平正可见一斑。以其作品成交情况最佳时间点2011年春、秋两季作品成交情况来看，早期作品市场流通少、晚期作品流通量较多，市场价格以中期作品成交额最多，据不完全统计，中期作品价格是晚期作品价格的近1倍。在其拍卖成交额前十名作品中，也是中期宋元之风作品占领主要位置，有7件的份额，而晚年徐熙落墨风格作品3件。

谢稚柳花鸟画市场价格相对稳定，从2000年的花鸟画精品均价在每平尺1.3万元到2010年的每平尺14万元来看，与其山水画相比，升值幅度并不算高。但其早年学陈老莲一路的设色花鸟画与中年所作学仿宋人的荷花一直受到市场的热捧，个别精品甚至能达到每平尺百万的价格。如2012年在香港苏富比拍卖的《藕塘图》，十三平尺，总价高达1 337万元。但是，在拍卖市场中也发现谢稚柳花鸟画的赝品较多，且涵盖各个时期，这在某种程度上也拉低了他的市场拍卖均价。但是对于来源清晰、开门见山的谢稚柳花鸟画真迹，仍然受到市场追捧。

谢稚柳 《藕塘图》 成交价 1 337 万元 香港苏富比 2012 年

谢稚柳人物画传世极少,1942 年张大千邀请他赴敦煌考察壁画艺术,开敦煌学研究风气之先,他的人物画创作也随之进入高峰。谢稚柳的人物画取法唐人,以佛像、高士、仕女居多,造型准确,刻画细致,设色雅致,仪态雍容。如 1943 年作《南无观世音菩萨》(8 平尺),2011 年北京诚灏拍卖行拍出 1 150 万元。1949 年作《旗亭赌唱图》(10 平尺),2005 年上海崇源拍卖行拍出 1 100 万元。

谢稚柳在拍卖市场,2005 年拍卖总成交额达到短暂的高峰,上拍作品 368 件,成交 308 件,成交率 83.7%,成交额 1.33 亿元,每平尺均价 9.47 万元,成交额同比去年上涨 61.8%。2006—2008 年期间受市场影响,出现下挫。2009—2011 年其市场行情开始大放异彩,2011 年为其价格最高点,作品上拍 355 件,成交 286 件,成交率 80.6%,每平尺均价 26.18 万元。2012 年春短暂回落,2012 年秋立刻调整态势迅速上涨(参见图 8-9)。随着谢稚柳在中国近现代美术史上地位的进一步确立和作品流通精品量的减少,谢稚柳书画作品的整体行情必将稳步上涨,市场前景值得期待(见表 8-10)。

谢稚柳 1943 年作《南无观世音菩萨》 成交价 1 150 万元 北京诚灏 2011 年

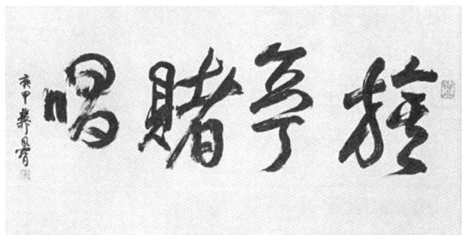

于稚柳 《旗亭赌唱图》 成交价
100万元 上海崇源 2005年

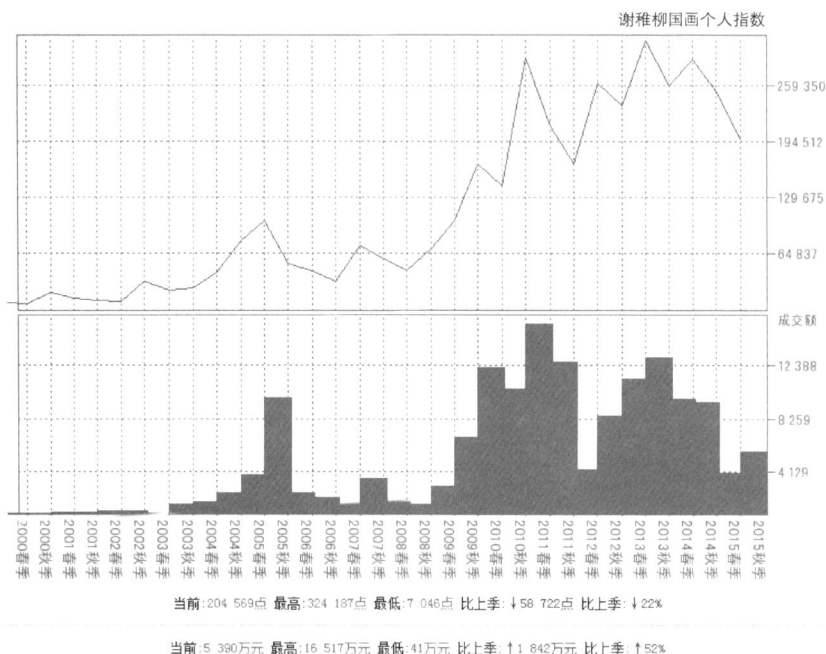

当前:204 569点 最高:324 187点 最低:7 046点 比上季:↓58 722点 比上季:↓22%

当前:5 390万元 最高:16 517万元 最低:41万元 比上季:↑1 842万元 比上季:↑52%

图8-9　2000—2015年谢稚柳国画个人指数（成交额：RMB万元，指数：元/平尺）数据来源：雅昌艺术网，统计时间2015年10月。

表8-10　谢稚柳书画拍卖成交额前十名作品

排名	作品名称	装裱/材质	尺寸（厘米×厘米×厘米）	拍卖日期	拍卖公司	成交价（万元）
1	20世纪50年代作《山水花鸟册》（八开）	册页/绢本	39.2×29.2×8	2011-07-10	北京卓德	6 900
2	《仿宋山水花鸟册》	册页/绢本	39.2×29.2×8	2011-05-22	中国嘉德	4 600
3	1951年作《江山多娇》	镜心/设色纸本	165×656	2010-06-02	北京保利	4 592
4	1978年作《虬松图》	镜心/设色纸本	169×375	2011-07-15	河南日信	3 700
5	1982年与陈佩秋合作《书画合璧》（二十七开）	册页/设色纸本	45×33×27	2012-11-23	北京银座	3 680

续 表

排名	作品名称	装裱/材质	尺寸(厘米 × 厘米 × 厘米)	拍卖日期	拍卖公司	成交价(万元)
6	1973年作《红白荷花开共塘》	镜片/设色纸本	93.5 × 179	2012-12-26	上海宝龙	2 875
7	《江行初雪》	手卷/设色绢本	画心25.5×360;引首25.5×90.5	2013-12-21	上海嘉禾	2 530
8	1981年作《江山多娇》(通景八屏)	设色纸本	165 × 656	2005-07-30	中贸圣佳	1 760
9	1945年 作《海棠双鹎》	立轴/设色纸本	133 × 65.5	2013-12-21	上海嘉禾	1 667
10	1994年 作《晴窗揽胜》	镜心/纸本	124 × 248	2014-12-03	北京匡时	1 667

数据来源: 雅昌艺术网。

谢稚柳　1951年作《江山多娇》　成交价1 760万元　中贸圣佳　2005年

谢稚柳　1978 年作《虬松图》　成交价 3 700 万元　河南日信　2011 年

谢稚柳　《仿宋山水花鸟册》　成交价 4 600 万元　中国嘉德　2011 年

七、第七位：吴湖帆（1894—1968年）

吴湖帆，出生于江苏吴县（今苏州），初名翼燕，字遹骏，号东庄，后更名万。为著名大学者、书画家、金石家、鉴藏家吴大澂之孙。深厚的家学渊源，让吴湖帆从小就对古书画产生浓厚兴趣。年轻时已因临摹古画远近闻名，并精于鉴定，为自己的每一件藏品或留下研究心得，或用日记或写鉴定手稿或直接题跋。据统计，他鉴定过的古代书画达到2 000多件。

张大千曾说过最为佩服的"两个半画家"中，第一个就是吴湖帆，可见吴湖帆在当时的地位之高。吴湖帆主攻山水画，师从陆恢，又从"清四王"入手，继后学董其昌一脉，上追唐宋，深受董源、巨然、郭熙等大家影响。画风格高韵清、秀丽丰腴，有"画坛圣手"之名。与吴子深、吴待秋、冯超然并称为之"三吴一冯"，以他们为首主导了这一时期的海派书画创作，在规模与数量上都要超过任伯年、吴昌硕所主导的时代。吴湖帆早年绘画以临摹古画为主，基本不出正统派的藩篱。到了20世纪三十年代中后期画风开始转变。1936年其成名作《云表奇峰》在《美术生活》发表，标志着他开始摆脱传统束缚，寻找新的突破口。这一时期，他在美术界已有相当的威望和地位。20世纪40年代至50年代中期可谓其创作的鼎盛时期，期间他创作了多幅精品和代表作。纵观吴湖帆历年拍卖成交价格前十名作品，大部分创作于这一时期。1961年，吴湖帆不幸中风，之后体力日亏，对其艺术创作来说有着重要改变，此前画作偏于精细缜密的画法耗费精力较大，自此之后开始转向大写意画法。从绘画内容来说，市场上对其临摹的古画十分推

吴湖帆先生

崇,尤其是中晚年有自我面目的代表作市场表现尤佳。据不完全统计,2000年春—2015年秋,吴湖帆上拍作品2 043件,成交1 494件,总成交额11.15亿元,成交率73%,成交均价每平尺28.08万元,拍卖总成交额位列海派书画家第七名(以上各见表8-11,图8-10)。

表8-11 吴湖帆书画拍卖成交额前十名作品

排名	作品名称	装裱/材质	尺寸(厘米×厘米×厘米)	拍卖日期	拍卖公司	成交价(万元)
1	1954年作《富春山居图》	手卷/水墨纸本	30.5×707.8	2011-11-17	北京翰海	9 890
2	1957年作《玉屏秋色》	立轴/设色纸本	93×46.5	2011-09-21	北京诚灏	4 082.5
3	1943年、1944年郑午昌、冯超然、吴湖帆、齐白石等合作《贞松永茂》	四册一百九十二幅 册页水墨、设色纸本	29.5×39×192	2010-05-16	中国嘉德	4 032
4	郑午昌、吴湖帆、张大千、贺天健合作《山水四屏》	设色纸本	71.5×43.5×4	2011-05-19	北京翰海	3 220
5	1939年《春云烟柳》	立轴/设色纸本	132×66	2013-04-06	香港天成	2 224
6	1939年《春云烟柳》	立轴/设色纸本	132×66	2011-12-14	上海朵云轩	2 530
7	1954年《稼轩词意图》	镜片/水墨纸本	79×132	2014-06-30	上海敬华	2 415
8	1944年《石壁疏松》	镜片/设色纸本	95×4	2011-06-28	上海天衡	2 277
9	1947年作《古树层峦》	镜心/设色纸本	48×106	2012-05-12	中国嘉德	2 070
10	1936年作《临五牛图卷》	手卷/设色纸本	22×217.5	2012-12-27	上海朵云轩	2 012.5

数据来源: 雅昌艺术网。

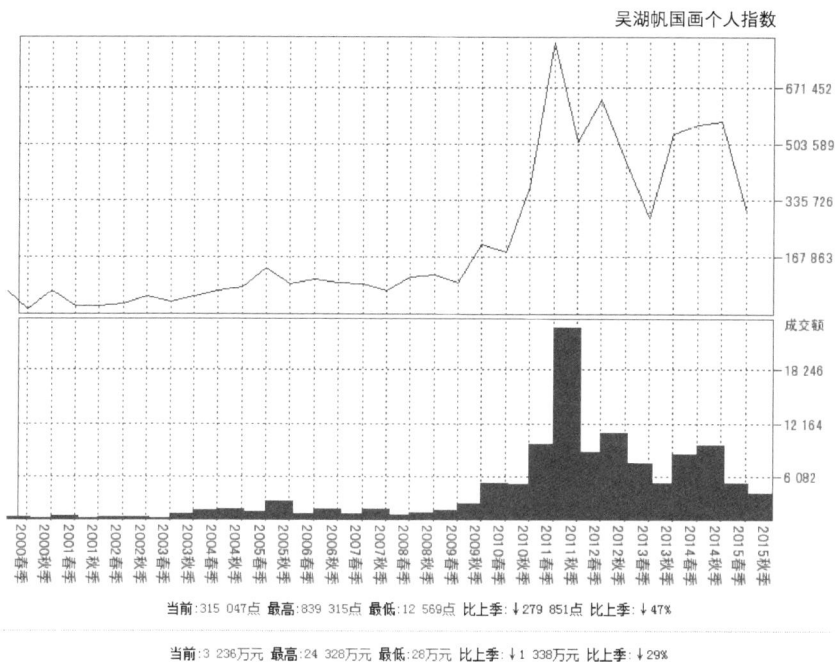

吴湖帆国画个人指数

当前:315 047点 最高:839 315点 最低:12 569点 比上季:↓279 851点 比上季:↓47%

当前:3 236万元 最高:24 328万元 最低:28万元 比上季:↓1 338万元 比上季:↓29%

图8-10　2000—2015年吴湖帆国画个人指数（成交额：RMB万元,指数：元/平尺）
数据来源：雅昌艺术网,统计时间2015年10月。

　　吴湖帆在同期的海派书画家中,其润例一直是执牛耳者,早在民国之际,就动辄以金条来计,当时其一件作品抵得上齐白石十张作品。到20世纪80年代,吴湖帆的作品开始进入拍卖市场,1988年其《梅花通景四屏》在香港佳士得以3万港币成交。据香港收藏家王世涛回忆,香港大收藏家朱昌言在20世纪80年代曾以9万港币购入吴湖帆六尺金粉山水《万松金阙》,在当时也实为高价。但在内地艺术品市场,吴湖帆的画作进入大众视线较晚,直到近十年才重新受到画坛和藏界的关注。从数据上看,吴湖帆作品市场从2009年开始呈现稳步上升的态势,2011年达到最高峰,上拍作品230件,成交183,成交率79.57%,成交额3.39亿元,每平尺均价61.51万元,成交额同比2010年上涨74%。此年北京瀚海上拍的《富春山居图》手卷,以9 890万元成交,创下吴湖帆拍卖作品历史最高成交额纪

吴湖帆 《万松金阙》

录。随后的一年,吴湖帆拍卖成交作品的平尺单价达到历史高位39万元,即便在整体市场不景气的2013年也保持了每平尺33万元的价格。随着吴湖帆作品的价值近年来重新被挖掘出来,市场认可度在逐步增强,价格回归价值只是时间的问题。2014年上海朵云轩春拍推出"朱昌言旧藏吴湖帆书画专场",此场近20件吴湖帆的作品全部成交,创出了"白手套"佳绩。其中1958年作《大龙湫》(2平尺)以1 150万元成交,1953年作《花卉四屏》(4.7平尺)以1 437.5万元成交,1953年与周炼霞合作《荷花鸳鸯》(5平尺)以1 035万元成交。

吴湖帆 《富春山居图》 成交价9 890万元 北京瀚海 2011年

吴湖帆 《大龙湫》
成交价 1 150 万元
朵云轩　2014 年
（左图）

吴湖帆 《荷花鸳鸯》
成交价 1 035 万元
朵云轩　2014 年
（右图）

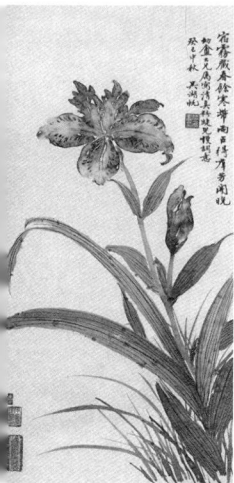

吴湖帆　《花卉四屏》　成交价 1 437.5 万元　朵云轩　2014 年

八、第八位：程十发（1921—2007年）

程十发，1921年出生于上海松江的中医世家。父亲雅好丹青，程十发从小耳濡目染，喜爱绘画。1938年考入上海美术专科学校。美专毕业后，程十发潜心于书画研究，临摹了大量历代名迹。20世纪50年代，新中国主张美术要"抛弃旧趣味"，山水、花鸟画被认为是"缺乏生命力的士大夫趣味"，一度被看成是"落后画种"，人物画在"国画改

程十发先生

革"运动中备受重视。程十发采用了中国画的传统画法开始了连环画创作。他对人物、动物、植物造型的把握上感受到陈老莲的影响，又擅于将文学、历史、戏剧、民间传说等情节入画，用笔沉着浑穆、粗细结合，色彩辛辣奔放。到了20世纪80年代，他对笔墨、线条的运用已炉火纯青。如2014年在香港佳士得拍出1 150万元高价的《补衮图》就是这一时期的代表作，笔触稚拙却后劲十足，作品布局经营丰富宏大。

近年来拍卖场上程十发的作品山水、人物、花鸟皆有。在人物画中，程十发以少数民族人物和历史神话人物创作的题材较多，这部分题材在市场上的流通量和受欢迎度最高，高价位作品中比重也最大，其次山水，再次花鸟。花鸟画价格迄今为止拍出最高价的是2011年在上海恒利拍出的1992年作《万紫千红册》，以471.5万元成交。

程十发创作的红色题材作品市场表现也十分值得关注。2014年在西泠印社拍出的《欢迎毛主席》，以1 380万元成交。他与陆俨少、张大千、谢稚柳合作《山水（四屏）》，2011年在中贸圣佳拍卖会上以1 680万元成交。2012年在上海宝龙拍卖拍出的1958年作《炉前宣

誓》，以690万元成交。2011年在北京保利拍出的《她在丛中笑》，以460万元成交。2014年在西泠印社拍出的1970年作《南湖红船》，以345万元成交。红色革命题材的作品由于主题性强，也拥有了一批固定的收藏群体。每每登场，都有不俗的成绩。

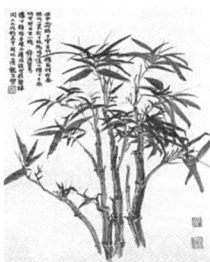

程十发 《万紫千红册》 成交价471.5万元 上海恒利 2011年

程十发、陆俨少、张大千和谢稚柳合作 《山水（四屏）》 成交价1 680万元 中贸圣佳 2011年

程十发 《欢迎毛主席》
成交价1 380万元 西泠
印社 2014年

程十发 《炉前宣誓》 成交价690
万元 上海宝龙 2012年

程十发 《南湖红船》 成交价345万元
西泠印社 2014年

程十发 《她在丛中笑》 成交价
460万元 北京保利 2011年

程十发是一位多产的画家,大量的市场流通作品导致了其高价作品并不明显,迄今为止千万级以上作品也仅两三件。一方面程十发非常勤勉,每日上午闭门作画;另一方面其性情豁达,遇到求画者一般都不拒绝。据其家人统计,他创作的连环画、插画,若以张数来计算,有3 000—4 000张;国画有5 000—6 000张。

2005年,程十发1957年创作的40开册页《召树屯和喃婼娜》,也是其创作的第一套少数民族题材的连环画稿,以高价1 100万元在中国嘉德成交,高于起拍价7倍,创下其个人作品拍卖最高纪录,同时也创造了连环画原稿拍卖的最高纪录。程十发的连环画改变了很多人对于连环画不登大雅之堂的看法,他一生创作了大约30余部连环画作品。连环画的创作促使程十发大量深入社会生活写生,搜集创作素材,为他日后的创作打下了坚实的基础,提供了创作源泉。这也是海派前十位画家中唯一一位在世拍卖成交额过千万的画家。据不完全统计,2000年春—2015年秋,程十发上拍作品4 827件,成交3 550件,总成交额10.18亿元,成交率74%,成交均价每平尺6.77万元,拍卖总成交额位列海派书画家第八名(见表8-12,图8-11)。

表8-12　程十发书画拍卖成交额前十名作品

排名	作品名称	装裱/材质	尺寸(厘米×厘米×厘米)	拍卖日期	拍卖公司	成交价(万元)
1	陆俨少、程十发、张大千、谢稚柳合作《山水(四屏)》	设色纸本	131×66;136×68×3	2011-04-30	中贸圣佳	1 680
2	1958年作《欢迎毛主席》(十八页)	册页/设色纸本	43.5×33×18	2014-12-13	西泠印社	1 380
3	1957年作《召树屯和喃婼娜》画稿	镜心/纸本	34×25×40	2005-09-10	中国嘉德	1 100
4	1978年作《迎佳宾》	镜片/设色纸本	189×304	2014-06-29	上海天衡	805
5	《三釜书屋杂画册》册页(十二开)	册页/设色纸本	33×48×12	2010-06-21	北京长风	761.6
6	1982年作《补衮图》	镜框/设色纸本	170×90	2014-05-26	佳士得香港	748
7	1958年作《炉前宣誓》	立轴/设色纸本	109×107	2012-06-25	上海宝龙	690
8	1958年作《傣族婚礼图》	镜框/设色纸本	86×35	2012-10-19	上海崇源	690
9	1977年作《苍松图》	镜片/设色纸本	182×97	2010-12-14	上海东方国际	672
10	1989年作《秋山图》	立轴/设色纸本	137×67	2015-05-08	上海嘉禾	644

数据来源:雅昌艺术网。

程十发国画个人指数

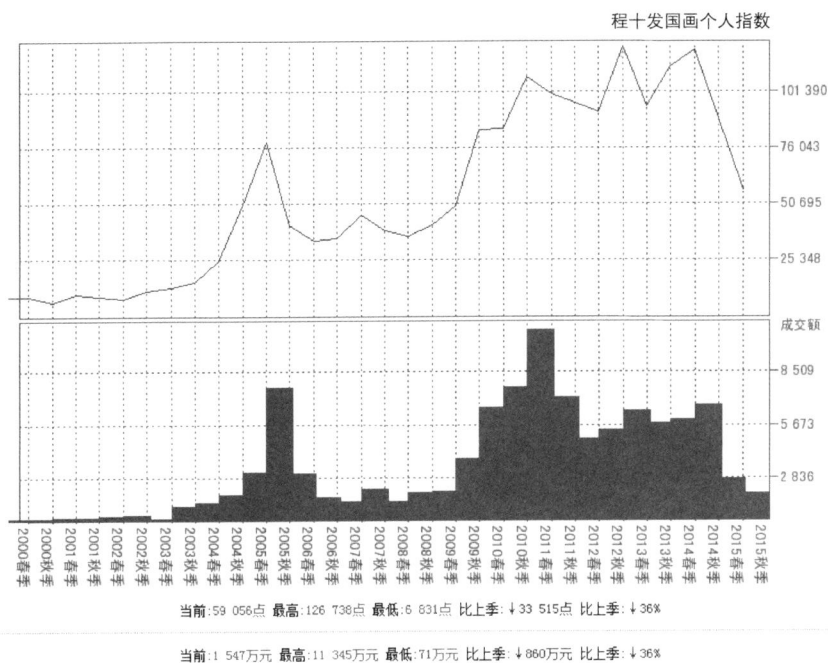

当前：59 056点　最高：126 738点　最低：6 831点　比上季：↓33 515点　比上季：↓36%

当前：1 547万元　最高：11 345万元　最低：71万元　比上季：↓860万元　比上季：↓36%

图8-11　2000—2015年程十发国画个人指数（成交额：RMB万元，指数：元/平尺）
数据来源：雅昌艺术网，统计时间2015年10月。

九、第九位：任伯年（1840—1895年）

任伯年，初名润，字小楼，后改名颐，字伯年。浙江山阴（今绍兴）人。其花鸟、山水、鱼虫、走兽、人物绘画，无一不能亦无一不精，而且工、写皆擅，大小皆宜。他出身于民间手艺人家，10岁时，其父就传授"写真术"替人画肖像，这种技艺培养了他对事物的细微观察和复写能力，为其日后作品中写真功底和笔墨的真实感打下了坚实基础。26岁师从任薰学画，此时多画肖像和仕女，但作品还没有形成自己的风格特色。中年时，他在上海以鬻画为生。一生困于生计，造成了他的艺术创作以市场为主要导向的特征，多创作一些平民大众喜闻乐见的绘画题材，大多造型生动有趣，深受市民和新贵阶层喜爱。他的人物画取自老莲、新罗一脉，自成一家，有很强的世俗性；山水画早年师法石涛，中年后兼取明沈周、丁云鹏、蓝瑛，后上追元代吴镇、

任伯年先生

王蒙；花鸟画立意独特，早年以工笔赋彩见长，吸收宋人花鸟技法，以重墨勾勒轮廓，后来吸收恽南田没骨画法，以及青藤、白阳、朱耷的写意画法，笔墨趋于简逸、放纵，设色偏淡雅，形成兼工带写的格调。

任伯年成名较早，创作的黄金时期是在19世纪80年代，他当时的润例在市场上可以说是最高的，每平尺约3元大洋，当时二三流的书画家润例约1元左右。即便如此高价，求画者依然众多。此时创作题材广泛、常用隐喻手法揭露深刻的社会问题。到了19世纪90年代，创作大量花鸟画，画风更加大胆，技法达到了炉火纯青的境地。任伯年在20世纪80年代的作品已进入国际艺术品市场，香港苏富比和佳士得当时几乎每年都有任伯年的画作上拍。1986年海外市场第一次拍卖，任伯年的《人物册》在香港苏富比以16万港元成交。1988年其精品成交价已突破70万元。1993年内地艺术品首次拍卖，二级市场的形成和扩张滋养了艺术品市场，上海朵云轩推出的任伯年《花鸟草虫册》以104.5万元高价成交，在当时创下这样的成交额实属不多。1994年《福从天降》成交价30.8万元，1995年《渔父图》成交价65万元。1996年《麻姑献寿图》在香港苏富比，以95.5万元成交。2001年后，百万元作品频频成交。直至2010年秋，才首次出现过千万的作品，其《人物山水花鸟十二开册页》在上海天衡以1 075.2万元成交。2011年达书画作品行情达到历史新高，上拍作品155件，成交109件，成交率70.32%，成交额2.9亿元，每平尺成交均价51万元。同年，任伯年首件过亿拍品出现，浙江西泠印社推出的《华祝三多图》以1.667 5亿元高价成交，较上次拍卖价格同比增长83%。这幅作品曾是上海大收藏家钱镜塘的收藏，也是钱家2 000多件任伯年画作中最为出彩的一件,被认为是其艺术生涯中的巅峰之作。在任伯年书画拍卖成交额前十名的作品中,此件作品上拍过三次。此外,书画成交额第五名任伯年1891年作《玉兰双禽》也在拍卖场上出现过两次,较上次拍卖价格同比增长71.05%。从任伯年作品的重拍的一

任伯年 《花鸟草虫册》 成交价 105万元 朵云轩 1993年

任伯年 《福从天降》 成交价30.8万元
朵云轩 1994年

任伯年 《渔父图》 成交价65万元
朵云轩 1995年

系列数据中也可见其作品收益率非常高。自2011年《华祝三多图》缔
造了其单幅作品高价的神话后,其拍卖行情受整体市场行情调整虽有
下滑迹象,但开始回归理性和平稳发展状态,精品力作价格基本都已
过千万。据不完全统计,2000年春—2015年秋,任伯年上拍作品1 749
件,成交1 185件,总成交额8.65亿元,成交率68%,成交均价每平尺
4.99万元,拍卖总成交额位列海派书画家第九名(以上参见表8-13,
图8-12)。

任伯年 《华祝三多图》 成交价1.667亿 西泠印社 2011年

任伯年 《玉兰双禽》 成交价2 127.5万元 北京九哥 2012年

任伯年 《人物山水花鸟十二开册页》 成交价1 495万元 上海恒利 2011年

表8-13 任伯年书画拍卖成交额前十名作品

排名	作品名称	装裱/材质	尺寸(厘米×厘米×厘米)	拍卖日期	拍卖公司	成交价(万元)
1	《华祝三多图》	镜片/设色绢本	212.5×106.5	2011-07-16	西泠印社	16 675
2	1880年作《五伦图》	立轴/设色纸本	168.5×83.5	2011-11-13	中国嘉德	3 220
3	《华祝三多图》	镜片/设色绢本	212.5×106.5	2005-07-30	中贸圣佳	2 860
4	《华祝三多图》	镜片/设色绢本	212.5×106.5	2008-08-30	山东天承	2 419.2
5	1891年作《玉兰双禽》	立轴/设色纸本	205×120	2012-06-28	北京九歌	2 127.5
6	1891年作《花鸟》	四屏立轴/设色纸本	246.5×117.5×4	2012-10-07	中国嘉德	1 725
7	《人物山水花鸟纨扇册》	册页/设色绢本	直径26×12	2011-04-26	上海恒利	1 495
8	《花鸟三屏》	立轴/纸本	133.5×64×2；135×66	2015-06-06	北京匡时	1 265
9	1887年作《棕阴纳凉图》(吴昌硕小像)	立轴/设色纸本	110×55.5	2012-12-30	西泠印社	1 092.5
10	《人物山水花鸟纨扇册》	册页/设色绢本	直径26×12	2010-12-15	上海天衡	1 075.2

数据来源：雅昌艺术网。

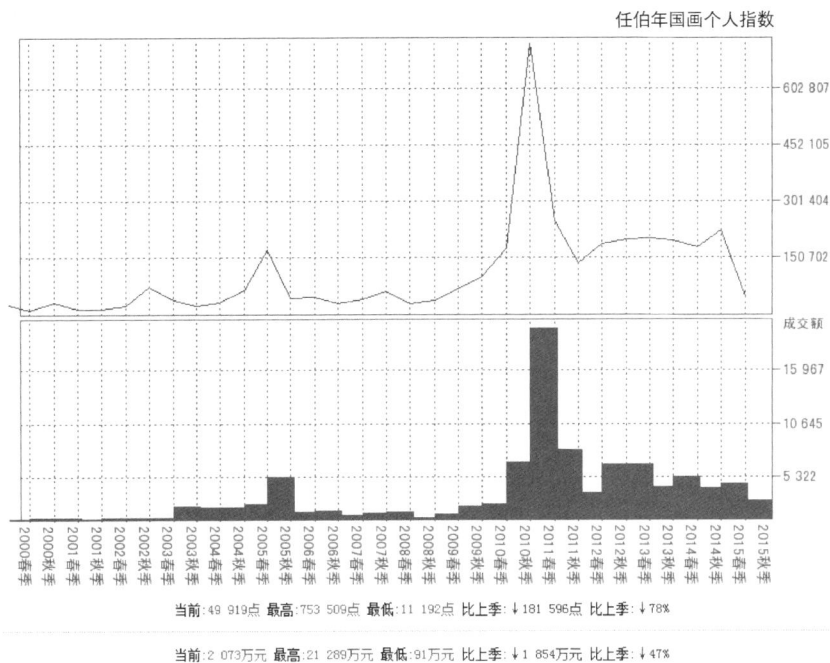

任伯年国画个人指数

当前: 49 919点 最高: 753 509点 最低: 11 192点 比上季: ↓181 596点 比上季: ↓78%

当前: 2 073万元 最高: 21 289万元 最低: 91万元 比上季: ↓1 854万元 比上季: ↓47%

图 8-12 2000—2015 年任伯年国画个人指数（成交额：RMB 万元，指数：元/平尺）
数据来源：雅昌艺术网，统计时间 2015 年 10 月。

十、第十位：唐云（1910—1993 年）

唐云，浙江杭州人，著名收藏家、鉴赏家。学名侠尘，号药翁、老药、大石、大石翁。其八岁学画，多年临摹打下了传统中国绘画的根基。青年时曾与姜丹书、潘天寿、来楚生等组成"莼社"从事书画创作活动，画技日进。唐云早年生活于杭州和上海，1938 年正式移居上海，以鬻画为生，直至 50 年代初。移居上海前，唐云主攻山水画，学黄公望、石涛等，但作品颇少流传。移居上海后，主攻花鸟，兼作山水。其花鸟取法八大山

唐云先生

人、金冬心、华新罗诸家,山水自元四家入手,兼涉明代沈石田、清代石涛,人物亦出此脉。

从唐云绘画的风格演变大致可分为三个时期:第一阶段为20世纪30年代至50年代初期,这一时期作品俊秀明丽、潇洒多姿,逐渐形成自己的风格。第二阶段为50年代至70年代,此时多写生之作,风格渐趋热烈浓丽,进入高峰状态,把文人画笔墨与大众偏好的亮丽色彩融为一体。第三阶段为70年代后,仍多作花鸟,山水减少,偶作写意人物。随着唐云晚年的名气越来越大,慕名求画者络绎不绝,应酬之作增多,画风也趋于粗犷与浑朴。据不完全统计,2000年春—2015年秋,唐云上拍作品5 090件,成交3 730件,总成交额5.04亿元,成交率73%,成交均价每平尺3.5万元,拍卖总成交额位列海派书画家第十名(以上参见表8-14,图8-13)。

表8-14　唐云书画拍卖成交额前十名作品

排名	作品名称	装裱/材质	尺寸(厘米×厘米×厘米)	拍卖日期	拍卖公司	成交价(万元)
1	1971年、1976年作《革命圣地册页》(八页)	册页/设色纸本	46.5×35×8	2011-12-30	浙江西泠	575
2	《四绝》手卷	手卷/设色纸本	25.5×480	2012-11-25	保利香港	437
3	1988年作《山水花鸟四图卷》	手卷/设色纸本	37×522	2011-06-03	北京保利	402
4	《松鹤图》	镜心/设色纸本	248×123.5	2011-12-23	上海宝龙	402
5	《花卉动物》(十六开)	册页/设色纸本	18×24×16	2010-06-21	北京长风	392
6	《荷塘玄鹭》	镜心/设色纸本	93.5×177.5	2012-12-08	荣宝斋上海	379
7	1959年、1960年、1961年、1964年作《活趣》(二十四开)	册页/设色纸本	27×36×24	2011-07-01	上海道明	350

续　表

排名	作品名称	装裱/材质	尺寸（厘米×厘米×厘米）	拍卖日期	拍卖公司	成交价（万元）
8	1990年作《荷塘玄鹭》	镜心/设色纸本	64×177	2013-12-04	北京匡时	328
9	1976年作《井冈山龙潭》	立轴/设色纸本	116×58	2013-05-11	中国嘉德	322
10	《山水人物花鸟册》（十三开）	册页/设色纸本	24×36×13	2011-04-26	上海恒利	322

数据来源：雅昌艺术网。

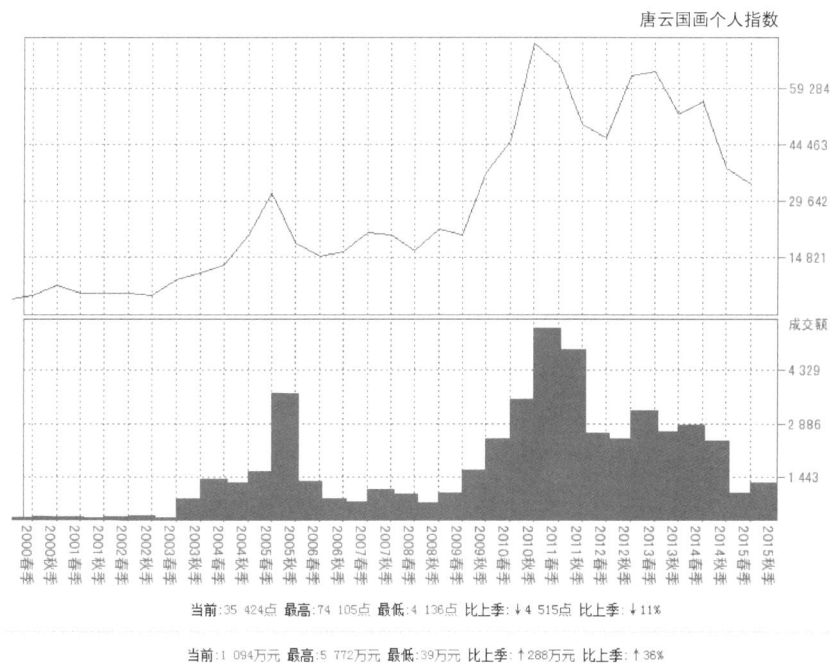

图8-13　2000—2015年唐云国画个人指数（成交额：RMB万元，指数：元/平尺）
数据来源：雅昌艺术网，统计时间2015年10月。

　　唐云作品早在20世纪90年代就拍出百万元的高价，1997年朵云轩推出唐云《秋水鹭鸶图》以105.6万元成交，而当时大部分作品仍徘徊于数万元的价格。2004年唐云的作品上拍量从2003年的208件增

唐云 《秋水鹭鸶》 成交价105.6万元 朵云轩 1997年

长到470件,几乎增长1倍,带动成交额的增长。2005年唐云作品继续放量带来了其个人书画成交的首个高峰,其后调整回落,又经过一段时间的调整,2009年春开始向上攀升并于2011年春再创新高。2011年上拍作品425件,成交342件,总成交额1.09亿元,每平尺均价7万元,成交额同比上年6 057万元增长79%。在海派十大书画家中,唐云是作品上拍量和成交量最多的一位,但成交额尚处于中等价位。无论从艺术成就还是社会影响力方面判断,唐云的画作在目前的艺术市场上还远没有达到其应有的价位,属于"潜力股"的范畴。

唐云是本章所论海派十位大家中唯一无千万级别作品成交的一位,最高价位是2011年浙江西泠印社拍卖的《革命圣地册页》(八页),以575万元成交,每平尺均价近50万元。此幅革命题材山水创作于"文革"时期,花鸟画因被批为"封资修"而不能画,唐云赋闲在家创作了此幅作品,此画可见唐云山水画的深厚功力。据不完全统计,截止2015年底,唐云作品百万级以上的作品共计122件。其拍卖成交额前十名的作品绝大部分为花鸟题材,唐云笔下的花鸟造型鲜活、线条飘逸、色彩亮丽、饱满而酣畅,一直是市场比较青睐的题材。这些高价作品中,以松鹤为主题的作品颇受市场欢迎。唐云对仙鹤的造型也是把握得十分准确到位,尤其是松鹤的脖颈十分的鲜活,羽毛简洁而且韵味十足。作品看起来不仅灵动，而且带有苍厚之感。如2011年上海宝龙《松鹤图》以402.5万元成交，2013年浙江西泠印社《松龄鹤寿图》以322万元成交。松鹤寓意吉祥，作品一般尺幅较大，颇受藏家和市场欢迎。

唐云　《革命圣地册》　成交价575万元　西泠印社　2011年

唐云 《松龄鹤寿图》 成交价322万元 西泠印社 2013年

唐云 《松鹤图》 成交价402.5
万元 上海宝龙 2011年

一切历史都是当代史,我们在回忆海派绘画辉煌的过去同时,也看到众多海派书画家在现今艺术市场上的状态与走势。虽然画家的市场价值不能简单以平尺价格比较,但作品价格也是佐证艺术品市场最直接的数据,是从另一层面对其作品再认识的过程。海派绘画在中国美术史上的地位毋庸置疑,其作品的独特性和艺术品位,来源于这个特定的城市、特殊的时期,反映了社会主流的审美取向和文化诉求。随着我国宏观经济的调整和艺术市场的逐步成熟,买家愈加理性谨慎,在学术上具有一定地位、存世作品达到一定量、之前被低估的海派书画作品,将会愈加彰显其实力和竞争力。

(海派十大书画家部分作品重复上拍收益率见"附录"中附表9。)

第九章

世界华人收藏家大会创办始末

（祝君波）

2007年秋至2016年末，在上海市委宣传部领导下，成立组委会创办并召开了5届世界华人收藏家大会，以盛世收藏为主题，为全球华人收藏家搭建了一个交流平台。前后10年历经5届，上海为全球华人收藏和艺术市场作出了贡献。虽然世界华人收藏家大会后来停办，也可谓是历史性贡献，阶段性成果。中国嘉德拍卖的陈东升先生在2010年的收藏家大会说："艺术品拍卖在上海起步，后来被北京超越。现在上海创办的世界华人收藏家大会，为上海取得了平衡。"举办世界华人收藏家大会以来所有的往事，至今回忆起来仍历历在目。

　　大约是在2007年10月的某天下午，时任上海市委宣传部部长的王仲伟同志约我谈话。谈话是海阔天空式的，地点在番禺路上的皇冠假日酒店咖啡厅，谈话主题是王仲伟同志让我以我的工作经历，为上海在文化方面的发展提出建议。我当时已调任东方出版中心工作，但对收藏还是有一点积累。我说现在会议项目或者会议文化影响力很大，比如财富论坛、世界报人大会、世界工程师大会之类，但都是外国人主持的，能不能由我们上海发起世界收藏家大会，或者至少是世界华人收藏家大会。上海作为一个国际文化大都市，应该发起几个属于自己的会展，而不是都跟着老外走。世界收藏家是个大概念，目前尚没有会议组织，办起来影响会很大。一是因为收藏家层次很高，二是收藏家是独立人群，三是收藏又可讲又可看（展品），四是中国有十三亿人口，很多人喜欢收藏，对参会者有吸引力。

　　王仲伟同志听了以后说，你的设想很好，但恐怕我们现在没有条件开世界收藏家大会，可以考虑先召开世界华人收藏家大会。他说完以后又约我次日去看办公场地，还说不要动用东方出版中心的资金，第一届可以由宣传部拨款，以后逐步创收。第二天在娄山关路虹桥俱乐部，他把

706室的钥匙给我,还给了一辆丰田面包车,真是说干就干。王仲伟同志是我在出版局工作时的老领导,他的魄力和行事风格给我留下深刻印象。

一、首届大会的筹备和召开

嗣后,我根据王仲伟同志的意向,分别去找了陈东同志、陈启伟同志和陈燮君同志,听取他们的意见,希望给予指示。陈东同志很热情,也很直率,后来她担任收藏家大会组委会主任,我们共事四届八年,合作很愉快。从第一届开始,她就比较放手,每年与她见二三回,大事情请她定,办成了事,也成了朋友。启伟同志那时在新闻办工作,对收藏也有些经验,第一届他参与很多,我们设在周六上午的工作例会他都来参与,与我一起决定一些大事,给予很多支持。

第一届世界华人收藏家大会定于2008年10月召开,但对于这次大会如何开,我们没有底。起先我们也有过组织江浙沪艺术家展览的设想,后来觉着意义不大就放弃了。早期参与大会筹备的人员有谢定琨、石建邦等人,召开了几次专家座谈会,最后定位大会的核心层是高端收藏人群,以台北清翫雅集、台湾中华文物学会、香港敏求精舍、求知雅集的会员为参照,以论坛、出版和展览为大会的主要活动。于是,我和一些朋友进行了组织联络工作。记得我曾在2008年春参加美国书展的同时,拜访了美国西部和东部的收藏家、艺术界朋友,比如丁绍光、曹仲英、陆芳耕、刘冰、钟秀雄、冼程万、李定和、余翠雁等,通过我的老朋友张子宁先生,联络了美东地区的收藏家,如冯英祥、马成名、邓仕勋、黄杰英、唐贝洽、林秀槐等人,征求他们关于会议如何举办的意见,最重要的是希望他们来上海参与活动。

在北京,我拜会了耿宝昌、王世襄、夏更起、陈东升、王雁南、杨伯达、滕方、米景扬、傅熹年等。耿老还为我们题词"海纳百川,有容乃大"。当时王世襄和徐邦达先生都还健在。记得我去看王世襄先生的时候是下午,天比较热,他家没开空调,他穿着汗衫出来见我,答应做大会顾问,还为我们题了一首诗,印象极其深刻。

2008年首届世界华人收藏家大会会场

2010年世界华人收藏家大会会场

　　我还去了一次香港,拜会敏求精舍时任会长,葛师科先生等都在场。但会长不热情,不想参与我们大会。后来李大鸣先生是那届唯一代表敏求来参会的会员,他也担任过两届主席。李先生也是大收藏家、企业家,收藏古陶瓷量多质高,但没有一点架子。与我个别交谈以后,我们很快建立了友谊。他在第一届大会上的讲话,给我很大的鼓励。

祝君波拜访著名鉴定
家傅熹年先生

祝君波拜访书画艺术
家陈佩秋先生

祝君波拜访艺术家、收
藏家韩天衡先生

而求知雅集在陈嘉康会长支持下,会员热情很高,我到港时他们在顶好酒店聚会欢迎,到会人很多,听我介绍设想,他们态度很积极。除此以外,我还拜会了张宗宪、王世涛、罗仲荣、戴世豪和彭可兆先生,他们都是藏界重要人物,对我们大会表示支持。

首届大会的主题确定为"收藏:感知文明,怡养情致"。这也讨论了好久,郑重等先生在开会的时候主张收藏是怡情、玩玩的事,也有把收藏定位很高的意见,后来两者结合,既有保护文明物证的功能,也有玩赏的一面,这就给会议留有很大的讨论空间。

大会的主办机构确定为上海文化发展基金会,发起机构为上海市文物管理委员会、上海市文化广播影视管理局、市政府新闻办和上海市文联,宣传部副部长陈东为组委会主任,副主任为四个发起单位的领导陈燮君、朱咏雷、陈启伟、杨益萍。我担任秘书长,负责具体工作。此外,上海十五家机构的负责人都担任委员,阵容很强大。

为了开好这个会,我组织了一个兼职的秘书团队,包括朱晓东、顾莹莹、沈毓琪、沈婧、翟红婴、倪淑颖、刘德媛等。另外,我的硕士生程沁参加了会议的后半段筹备,后来成为几届大会的中坚骨干。因为我平时工作很忙,我们都在每周六开会,平时分头工作。每周抓进度。当时重点抓了三项工作:一是大会论坛设计;二是名家的"口述收藏";三是大会征文。

2008年10月8日—9日首届大会开得很成功,取得了意想不到的效果。一是松散的、各自为政的华人收藏家,总算有一种组织形式把大家联系在一起。二是大会在新落成的刚开过"财富论坛——世界500强"的上海国际会议中心召开,效果很好。收藏家戴世豪先生说,我们在海外从来不开大会,这次进了国家的大会堂,感受很深。三是大会的演讲者都是藏界的巨头,可以让大家一睹他们的风采,三大本的大会资料珍贵,质量高,分量重,大家爱不释手。四是最后一天到苏州参观贝聿铭设计的苏州博物馆、忠王府以及在忠王府听昆曲和评弹,也留下了赏心悦目的一页。加上上海各大报都是组委会成员,也给予积极的报道,一时收藏家大会声名鹊起。

对我个人而言,当时担任东方出版中心的总经理(相当于社长)和党委书记,为首届大会投注无数的心血,绝大部分工作在业余时间完成,但对首届大会能否成功颇有忐忑,收到这样的效果则是事先意想不到的。

龚学平、王仲伟、沈晓明等同志都来赴会,对我们肯定有加。龚学平同志在会前约见我们,了解了设想,给予了指导。后面几届他也一直指导关心这个会议项目。陈永泰、李大鸣、蔡一鸣、余秋雨、丁绍光、马未都、杜南发等先生都来演讲,增加了大会的分量。这些人平时请一位都难,我们居然请来了十几位,心里真是乐开了花。令人感动的是旧金山的曹仲英先生也来大会发言,讲得很生动,也许是他第一次登上祖国大陆的大会场,讲得很动情。我认识他有二十余年,他特地说了君波先生相邀,他不得不来。第二届大会时,他已过世了。我至今还想念他。王世涛、戴世豪先生是香港上市公司的老板,公司业务那么繁忙,他们居然在这里坐了两天,听完所有演讲。

2008年首届世界华人收藏家大会

翁铁慧女士为2008年世界华人收藏家大会致辞

工仲伟、沈晓明、陈东二位领导写了贺词。王仲伟同志出席了开幕式，沈晓明同志因事未出席大会，但当天出席了晚宴。开幕式由市政府副秘书长代表宣读了讲话。

首届世界华人收藏家大会顾问有丁绍光、王世襄、王雁南、冯英祥、杨应群、张海、陈佩秋、陈永泰、范季融、罗仲荣、饶宗颐、耿宝昌、徐邦达、黄君实、黄光男、傅熹年、潘公凯等先生（女士）。

主题演讲的嘉宾有余秋雨、丁绍光、马未都、洪三雄、李大鸣、曹仲英、杜南发、郎绍君、张锐、石允文、陈燮君、萧春源、王雁南、王定乾、张子宁、许杰和郑重等先生（女士）。

专题演讲的嘉宾有任道斌、赵榆、钱道明、徐政夫、董国强、翁真如、章利国和潘深亮等先生。

杨澜与收藏家对话的嘉宾有杨立群、邓仕勋、张宗宪、杨休、孙海芳和蔡一鸣等先生。

曹可凡与鉴定家对话的嘉宾有黄君实、萧平、陈佩秋、傅益瑶、张浦生和米景扬等先生（女士）。

2008年大会以"收藏：感知文明，怡养情致"为主题，以收藏文化研究为主旨，成为全球华人收藏家及业界精英的首次聚会，并入选当年度中国网、新华网、《收藏界》等国内16家媒体联合推选的"2008影响

2008年世界华人收藏家大会的嘉宾席。左起：尹明华先生、陈佩秋女士、余秋雨先生、王仲伟先生、龚学平先生、龚心瀚先生、翁铁慧女士

2008年世界华人收藏家大会的嘉宾席。左起：周慧珺女士、陈永泰先生、洪三雄先生、王雁南女士、陈嘉康先生、李大鸣先生、蔡一鸣先生

中国收藏界十大事件"、台湾地区《艺术新闻》杂志"年度十大艺术新闻"和《雅昌艺术网》AAC艺术中国2008年度十大艺术事件。首届大会与会代表621人，其中港澳台地区118人，欧美地区44人。与会媒体100余家、到场记者140余位。与会者总计800余人，可谓盛况空前。

美国收藏家曹仲英先生在首届世界华人收藏家大会上作主题演讲

香港收藏家李大鸣先生在首届世界华人收藏家大会上作主题演讲

大会就收藏涉及的宏观问题和专业问题进行研讨,分析发展趋势,总结收藏经验,阐述独到见解,并回答与会代表的提问。演讲是这届论坛的亮点之一,演讲嘉宾总计37人。演讲涉及的内容有① 大会主题及收藏文化;② 收藏学科和历史;③ 收藏经验和感想;④ 新观点和建议。

在会前组委会已印制了三本文献,发给与会代表,合计收入118篇原创性文章。其中包括①《收藏文化研究》,从收藏历史、收藏地域、收藏门类、收藏中介等多个角度,尽可能全方位展现华人收藏的沿革、现状和特色,由理论研究专业人士撰稿,字数33万;②《收藏理论研究》,从社会学和美学的角度,对收藏的主客体进行研究,是向部分对收藏文化有研究、有见地专业人士的特邀稿件,字数17万;③《大会采访录》,是对海内外60余位收藏家、艺术家、鉴赏家、经纪人所做的专题采访,以实录的形式整理出版。内容包括收藏故事、收藏理念、收藏经验、收藏家与艺术家和市场的关系等等，字数37万。这些采访透析出收藏家的执着、智慧、经验和个性，记录了他们的艰辛、痛苦和欢乐，是人们了解收藏家，进入收藏天地的生动教材。

会后，组委会综合了《收藏文化研究》《收藏理论研究》和《大会采访录》出版了《名家谈收藏（经验篇）》（上、下），《名家谈收藏（文化篇）》（上、下）四本书。

2008年秋正是中国收藏事业即将爆发式增长的时候，我们推出了大会品牌，得到了各界的响应。比如余秋雨先生、丁绍光先生都来演讲，而且不要演讲费，很少见。杨澜女士也是免费出场，为我们主持了一场嘉宾圆桌会议，很成功。她为人谦虚，专门与几位嘉宾共进午餐做了充分准备，我也由此对杨澜深有好感。这次大会除了论坛，大会的出版物做得很好，首次推出了大会采访录，实际上就是口述收藏史，对包括王世襄在内几十人的采访，受到好评。还出了两本论文集，也很有分量。我自己的那篇《收藏家的创意性劳动》，也是我历年论文

2008年世界华人收藏家大会的收藏家对话会。左起：主持人杨澜女士、蔡一鸣先生、张宗宪先生、邓仕勋先生、杨休先生、孙海芳先生、杨应群先生

首届世界华人收藏家大会大会集体照

中最好的几篇之一。最后一天到苏州博物馆参观、听评弹,把活动推向了高潮。很多名家都随团活动,包括王雁南女士、彭可兆先生。大家意犹未尽,希望以后大会继续开下去。

　　不久,王仲伟同志调到北京工作,他希望我们把大会开下去,争取有一天转向召开世界收藏家大会,这以后,我心里总有一种压力。

2008年大会,组织收藏家们到苏州博物馆参观、听评弹

二、第二届大会的筹备和召开

2010年11月5日—6日，第二届世界华人收藏家大会在上海展览中心成功举行。大会以"收藏——历史传承和时代创新"为主题，旨在展现华人收藏家在传承中华文明中所做的贡献和注重与时俱进，推动华人收藏事业的深入发展。

第二届大会的组织架构有了一点变化，上海文化发展基金会退出主办，原来的上海文管会等四家机构成为主办机构。文联委派陈志强同志担任秘书长，我担任执行副主任。大会吸引了600余位来自全国各地以及海外的业界人士和收藏爱好者参加，大会盛况和精彩纷呈的内容引起了包括电视、电台、报纸、杂志、网络在内的两百多家媒体的关注和一致好评。并荣获中华人民共和国文化部《艺术市场》杂志"2010年度十大艺术事件"，雅昌艺术网"2010艺术给力上海"年度事件以及"AAC艺术中国2010年度十大艺术事件"。上海市委宣传部将其评为2010年上海市重大文化活动之一。大会组委会执行副主任祝君波先生荣获台湾《艺术新闻》杂志评选的"2010十大风云人物"。

时任上海市政协主席的冯国勤同志参加大会并致开幕词。市委常委、宣传部长杨振武同志参加了会前一天的欢迎晚宴，招待了主要嘉宾约50人，并发表欢迎致辞。

中华五千年灿烂的文化，收藏事业起了功不可没的历史作用，应该给予肯定和总结。同时，时代的巨大变迁也使收藏面临着新变化和新情况，还需加以关注和探讨。因此，这届大会旨在体现过去与未来收藏活动的相互关系，总结历史上收藏的经验和理论，研究现在收藏的新情况、新问题，并就此提出新思想和新对策。主题演讲嘉宾有曹兴诚、陈东升、何家良、张五常、丁绍光、陈燮君、张宗宪、章利国、唐·帕特里夏、马自树、王少方、对中如云和阎振堂先生（女士）。

参与"收藏与鉴定"专题论坛的嘉宾有萧平、孙梅芳、杨凯琳、罗青、徐建融、吴继远、赵月汀、李超、任道斌、潘深亮和黄金源先生

（女士）。

参与"收藏与市场"专题论坛的嘉宾有龚继遂、张立行、赵榆、李鸣、马天、徐政夫、赵力、马健、徐文强、顾之骅、萧晖荣和陈念先生（女士）。

参与"收藏大家谈"的嘉宾有翁真如、罗启研、朱奎、黄博钧、陈鹏举、张夏帏、王时骊、赵爱国、杨新发、刘波、肖大力、杨永年和陈明成先生（女士）。

参与"古代书画鉴定"的嘉宾有傅申、马成名和劳继雄先生。

收藏家对话的嘉宾有杨伯达、陆芳耕、李大鸣、王薇、葛师科、张临生、黄蕙英等先生（女士）。

2010年，大会编撰出版了《大会论文集》《大会采访录》《中国收藏学初探》《京沪收藏家藏品邀请展图目》和《大会演讲录》。主办方还邀请了京沪两地27位收藏家的411件珍稀藏品参加展出，展品包括书画、瓷器、犀角雕、印章、文玩、铜镜、家具等十余种品类，此类齐集众多高端私家收藏的展览在国内尚属首次。龚学平、龚心瀚等老领导与会，

2010年收藏家大会举办的京沪收藏家藏品邀请展

为展览开幕剪彩。会后,与会者参观了浙江省博物馆,欣赏了古琴演奏和越剧表演,宾主欢聚一堂,气氛融洽热烈。

第二届大会在第一届的基础上展开,不是白手起家了,但难点在于要有超越。我们把工作的重点放在收藏展、筹款和论坛上。

我们设计了"京沪收藏家藏品邀请展"。首先是选好人,根据我们的经验,选了27人。但如何选好藏品,减少争议,实际上难度很大。这也是私人展一贯的难题。国有博物馆有固定的藏品,鉴定、研究都方便,而我们27位私人藏家的东西无法集中预检。最后想出一个办法,有难度的都拍照背对背请人评议。于是,由丁国兴先生把展品逐一拍照、编目送给专家鉴定。以书画为例,当时请了钟银兰、萧平、张荣德、徐伟达等先生共同把关,有不同意见的就考虑不展,有争议的只展不印图录。瓷器杂项也是如此。这样,411件展品选出来质量一流,反响很好。这也是上海地区举办的质量比较高的私家收藏。展览还碰到安全问题和保险问题。当时保费只有30万人民币,但要保的文物量大质高。我们还是说服藏家给予支持,降低底价。比如任伯年的《华祝三多图》当时估价1亿,我们说服物主降到5 000万,展览结束后这件书画藏品在西泠印社拍到了1.7亿元人民币。保险公司接受保险是在展览布展前的几天,差点办不成。另一个问题是安保。我们大会秘书处不是法人团体,自身没有固定的员工,但我们还是担起了责任。当时展览是在上海展览中心的西二馆底楼举办的。我们加装了探头,同时加强了夜间值班,由东方出版中心的应新华处长负责安保,他是责任心极强的人,做了周密的方案,认真移交清点文物,晚上派了四人通宵值班,还租了一条警犬巡逻,确保了五天布展和展览的成功。为了这个展览,沈毓琪大姐和胡韶光先生准备了一年。从鉴定、借展到布展、撤展,每个环节都做了方案,终于确保了展品安全。为了把北京十墨山房的展品运来上海,应新华、沈毓琪两位租了专车,接展品、还展品跑了两趟。虽然艰难,但这个展览为该届大会添了彩。

第二届大会的大会论坛和专业论坛品质特别高。第一天大会论坛请到了曹兴诚、陈东升和张五常、丁绍光4位重要嘉宾作主题演讲。我在台湾出差时，专门去曹府拜访，曹先生陪我参观他号称"小故宫"的家庭收藏。他的收藏以铜佛、青铜、瓷器和当代艺术为主，面比较广，但收藏以"美"为线索。经过沟通，曹先生对我们大会有所认识，答应来上海演讲，他是一位有思想的收藏家，演讲以《古代艺术品的现代性》为题，有高度。张五常的演讲大受欢迎。很多人只知道他是经济学家，不知他是位大收藏家，尤其在古代书画、林风眠及陈逸飞等作品的收藏方面很有成就。他演讲的题目是《收藏的信息费用和仓库理论》，内容很专业，他认为乾隆是个收藏的"大仓库"，与乾隆相关的收藏要超过梵高和莫奈。他认为林风眠也是个"好仓库"，即值得投资的艺术门类。可惜他是用广东话演讲的，虽有其夫人同步翻译，但还有很多人反映听不懂。但是陈东升听得很认真，在发言中给予高度评价，说这是第一位大经济学家对收藏做了理论阐述。陈东升那时已是业界大咖，我也专程到北京去见他和王雁南两位，因为90年代我们分别创办拍卖事业，与他、秦公一起出席内贸部、文物局的会议，结识较早。那时嘉德已在领跑中国拍卖业，他又创办了泰康人寿保险公司，身价百亿。到大会来演讲也很成功，他主要讲经济与艺术品市场同步发展的现状与趋势。因为他是能做能说的人，在国务院搞过研究，所以讲得不错。此外丁绍光、张宗宪、王少方、章利国等先生的演讲也都很精彩。当时我们委托中国美院的章利国先生撰著了《中国收藏学初探》，章教授在会上做了一个解读性演讲。第一天大会结束时，通过了《大会宣言》，这是这届大会的首创，后来成为一个惯例。《大会宣言》委托陈鹏举先生起草，专家讨论修改，听取意见。在大会上获得一致通过。

这次大会主会场在锦沧文华大酒店，展览和分论坛设在展览中心。次日上午的专业分论坛同步开了4场。分别有40人分成四组演讲。但我们也担心大会论坛以后，分论坛听众不足。结果我会前到各组看一下，大多听众爆满。我在书画鉴定专场听讲，这一场安排在友谊厅底层

张五常先生在2010
年世界华人收藏家
大会作主题演讲

曹兴诚先生在2010
年世界华人收藏家
大会作主题演讲

丁绍光先生在2010
年世界华人收藏家
大会作主题演讲

2010年世界华人收藏家大会的专家对话会。左起：主持人王明清女士、王薇女士、李大鸣先生、杨伯达先生、陆芳耕先生

会场，由张子宁先生主持，安排了三位重量级的演讲嘉宾，台北傅申先生、美国的马成名先生和劳继雄先生。他们的题目很吸引人。我1988年即认识傅申先生，当我约他演讲时，他说只给我45分钟时间是不够的，起码要有2小时演讲黄庭坚《砥柱铭卷》的辨真问题。于是，我们讨论给他1.5个小时。傅申的演讲很精彩，他早先怀疑《砥柱铭》为赝品，后来又肯定它为真品，致使保利将之拍到4亿多人民币。一时媒体界议论纷纷。那天，傅申先生用大量的事实以及PPT证明此件为真品，听者全神贯注，会场静极了。随后马成名先生讲了另一个热点，从曾巩《局事帖》的回流探索文物回流之路。当时《局事帖》刚刚拍出1.08亿的高价，而马先生就是1996年在纽约佳士得经手此件拍卖50万美元的。他的演讲也吸引人。而劳继雄先生讲中国古代书画鉴定组的八年巡回鉴定经历，总结了谢稚柳、徐邦达、启功等老先生的鉴定思想，也很成功。后来其他各组向我报告，演讲质量高，听众互动好，效果意想不到的好。

下午，我陪大家去浙江博物馆参观，因该馆古琴收藏馆展有古琴五十多把，我们在浙博演讲厅组织了一场表演，包括古琴演奏和越剧清唱，来宾感到赏心悦目。晚上，西泠拍卖行陆总安排了晚宴招待，还有民乐演出，气氛十分融洽。

三、第三届大会筹备及召开

第二届大会成功以后，我在考虑下一届大会应该走出上海，面向海外。把会议推向海外，有助于品牌输出，同时调动当地的资源。当时考虑最合适的地方是港台，因为收藏家比较集中，对大陆的收藏界人士吸引力也比较大。如果第三届在上海召开，效果肯定要打折扣。正巧我听说2012年是台北清玩雅集收藏团体成立20周年，台湾收藏界相较香港的敏求雅集而言，要开放很多，而敏求一贯稳健也比较保守。但台北也有人认为开不起来，没有大陆这样的组织能力。我经过几次与曹兴诚先生交往，彼此比较熟识了，就向他提出下届可否在台北开。他信心满满，说"当然可以，谁说台北开不好啊！"

从此以后，我们便把在台北开会定为目标。当然两地的差异很大，后来证明困难也是不少，可贵的是被我们双方一一克服了。

要召开这样一个跨地区的会议，一是必须建立一个合作机制，于是在台北成立了大会筹备组，主任委员曹兴诚，委员主要是中华文物学会和清玩雅集的会长、副会长，包括王定乾、石允文、李明德、林木和、洪三雄、施俊兆、翁明显、张益周、潘文华诸位先生。我们确定双方每周经常交流情况，回答对方的提问以及要求。二是必须有明确的分工。双方原则同意会务工作由台北方面为主，大会主题、论坛、内容、出版、论文仍由上海方面全面负责。三是清玩雅集20周年的展览图册和专业论坛纳入大会的活动。四是会务费用。台北方面赞助我们50间宾馆客房，免费提供会场，安排一次招待会，为与会代表在台北故宫博物院组织"故宫之夜"专场参观。我们还把《旺报》列为协办机构，以林美姿小姐为主，组织对台北收藏家的采访，每篇采访录先在报纸发表，尔后收入上海的大会采访录。

分工中,虽然上海对大会有领导权和掌控权,但台北方面还是充分理解的,所以总体上配合得非常好。由于曹兴诚先生以及清玩雅集(仅30多人的高端收藏家团体)和台湾中华文物学会(200多人)在台湾的知名度和影响力,一些有难度的工作都解决了。① 第一天晚上的欢迎宴在喜来登酒店举行,我们去了460余人,加上全球各地来宾680余人,组织得很好。② 佳士得、苏富比拍卖行各赞助台方18万美金,加上国内拍卖行保利、嘉德、匡时、西泠的赞助,会议费用得到了保证。为此,我们在喜来登酒店主场为6大拍卖行各做了一块巨幅广告以示回报。③ 大会文献4本,都由李维琨、张国樑和丁峰预先去台北通过我朋友王承惠先生安排印制出来,避免了大陆大批量印制品运送台北的困难。④ 两市市领导上海韩正和台北郝龙斌、丁庭宇都写了献词,印在会刊上。丁副市长还到会致辞以示祝贺。

第一天大会主题论坛很成功,一是因为我们确定了"收藏,回归人文的精神家园"的会议主题,这在四届大会里是提炼得最好的一次,不断地被发言者提及。同时选择了阮仪三、周功鑫、姜昆、马未都、刘益谦、曹兴诚这些有影响的嘉宾演讲;二是通过了《台北宣言》,显示了全球华人收藏家尤其是两岸收藏家的团结和共识。在传承中华文化上,收藏界高度一致,会议气氛极好。我的心情也很放松。当天晚上,在艾美酒店安排上海方面的宴请,也有400多人参加。第一天大会论坛结束,一切顺利,我紧张了好久的心终于放下来。

这次大会有三个分论坛,胡志祥先生因为签证问题而未能出席,华人收藏市场专题论坛中他关于上海市场的报告临时由我代述,我不得不上场。结果我那天表现还不错,香港伍加恩小姐也说我讲得很好。另外,清玩雅集一组在主会场的表现也相当不错。

大会期间,我们参观了清玩雅集20周年庆藏品展,他们出了四本图册,准备工作很充分。但展厅设在历史博物馆,面积太小,很多藏品没有充分展示。

2012年第三届世界华人收藏家大会在台北举办

2012年世界华人收藏家大会举办的对话会

2012年第三届世界华人收藏家大会时举办的清玩雅集廿周年庆收藏展

　　24日下午去台北故宫博物院的参观则令我们终生难忘，应该说曹先生他们安排得很好。下午3点，用10余辆大巴把客人带到台北故宫博物院，400多人坐得满满当当，先听冯明珠院长做了《故宫的前世今生》的演讲，她借助PPT讲得非常清晰、全面，很精彩。而后陈东主任致答谢词，我认为她这次脱稿讲话也精彩。主持人是潘文华先生。在他们讲完以后，潘会长特地说，这次会议的成功，全靠一位幕后人物，他就是上海的祝君波先生。这两年筹备，我们感受到他的辛勤付出和才华。于是，大家热烈鼓掌，把我请出来。两年来辛苦的日日夜夜，也就是在这一刻，感到了放松和愉悦。会议以后，"故宫之夜"开始，台北朋友出了100多万台币以及依靠他们的面子（很多人给台北故宫博物院捐过文物），安排我们全体人员独享台北故宫博物院仿膳晚宴（全包），并且参观各馆。这是多么高的礼遇啊！多少年后，许多与我同往的大陆同胞说起这次经历都激动不已。我记得那晚的一个细节，曹先生特地嘱人把我从馆中找来，在仿膳同桌吃饭。饭后，我与他还有青铜器专家陈佩芬女士一同观赏青铜器，听他们两人切磋意见，那种悠闲、宁静真是难得。此事至今回想起来还历历在目。

2012年10月22日—24日，第三届世界华人收藏家大会首度移师台北喜来登酒店，以"收藏，回归人文的精神家园"为主题，围绕人文精神的回归等内容，总结中国文人收藏的传统精神，倡导坚持收藏责任和职业操守，获得了空前的成功。大会由上海市政府和台北市政府共同担任指导单位，上海世界华人收藏家大会组委会主办，上海文管会等四家机构为发起单位，台北市文化基金会等3家协办，这是海峡两岸的一次文化交流盛会，也是全球华人收藏界最为隆重的一次世纪聚会，吸引了来自世界各地的华人收藏家、艺术家以及业界人士660余人参加。两岸媒体，如《解放日报》《文汇报》《新民晚报》、中天电视台、凤凰卫视、东森电视台、《艺术新闻》《典藏》《旺报》都给予大会充分翔实的报道。台湾《艺术新闻》杂志称此次大会为"2012十大艺术新闻""堪称全球世界华人收藏界最大盛事"；上海市台办等单位将其评为"2012年度沪台交流十大新闻"；上海市文联将其评为"2012重大文化活动项目"。

会议认为当今收藏越来越呈现出与投资相结合的多元倾向，这是经济社会发展的必然结果。但收藏的本源和目的在于人文精神，即保护人类的物质遗产，提升人们的文明素养。这是收藏机构和收藏家存在的根本价值。主题演讲的嘉宾都是著名收藏家、专家，有阮仪三、周功鑫、马未都、刘益谦、包铭山、曹兴诚、王雁南、童衍方、张丁元、姜昆、张益修、翟健民、郑重、陈浩星、伍嘉恩和杜威先生（女士）。

参与"清玩雅集·中华文物学会专场"专题论坛的嘉宾有石允文、林明哲、施俊兆、王耀庭、陈百忠、熊宜敬等先生。

参与"专场对话会"的有何国庆、潘文华、翁明显、王定乾、高玉珍和黄天才先生（女士）。

参与"收藏与文化"专题论坛的嘉宾有陈鹏举、汪涛、张子宁、傅申、游世勋、周勇、刘波、谢冰和陆芳耕等先生。

参与"收藏与市场"专题论坛的嘉宾有赵力、龚继遂、胡懿勋、黑国强、祝君波、孙晖红和李永亮先生（女士）。

参与"王明青与收藏家对话会"的嘉宾有陈佩芬女士、范季融和霍满棠先生。

大会文献出版是"世界华人收藏家大会"四大载体的重要组成部分。《大会论文集》从不同的角度展现海内外收藏领域的最新研究成果，总结中国文人收藏的传统精神，倡导回归收藏本源，坚守收藏责任。《大会采访录》集中采访了14位台湾收藏家，全面展现了他们的收藏理念和实力。此外，新增了广东、江浙以及法国、荷兰、日本和印度尼西亚等地区华人收藏家的访谈录，实现了对以往采访范围的突破。《大会演讲录》收录了所有演讲嘉宾的40篇讲稿共25余万字。

值得一提是大会特邀展览——清玩雅集二十周年庆收藏展。此次展出以器物、珍玩、书画、油画等四个类别全面呈现从器物、书画到现当代艺术的艺术精品，借着这些珍贵的文化载体，探寻每件文物背后所联结诸多不同的文化密码，展览规模宏大，是华人收藏界难得的盛典。大会宣言呼吁，选择收藏事业，头上的天空和心中的道德将是终身的责任和担当。

四、第四届大会的筹备和召开

台北大会成功以后，我们想把大会移到港澳召开。但澳门方面在会议的经费上迟迟不予决定，终于错失时机。

记得2014年春季，我向陈东同志汇报澳门艺术馆的情况，决定第四届会议仍回上海召开。当时分析上海召开的有利条件是，上海新建了刘益谦龙美术馆、陈永泰震旦博物馆、余德耀美术馆和韩天衡艺术馆。我们设想把会议与参观四个博物馆连接起来，这四个馆都是私家收藏，与大会主题相吻合，外埠客人到上海就不虚此行了。于是，第四届大会最终落户到了上海。

2014年11月1日—4日，第四届世界华人收藏家大会在上海国际会议中心成功召开并顺利落幕。大会以"收藏家的责任与素养"为主题，

2014年第四届世界华人收藏家大会

强调增强收藏家的担当意识和文化素养,回归收藏本源,坚守人文传统,以特有的热诚和道义共同担当时代赋予的历史使命。来自世界各地的华人收藏家、艺术家以及业界人士、新闻记者750余人齐聚上海,可谓文化收藏界的一次世纪盛会。有70余家海内外媒体对大会进行了充分积极的报道,包括上海广播电视台、上海第一财经、宁夏卫视、浦江之声、上海外语频道、海峡之声广播电视台、海峡卫视、凤凰卫视、广州广播电视台;新华社上海分社、《人民日报》《解放日报》《文汇报》《东方早报》《新闻晨报》《新民晚报》《上海商报》《青年报》《深圳商报》《香港商报》《大公报》《典藏》《艺术新闻》;中国艺术品收藏网、雅昌艺术网、东方网、99艺术网、新浪收藏网、酷6网、网易、搜狐、凤凰网等。

吴志明、徐麟等上海市领导出席了开幕式,市政协主席吴志明致开幕词。

主题演讲的嘉宾有葛剑雄、庄绍绥、蔡一鸣、翁真如、韩天衡、徐其明、曹兴诚、祝君波等先生。

参与"博物馆专场"的嘉宾有许杰和何国庆先生、毕宗陶、朱新天、郑舒兰、王薇等女士。

参与"收藏人物专场"的嘉宾有陈浩星、茅子良及李维琨先生。

参与"艺术收藏与鉴定"专题论坛的嘉宾有傅申、翟健民、马成名、叶承耀和李大鸣等先生。

参与"当代艺术收藏与市场"专题论坛的嘉宾有余德耀、施俊兆、方力钧、乔志兵、黄文叡、王南溟等先生和顾维洁女士。

参与"地域收藏文化"专题论坛的嘉宾有赵榆、张子宁、许礼平、萧春源、王琪森、陈金川等先生和陈筱君女士。

"大会主题"论坛分成三节,主题阐释由演讲嘉宾发表了自己对于收藏的经验和看法。"博物馆"专场由六位嘉宾结合自己的工作经验和收藏体会,介绍了美国、英国、法国等海内外各地博物馆在建设、运营、收藏、研究、保护、传播等方面的有益见解,带给大家诸多启发。"收藏人物"部分由三位嘉宾分别就吴湖帆、张珩以及近现代以来中华收藏家们的收藏内容、方式、理念、成就等方面作了较为系统的阐述和说明。

2014年大会文献出版了《大会论文集》《收藏人物录》《中华收藏家名录》(近现代篇)和《大会演讲录》约140万字。尤其是加强了对文人收藏历史的梳理和收藏名家的研究,全新推出的记叙性文献《中华收藏家名录(近现代篇)》,受到与会代表的充分肯定。这次我们收集了近现代收藏家名录500多人,写出了300多人的传记,为业界提供了一份珍贵文献。这项工作后来继续由韦蔚女士进行下去,又写出了古代部分300多人的名录,功不可没。

近年来,上海的私人博物馆和美术馆事业蓬勃发展,并具由旧历史建筑改造利用的特色。组委会安排与会嘉宾参观了余德耀美术馆、龙美术馆、震旦博物馆、韩天衡美术馆,欣赏收藏家的私人藏品。大家对上海在文化建设方面的进步给予肯定,对观摩如此多的高端藏品表示赞许。尤其对龙美术馆正在为纪念吴湖帆诞生120周年而举办的藏品展留下深刻印象。参观龙美术馆,是对刘益谦夫妇的肯定,也让海外人士了解了上海私立美术馆的建设进度。龙美术馆安排的全体会议代表

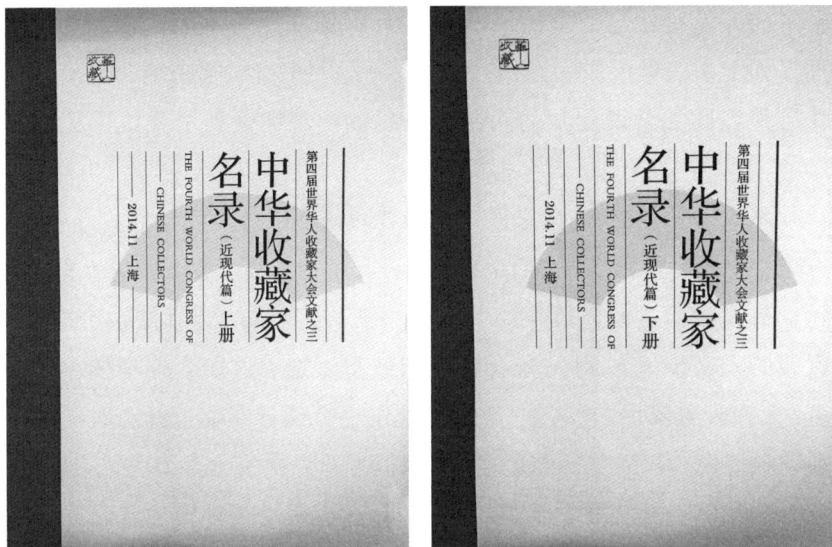

2014年世界华人收藏家大会的大会文献《中华收藏家名录》

的晚宴,气氛也很热烈。

这届大会提出的"责任素养和担当意识",是对华人收藏家收藏实践的郑重承诺。《大会宣言》提出收藏家应该共同担当中华文物历史性传承的责任。收藏不仅是个人的修为和践行,也不只是你拥有还是我拥有的问题,为此,收藏家应以特有的热诚和道义担当使命,完善自我,引领收藏事业健康发展。宣言也在全体大会上获得了通过。

这届会议虽然前期的准备不顺利,没有达到在港澳开会的预期,但是转弯也算及时和顺利,与会者对会议十分满意,会议成果也很丰富。葛剑雄、庄绍绥、韩天衡和朱新天诸位的演讲都很特别。葛先生提出收藏要有世界眼光,要收外国的文物,很有见地。韩天衡先生回顾自己年轻时收藏的艰辛历程,发言很生动。朱新天夫妇在法国办了一个东方博物馆,展览中国和印度的文物备尝艰辛,还遭到打劫,差点丧命,她的演讲很感人。

2014年11月,在第四届收藏家大会闭幕后不久,我递交了辞职报告,辞去组委会执行副主任一职。八年四届会议,创出了一个品牌,做了前人没有做过的事情,深有感情,但深知感情不能代替一切。收藏界人士是一批松散的高档次人群,要把大家组织起来绝非易事。而往后组织此类会议受到的限制越来越多。现在是到了我说再见的时候了。

辞职报告上交后,没有任何领导找我谈话以及给我电话。此后,陈志强秘书长另组团队于2016年秋季召开了第五届大会,地点是上海国际贵都大饭店。他邀请我作为嘉宾去演讲,我讲的题目是《历史文献收藏的人文价值》,得到与会者热烈鼓掌肯定。这次会议规模小了很多,大牌收藏家也未参会。后来听说组委会领导在临近开会时压缩了会期和规模。再后来,听说文联决定不再开收藏家大会了。想想可惜,就去问我熟识的文联党组书记尤存同志,有没有可能交给我自己筹资开会。他说文联不开,也不会决定把会议名称交给谁。

近年来,在海内外碰到很多藏界朋友,他们都会问到收藏家大会什么时候开的问题,我知道他们还有期待! 2018年11月19日,我在上

2014年第四届世界华人收藏家大会时,收藏家们在嘉定保利大剧院观赏文艺表演

海碰到中国收藏家协会主席罗伯健同志,他曾参加我们大会,知道大会不再召开也甚感可惜。这是一个大家真正需要又有品牌基础的会议组织,是在上海创办的世界收藏家共同的交流平台,但也应了《红楼梦》里"千里搭长棚,没有不散的筵席"这句话,作为我们个人只能是去完成阶段性成果,而且在我们的体制下,要像国际上的很多会议组织坚持几十年、上百年,实际上也做不到。因为更多的后人要创自己的品牌,不愿意在传承基础上创新。

如果把第五届算上,世界华人收藏家大会存在了10年。在一定意义上,它是一个跨地区的会议组织,有相对稳定的参会人员。它第一次把分散的收藏家团结起来,相互结识,互相交流,把高端收藏引向正确的方向,给业界以鼓舞和引导。它举办的高质量论坛、出版物以及活动已载入史册,为华人盛世收藏以及文化复兴留下了浓墨重彩的一笔。作为一个亲历者,我对每一位同事和合作者深怀敬意,感激不尽。

附　录

附表1　朵云轩历年拍卖中国近现代书画成交前20名拍品
（资料截至2019年）①

序号	届别	图录号	名　称	作者	质地形式	尺寸（厘米×厘米）	成交价（元）
1	2013春	86	高立千年	齐白石	水墨纸本立轴	296×70.5	80 500 000
2	2012秋	402	烟江叠嶂	张大千	设色绢本立轴	129.5×67	52 325 000
3	2017春	911	万松金阙	吴湖帆	设色纸本立轴	95×49	49 450 000
4	2011春	273	黄山云海	刘海粟	设色纸本镜片	142.5×366	38 525 000
5	2013秋	888	晴麓横云	张大千	设色纸本镜片	66×102	31 050 000
6	2012春	84	晚波渔艇	张大千	水墨纸本立轴	354×129.5	28 750 000
7	2013春	244	晚山看云	张大千	设色纸本立轴	157×81	28 750 000
8	2016春	240	吴越刻雷峰塔藏经	吴湖帆题	手卷	7.5×620（经芯7.5×216）	28 750 000
9	2011秋	458	春云烟柳	吴湖帆	设色纸本立轴	132×66	25 300 000
10	2017春	917	唐人大士像	张大千	设色纸本立轴	115.5×50	25 300 000

① 附表1-6为第二章"朵云轩的中华第一槌"参考资料。

续　表

序号	届别	图录号	名称	作者	质地形式	尺寸（厘米×厘米）	成交价（元）
11	2010秋	1019	柳荫三骏	徐悲鸿	设色纸本立轴	98×61.5	20 160 000
12	2012秋	415	临五牛图卷	吴湖帆	设色纸本手卷	22×217.5	20 125 000
13	2011春	279	行书毛主席词	郭沫若	纸本镜片	60.5×256.5	19 550 000
14	2011秋	85	竹院访友	张大千	设色纸本立轴	125×55	16 100 000
15	2013春	118	康南海六十行乐图	徐悲鸿	设色纸本镜片连框	87×121	16 100 000
16	2012秋	81	五亭山色 行书风蝶七律	张大千	设色金笺镜片连框2件	62×126	15 525 000
17	2013秋	84	慈航普渡	张大千	设色纸本立轴	144×68.5	15 525 000
18	2016春	239	南山一望松	吴湖帆	设色纸本镜片	104×47	14 950 000
19	2014春	416	花卉四屏	吴湖帆	设色纸本屏轴4件	52×25	14 375 000
20	2012秋	380	百鸟百卉册（100开）	江寒汀	设色纸本册页4本	28×39	14 030 000

附表2　朵云轩历年拍卖中国古代书画成交前20名拍品
·（资料截至2019年）

序号	届别	图录号	名称	作者	质地形式	尺寸（厘米×厘米）	成交价（元）
1	2012秋	1171	溪山清远卷	文徵明	水墨纸本手卷	25×201	74 750 000

序号	届别	图录号	名　称	作者	质地形式	尺寸（厘米×厘米）	成交价（元）
2	2013秋	690	花鸟草虫册	陈洪绶	设色绢本册页12开	22×16	45 770 000
3	2009秋	115	花鸟草虫写生册	陈洪绶	绢本册页12开	21.5×16	29 792 000
4	2011春	1230	山水卷	董其昌	设色绢本手卷	26.5×245.5	23 000 000
5	2012春	1049	溪堂佳趣	王翚	设色绢本立轴	136×61	21 850 000
6	2013秋	695	水仙灵石	陈洪绶	设色绢本立轴	47.5×26	17 020 000
7	2012秋	1132	一水荷花卷	朱耷 高邕	水墨纸本手卷2件	23.5×257	16 100 000
8	2009秋	70	花村称庆	李士达	绢本立轴	127.5×86	14 560 000
9	2004秋	131	执扇仕女	陈洪绶	立轴	95×45	14 300 000
10	2013春	386	行书卷	王铎	设色绫本手卷	28×241	14 950 000
11	2013秋	634	楷书	王铎	纸本手卷	45.5×2 097.5	14 375 000
12	2011秋	1030	蔬果册	虚谷	设色纸本册页片12开	24×35	13 225 000
13	2014秋	419	清韵册	金农	水墨纸本册页8开	27.5×33.5	12 190 000
14	2013秋	635	隶书	王铎	纸本手卷	45×1 583.5	12 075 000
15	2013秋	305	花开四时	吴昌硕	设色纸本屏轴4件	153×41	11 500 000

序号	届别	图录号	名　称	作者	质地形式	尺寸（厘米×厘米）	成交价（元）
16	2014秋	405	深崖积雪	王翚	水墨纸本立轴	171×65.5	11 500 000
17	2010春	1284	村居野寺卷	沈周	设色纸本手卷	51×1 006.5	10 864 000
18	2014秋	378	秋江古亭	王原祁	设色纸本立轴	129×51	10 235 000
19	2003秋	835	摹任熊大梅诗意册	倪田	册页10本120开	26.5×32.5	9 680 000
20	2012春	1099	秋花草虫	杜大成	水墨纸本手卷	29×813.5	9 200 000

附表3　朵云轩历年拍卖油画雕塑成交前20名拍品

（资料截至2019年）

序号	届别	图录号	名称	作者	质地形式	尺寸（厘米×厘米）	成交价（元）
1	2012秋	2546	助妆	陈逸飞	油彩画布	180×125	21 275 000
2	2012春	2042	执扇仕女之一	陈逸飞	油彩画布	180×140	16 100 000
3	2015春	1855	无题	方力钧	油彩画布	250×360	13 455 000
4	2011春	1753	同行	杨飞云	油彩画布	194×136.5	10 925 000
5	2010秋	1825	黄山竹林	吴冠中	木板油画	61×46	9 744 000
6	2013秋	2077	吉他女郎	陈逸飞	油彩画布	89×69	9 200 000
7	2011春	1682	石头系列	周春芽	布面油彩	162×130	7 590 000

序号	届别	图录号	名称	作者	质地形式	尺寸（厘米×厘米）	成交价（元）
8	2012春	2014	风景	林风眠	油彩画布	70×70	6 900 000
9	2012秋	2514	橘黄的笔迹	朱德群	油彩画布	162×130	5 865 000
10	2013春	2569	水乡·古镇水街	陈逸飞	油彩画布	142.5×147.5	5 750 000
11	2011春	1734	5-9-85	赵无极	油彩画布	65×81	5 635 000
12	2011秋	2607	渔港（龙须岛）	吴冠中	油彩木板	46×61	4 830 000
13	2011秋	2602	24-06-59	赵无极	油彩画布	46.5×56	4 715 000
14	2013春	2555	董其昌计划11	尚　扬	综合媒材画布2幅	128×496	4 600 000
15	2011春	1754	青春纪事之六：离离原上草	刘孔喜	木板坦培拉	190×185	3 910 000
16	2005春	1629	北京雪·一九七八	吴冠中	布面油画	68×50	3 630 000
17	2005秋	1723	双桥	陈逸飞	布面油画	112×106.5	3 190 000
18	2010秋	1828	姐妹花	陈逸飞	布面油画	165×115	3 136 000
19	2012秋	2533	早春	颜文樑	油彩纸本	31×39.5	3 220 000
20	2013秋	2013	暮徐	吴大羽	油彩纸本	53×38	3 105 000

附表4　朵云轩历年拍卖瓷杂拍卖成交前20名拍品

（资料截至2019年）

序号	届别	图录号	名　称	质地形式	尺寸（厘米）	成交价（元）
1	2012秋	2294	清嘉庆粉彩胭脂地八宝纹贲巴瓶	瓷器	高25.2	5 060 000
2	2012秋	2342	清白玉雕达摩渡海诗文台屏	玉器	高25	4 830 000
3	2009秋	1129	清康熙釉里三彩双龙戏珠纹观音尊	瓷器	高43.8	4 657 500
4	2012秋	2324	明永乐青花一束莲纹大盘	瓷器	直径31.5	4 600 000
5	2010秋	1687	清乾隆珊瑚红描金花卉纹葫芦瓶	瓷器	高36	4 144 000
6	2012秋	2299	清乾隆青花缠枝莲纹双耳鹿头尊	瓷器	高44	4 140 000
7	2019秋	1370	吴昌硕沈石友铭端溪鹅形砚	砚台	高1.5	4 025 000
8	2011春	2079	清犀角雕龙纹杯	犀角	高12	3 450 000
9	2009秋	1164	明宣德掐丝珐琅葡萄纹鼎式炉	珐琅器	高20	3 136 000
10	2010春	2027	清初犀角赤壁图杯	犀角	高10.5	2 968 000
11	2012秋	2355	清雍正青花釉里红三多瑞果纹天球瓶	瓷器	高34.5	2 875 000
12	2009春	690	清乾隆青花开光耕织图双耳扁瓶	瓷器	高52	2 688 000
13	2010秋	1710	翠玉雕花果草虫纹盖瓶	玉器	高22.5	2 464 000
14	2010秋	1735	清乾隆松花石御铭砚	砚台	高12	2 240 000
15	2014春	2522	雍正祭红玉壶春瓶	瓷器	高30	2 070 000
16	2008秋	516	清乾隆青花缠枝莲纹双耳鹿头尊	瓷器	高44	1 982 400
17	2008秋	648	清乾隆白玉桃形笔洗	玉器	直径31	1 680 000

续　表

序号	届别	图录号	名　称	质地形式	尺寸（厘米）	成交价（元）
18	2009春	907	清风堂墨盒20组（10件一组）	墨盒	尺寸不一	1 456 000
19	2008春	1235	清痕都斯坦式翠玉花形钮香炉	玉器	高14.5	1 344 000
20	2008春	1188	清乾隆红雕漆庭院婴戏捧盒	漆盒	直径45	1 344 000

附表5　朵云轩历年拍卖古籍版本碑帖拓片成交前10名拍品

（资料截至2019年）

序号	届别	图录号	名　称	质地形式	尺寸（厘米×厘米）	成交价（元）
1	2013春	613	汉刘熊碑	棉连纸裱本册页3本	36.5×22	3 680 000
2	2015春	348	胡适致胡近仁信札	纸本1册23页	约18×10	2 415 000
3	2012秋	2222	十钟山房印举	连史纸线装24册4函	26.5×18.5	1 955 000
4	2015春	1743	宋拓颜鲁公小楷麻姑仙坛记	纸本经折装1册	尺寸不一	1 840 000
5	2013春	593	王伯群日记手稿	纸本线装80册	尺寸不一	1 782 500
6	2015春	1734	钟鼎全形金石杂拓拓片	纸本单片	尺寸不一	1 782 500
7	2019秋	996	自书诗稿　黄淳耀　清顺治乙酉写本	水墨笺本	29×16	1 600 000
8	2013春	604	齐侯罍拓本（吴昌硕等题）	水墨纸本屏轴	83×44	1 495 000
9	2015春	347	胡适致胡近仁签名照、诗稿及信札	纸本诗文信札24通51页信封7签名照1张	尺寸不一	1 495 000

序号	届别	图录号	名　　　称	质地形式	尺寸（厘米×厘米）	成交价（元）
10	2013秋	1228	吉金拓本	纸本镜片连框4件	96.5×46	1 380 000

附表6　朵云轩历年拍卖印章印石成交前10名拍品

（资料截至2019年）

序号	届别	图录号	名　　　称	质地形式	尺寸（厘米×厘米×厘米）	成交价（元）
1	2013春	615	近代双雨山馆藏印（1套26枚）	印章	尺寸不一	6 210 000
2	2014春	1409	清极品黄金黄田黄素方章（61克）	印石	2.2×2×5.2	4 600 000
3	2016春	1209	林文举雕田黄薄意张（329克）	印石	5.5×3.8×13.3	3 000 000
4	2014春	1329	近代吴昌硕刻李国松自用印	印章	2.7×1.9×4.1	2 530 000
5	2013秋	2736	近代田黄椭圆素章（75克）	印石	3.8×2×4.5	1 725 000
6	2015春	1336	林清卿雕田黄"季季长春"薄意章（53克）	印石	3.5×1.7×5	1 667 500
7	2012春	1348	清曾国藩田黄自用印（20克）	印章	2.2×1.5×4	1 610 000
8	2010春	2248	近代齐白石刻白芙蓉石大对章（1对）	印章	4×4×8.5	1 400 000
9	2011秋	2265	清金银地田黄冻方章（72克）	印石	2.2×2.1×6	1 380 000
10	2019春	1618	吴昌硕刻李国松自用印	印章	3.8×3.3×6	1 350 000

附表7　龙美术馆重要藏品目录 ①

藏品类别	重要藏品	作　者	材　质	尺寸（厘米 × 厘米 × 厘米 ）	创作年代
现当代艺术	春蚕	罗中立	布面油彩	220 × 148	1980
	寿桃	刘小东	布面油彩	200 × 200	2010
	第三代人	何多岑	布面油彩	180 × 190	1984
	剪羊毛	周春芽	布面油彩	170 × 236	1981
	西藏群组	陈丹青	布面油彩	55.5 × 71	1989
	艺术为人民	徐　冰	布面综合材料	1 000 × 350	1999
	今日景观	石　冲	布面油彩	215 × 165.5	1996
70后艺术	青春远去	尹朝阳	布面油彩	97 × 112	1998
	交托上帝	李松松	丙烯、水彩、木板	435 × 632.5	2006
	34罐丙烯	王光乐	布面油彩	180 × 180	2004
	紫气 VI-15	刘　韡	布面油彩	190 × 300	2007
红色经典	踱步	陈逸飞	布面油彩	186 × 356	1978
	毛主席视察广东农村	陈衍宁	布面油彩	172.5 × 294.5	1972
	巡逻图	黄　胄	纸本设色	206 × 300	1962
	为我们伟大祖国站岗	沈嘉蔚	布面油彩	189 × 159	1974
	爱晚亭秋意	吴冠中	布面油彩	94 × 55	1977
连环画	秋瑾组画（7幅）	王公懿	木刻版画	尺寸不一	1980
	《人民的好总理》连环画原稿（47幅）	韩喜增、施胜辰	纸本素描	37.5 × 37.5；30.5 × 44.5	1977
	半夜鸡叫（29幅）	杨永青	纸本水彩	25 × 18 × 28	年代不详
	罗盛教（39幅）	董辰生	纸本水彩、水墨	封面原稿20 × 18；彩色插图原稿17 × 17 × 18；黑白插图原稿尺寸不一	年代不详

---

① 附表7为第六章"刘益谦、王薇夫妇收藏之旅"参考资料。

续　表

藏品类别	重要藏品	作者	材质	尺寸（厘米×厘米×厘米）	创作年代
老油画	松涛	林风眠	纸本彩墨	70×70	年代不详
	红衣女子	常　玉	布面油彩	74×50	约1930—1940年代
	青瓶红菊	潘玉良	纸本彩墨	74.1×55.3	1950年代晚期
	10-3-78	赵无极	布面油彩	200×161.6	1978
	稳重	朱德群	布面油彩	130×195	1997
	京韵	吴大羽	木板油彩	64×45	1950
近现代书画	可惜无声·花草工虫册（13开）	齐白石	纸本设色	29×23×13	1942
	荷堵野趣（4条屏）	张大千	纸本设色	154×78×4	1947
古代书画	功甫帖	苏　轼	纸本水墨	27.9×9.5	宋代
	草书七言诗	杨维祯	纸本水墨	132×58	元代
	平安帖	王羲之	绢本水墨	24.5×13.8	年代不详
	行书颜氏家训二则	董其昌	纸本水墨	52×1 150	1629（明代）
	花卉册（10开）	石　涛	纸本设色	37.5×25×10	清代
	兰亭修禊图并记	文徵明	绢本水墨设色	30.5×770	1557（明代）
	十八应真图卷	吴　彬	纸本设色	31×571	1615（明代）
	写生珍禽图	宋徽宗	纸本水墨	26×524	年代不详
瓷杂	釉里红团龙纹葫芦瓶		瓷器	高29.7	清乾隆
	紫檀木雕八宝云蝠纹"水波云龙"宝座		紫檀	110.5×140.5×85.5	清乾隆
	粉彩时时报喜转心瓶		瓷器	高38.1	清乾隆
	斗彩鸡缸杯		瓷器	直径8.2	明成化
	红阎摩敌刺绣唐卡		唐卡	335.3×213.4	明永乐

续　表

藏品类别	重要藏品	作者	材质	尺寸（厘米×厘米×厘米）	创作年代
亚洲艺术	南瓜（PUMPKIN）	草间弥生	玻璃钢聚氨酯涂料	180×201.3×202.6	2014
	锦秋	白发一雄	布面油彩	130.5×162.0	1983
	Girl with a Long Fuse	奈良美智	布面丙烯	120×109.8	1996
	Kaikai Kiki	村上隆	布面丙烯	100×100	2002
其他国外艺术（含古董）	Archive（PC136）	托尼·贝凡	布面丙烯炭笔	158×140	2013
	Dolphin	杰夫·昆斯	镜面抛光不锈钢,透明彩色涂层	51.1×199.1×95.3	2007—2013
	吻	奥古斯特·罗丹	铜雕	85.5×58×52	年代不详

附表8　陈逸飞历年拍卖作品成交前百名 ①

排名	作　　品	成交价格（万元）	拍卖时间	拍卖公司
1	1993年作《玉堂春暖》	14 950	2017-12-19	中国嘉德
2	1994年作《山地风》	8 165	2011-05-24	中国嘉德
3	1997年作《丽人行》	6 768	2018-05-26	香港佳士得
4	1971—1972年作《红旗之一》	6 283	2013-10-05	香港苏富比
5	1986年作《弦乐四重奏》	5 368	2010-05-29	香港佳士得
6	1988年作《二重奏》	4 592	2010-06-02	北京保利
7	1979年作《踱步》	4 043	2009-05-29	北京保利
8	1972年作《黄河颂》	4 032	2007-05-13	中国嘉德

---

① 附表8为第八章"陈逸飞原创绘画的经济价值"参考资料。

续　表

排名	作　品	成交价格 （万元）	拍卖时间	拍卖公司
9	1989年作《二重奏》	3 528	2010-06-06	北京翰海
10	1987年作《长笛手》	3 248	2009-11-10	北京翰海
11	1995年作《父与子》	2 576	2010-12-11	北京翰海
12	1998年作《上海滩》	2 530	2012-07-15	南京经典
13	1999年作《艺术家与众美女》	2 408	2008-01-20	阳光艾德
14	1996年作《晨祷》	2 133	2014-04-05	香港苏富比
15	1992年作《助妆》	2 127	2012-12-29	朵云轩
16	1984年作《童年嬉戏过的地方》	2 127	2018-06-16	北京匡时
17	1996年作《横卧的裸体》	2 070	2018-12-06	北京保利
18	1980年代作《夜莺之声》	2 070	2018-06-19	中国嘉德
19	1992年作《执扇仕女之一》	1 610	2012-07-11	朵云轩
20	1989年作《聆听》	1 478	2010-12-08	华艺国际
21	1995年作《父与子》（西藏）	1 423	2014-11-22	香港佳士得
22	2003年作《和睦》	1 470	2011-04-04	香港苏富比
23	陈逸飞、蔡江白2008年作《不朽的青春》	1 380	2011-07-16	西泠印社
24	1988年作《模特儿》	1 380	2014-05-31	华艺国际
25	1984年作《预言者》	1 288	2012-06-02	北京保利
26	《双美图》	1 265	2011-06-02	北京保利
27	1989年作《双面镜》	1 265	2011-06-11	华艺国际
28	《海上名媛》	1 058	2013-06-27	北京九歌
29	2004年作《海上旧梦》	1 035	2013-12-01	北京保利
30	1999年作《真爱》	1 035	2018-11-21	中国嘉德
31	1995年作《龙眼》	1 019	2007-11-06	中国嘉德
32	《女神》	1 012	2013-01-03	中翰清花

续　表

排名	作　　　品	成交价格 （万元）	拍卖时间	拍卖公司
33	2002年作《仕女》	977	2011-12-25	融德国际
34	1989年作《小提琴手》	977	2011-05-24	中国嘉德
35	1994年作《西厢待月》	929	2007-11-06	中国嘉德
36	1988年作《吉他女郎》	920	2013-12-24	朵云轩
37	1989年作《二重奏》	896	2008-04-28	中国嘉德
38	2004年作《藏族少女》	847	2006-08-19	浙商拍卖
39	陈逸飞、魏景山、任丽君《翻身农奴爱戴华主席》	847	2005-12-16	上海道明
40	《古典人物》	817	2010-12-01	北京保利
41	《周庄》	805	2012-07-15	南京经典
42	1995年作《藏族人家》	805	2011-06-02	北京保利
43	1991年作《夜笛》	782	2011-11-16	中国嘉德
44	2000年作《藏民》	782	2011-11-19	北京艺融
45	《寻梦佳人》	782	2011-06-11	华艺国际
46	2003年作《透视装女》	782	2015-12-26	西泠拍卖
47	*The Violinist*	782	2012-05-26	香港佳士得
48	2002年作《西藏的男人和女人》	782	2018-05-23	广州华艺
49	《忆浔阳》	772.8	2010-06-02	北京保利
50	1999年作《高原藏人》	759	2013-12-01	北京保利
51	《持扇少女》	756	2008-06-28	广州皇玛
52	1987年作《吹竖笛的少女》	747	2012-06-03	北京匡时
53	1998年作*Old dream on the sea: two beauties*	736	2011-11-26	香港佳士得
54	1990年作《人像》	713	2011-06-28	上海天衡
55	1998年作《海上旧梦》	713	2011-12-03	北京保利

排名	作　　　品	成交价格（万元）	拍卖时间	拍卖公司
56	1988年作《穿白衣服的音乐家》	690	2011-12-11	华艺国际
57	2000年作《聚焦》	690	2012-05-20	北京艺融
58	《布达拉宫》	672	2007-12-21	西泠拍卖
59	2003年作《水乡回望》	672	2011-09-23	际华春秋
60	1990年作《吹单簧管的女孩》	672	2009-05-29	中国嘉德
61	2001年作《美人》	672	2011-11-13	北京荣宝
62	1980年作《提琴手》	667	2011-06-02	北京保利
63	1998年作《持扇双美》	666	2014-04-06	香港苏富比
64	1995年作《藏族人家》	664	2013-04-07	保利香港
65	1989年作《吉他女》	649	2010-12-01	北京保利
66	《幸福家庭》	644	2014-11-09	荣宝斋（上海）
67	1990年作《藏民》	638	2010-12-15	上海天衡
68	1989年作《女人与吉他》	632	2011-12-27	上海离原
69	1998年作《执黄扇的美人》	632	2013-06-06	北京匡时
70	1988年作《弹吉他的女子》	621	2011-12-30	西泠拍卖
71	1990年作《女音乐家》	619	2014-04-05	香港苏富比
72	2004年作《春闺》	616	2008-04-28	中国嘉德
73	2004年作《上海旧梦》	598	2016-12-22	保利华谊
74	1997年作《海上丽人》	598	2011-11-18	北京翰海
75	1990年作《水乡·古镇水街》	575	2013-07-08	朵云轩
76	1989年作《法国号1》	575	2017-07-16	西泠印社
77	2003年作《阳光情缘》	575	2018-06-16	北京匡时

续　表

排名	作　　　品	成交价格（万元）	拍卖时间	拍卖公司
78	1986年作《水乡拂晓（苏州）》	575	2011-12-11	华艺国际
79	《秋梦》	571	2008-05-10	北京翰海
80	2000年作《微醺》	552	2011-12-05	北京传是
81	1990年代作《似水流年》	552	2013-10-06	香港苏富比
82	1970年代作《音乐家》	552	2011-07-01	上海道明
83	1989年作《吹单簧管的女孩》	552	2015-12-18	广东崇正
84	1988年作《大提琴少女》	550	2005-06-29	上海崇源
85	1990年作《排练》	546	2015-12-05	北京保利
86	*Opening Night*	538	2012-05-26	香港佳士得
87	《寻梦佳人》	537	2008-12-06	华艺国际
88	《微曛》	537	2010-09-28	上海嘉泰
89	《无题水乡》	529	2014-06-25	北京盘古
90	1999年作《朝圣路上》	529	2012-06-02	北京保利
91	1990年作《威尼斯风景》	529	2011-05-24	中国嘉德
92	1989年作《等候演出（二）》	517	2012-06-05	北京永乐
93	《醉美人》	506	2013-06-06	北京匡时
94	2004年作《上海旧梦》	506	2005-11-06	北京保利
95	《执扇双美》	495	2006-06-27	上海泓盛
96	1990年作《古镇水街》	494	2011-12-03	北京保利
97	《水乡·桥》	492	2010-12-08	华艺国际
98	《藏民》	483	2011-06-28	上海天衡
99	1985年作《晨曦》	483	2014-05-18	北京华辰
100	《深闺》	483	2015-07-04	西泠拍卖
101	1998年作《后院》	483	2015-12-18	广东崇正
102	《孕育》	473	2006-01-06	上海崇源

附录9　海派十大书画家部分作品重复上拍收益率 ①

黄宾虹作品重复上拍收益率

作　品　名　称	收益率	成交额（万元）	拍卖日期	拍卖公司
《日听潮音度》立轴	52.32%	293.25	2014-06-04	北京匡时
		192.52	2013-10-07	香港苏富比
1935年作《晴峦暖翠》立轴	767.06%	874	2013-12-04	北京匡时
		100.8	2007-11-30	北京保利
《拟张恂山水》立轴	639.29%	828	2013-11-18	中国嘉德
		112	2008-06-29	浙江西泠
1955年作《南高峰小景》	110倍	6 267.5	2014-05-18	中国嘉德
		56.1	2001-11-05	中国嘉德
《溪山深处图》手卷	146.88%	829.5	2015-04-06	香港苏富比
		336	2009-05-30	北京诚轩

吴昌硕作品重复上拍收益率

作　品　名　称	收益率	成交额（万元）	拍卖日期	拍卖公司
《依样》立轴	188.24%	281.75	2014-06-05	
		97.75	2012-07-07	
1907年作《富贵多子寿考图》立轴	440.41%	230	2014-06-05	
		42.56	2005-10-24	
1915年作《篆书十六言联》立轴	1 360.45%	1 207.5	2014-06-05	
		82.68	2005-10-24	
1923年作《金屋富贵扇面镜框》	1 548.42%	166.82	2013-04-05	
		10.12	2002-12-01	

---

①　附表9为第八章"海派十大书画家的市场动力"参考资料。

潘天寿作品重复上拍收益率

作 品 名 称	收益率	成交额（万元）	拍卖日期	拍卖公司
《盆菊》立轴	1 583.26%	1 150	2014-05-31	广东华艺
		68.32	2008-11-10	不详
1960年作《朝霞》立轴	872.74%	2 070	2013-12-04	北京匡时
		212.8	2007-11-28	上海崇源

谢稚柳作品重复上拍收益率

作 品 名 称	收益率	成交额（万元）	拍卖日期	拍卖公司
《松涧泉声》立轴	268.75%	678.5	2014-05-19	中国嘉德
		184	2011-11-13	中国嘉德
1944年作《野塘消暑》立轴	47.82%	460	2014-06-09	上海天衡
	3 436.14%	311.18	2013-04-05	香港苏富比
		8.8	1998-11-21	上海朵云轩

吴湖帆作品重复上拍收益率

作 品 名 称	收益率	成交额（万元）	拍卖日期	拍卖公司
1943年作《溪山萧寺》立轴	1 892.27%	747.5	2012-10-07	中国嘉德
		37.52	2002-10-28	香港苏富比

任伯年作品重复上拍收益率

作 品 名 称	收益率	成交额（万元）	拍卖日期	拍卖公司
《华祝三多图》镜片	589.28%	16 675	2011-07-16	西泠印社
	-18.22%	2 419.2	2008-08-30	山东天承
		2 860	2005-07-30	中贸圣佳

续　表

作 品 名 称	收益率	成交额（万元）	拍卖日期	拍卖公司
《人物山水花鸟册》册页（十二开）	39.04%	1 495	2011-04-26	上海恒利
		1 075.2	2010-12-15	上海天衡
1891年作《玉兰双禽》立轴	245.37%	2 127.5	2012-06-28	北京九歌
		616	2010-12-21	北京九歌
1890年作《远公和尚观马图》	330.19%	816.5	2013-12-04	北京匡时
	187.58%	189.8	2010-12-09	上海泓盛
	52.78%	66	2005-11-30	上海天衡
		43.2	2004-04-26	香港苏富比
1891年作《凤仙花扇面》镜框	430.25%	128.32	2013-04-05	香港苏富比
		24.2	2004-04-15	不详

唐云作品重复上拍收益率

作 品 名 称	收益率	成交额（万元）	拍卖日期	拍卖公司
《荷塘玄鹭》	-13.64%	327.75	2013-12-04	北京匡时
		379.5	2012-12-08	荣宝斋（上海）

后　记

　　这本书主要反映改革开放年代上海在经济、文化双重发展的背景下,收藏业和艺术品市场所经历的改革、创新和变迁。

　　上海在晚清民国形成了中国收藏的"半壁江山"。在计划经济时代,文物和艺术品以国藏、国营为主,传统的文人收藏和民间收藏曾一度沉寂。改革开放,盛世再起,上海收藏业也展现出了更多的内在活力。拍卖、艺博会、画廊、古玩城、非公美术馆、非公博物馆、高净值人士及收藏家等新要素不断涌现,使上海文物体制改革和艺术市场发展展现了勃勃生机。

　　1991年起,我担任了中国南方最大的艺术公司朵云轩及上海书画出版社社长,参与了义物经营体制的改革,创办了全国第一家艺术品拍卖公司,敲响了中国拍卖第一槌。当时,龚学平同志担任市领导,曾数次到朵云轩及书画社视察、指导工作,对拍卖、木板水印都给予过关注和支持,使我及同事备受感动。时过境迁,如何以典型的事例反映这段历史和这些变化,是我们参与本书的各位专家面临的课题。龚学平同志以及戴平老师为此专门召集我和专家们进行讨论。大家达成了一个共识,收藏以及相关的艺术品市场是一个产业链,它由供给、中介、需求、产品和价格等诸要素组成,显然无法以一个案例概述全貌。经过讨论,我们一共选择了八个典型事例,以反映上述几个方面的特点以及相互关系。供给主要由艺术家组成的创作方,我们选择了海派十大书画家和油画家陈逸飞这两个案例,由程沁和韦蔚执笔完成,反映了这些画家作品特色、市场状况以及价格。需求主要介绍刘益谦、王薇夫妇的收藏经历以及他们创办的龙美术馆,这部分由蒋潇榕执笔完成,主要介绍了他们的收藏行为和创办美术馆的成果。他们是这一时期上海乃至亚洲区最杰出的私人收藏,代表了这个时代涌现的新海派收藏家。中介与市场创新是比较重要的部分,也是上海引领全国开拓创新的重要体现。由杨治埜先生撰稿完成全国第一家艺术品拍卖行朵云轩拍卖公司的发展状况;由俞璙璐教授执笔完成上海一家非常成功且典型的画廊——上海大剧院画廊的创建发展过程;由马琳教授撰稿完成上海艺博会的篇章,反映了这一新形式、新业态的特色和规律;胡懿勋教授写作完成了上海画廊、古玩店集约化发展模式,反映了新型的创意园区和古玩城。祝君波先生撰稿的世界华人收藏家大会,写出了历时十年五届的会议模式和作用。用今天的眼光来评说,有的案例已成历史,风光不再;但以历史的观点总结经验,既反映我们走过的历程,又给后人以启示,我们认为这些案例,作为历史性贡献和阶段性成果,还是值得记载,以嘉惠后学。

为了将这些案例形成体系,反映出事物发生的时代背景、作用和相互间的逻辑关系,又由我执笔完成了长篇概述,重点写了上海收藏简史和改革开放时期文物(艺术品)市场的五大构成要素。从收藏简史的角度看,写出了民国时期、新中国时期和改革开放时期三个阶段的上海收藏状况,理出了变化的脉络,解读了个中原因。同时,此章阐述了市场经济条件下上海艺术市场的构成。这篇文章与八个案例形成了相互呼应的关系,使本书接近于系统而非零散。

本书的写法注重以事实为根据,以平实的语言和事例叙述为特点,给读者思考的空间,以体现本书的力度。同时也更突出案例教学以适合从业者学习和参考。

在此书将付梓之际,衷心感谢老领导龚学平同志的精心指导,戴平老师的组织推动。我作为项目的负责人,也衷心感谢俞璙璐、杨治埜、胡懿勋、马琳、韦蔚、蒋潇榕、程沁等作者的辛勤付出。是他们的勤勉成就了此书。韦蔚老师作为我的助手,在组稿、编辑及图片收集方面做了大量的工作,在此一并表示感谢!

祝君波
于2020年春

参考书目

方全林. 艺术市场与艺术博览会［M］. 上海：上海书画出版社,2001.

帕科·巴拉甘. 艺博会时代［M］. 孙越,译,北京：中国青年出版社,
2013.

陶玉霞. 新编中华人民共和国法律法规全书［M］. 北京：法律出版社,
2007.

菲利普·科特勒. 市场营销管理亚洲版（上）［M］. 北京：中国人民大
学出版社,1997.

吴健安. 市场营销学［M］. 北京：高等教育出版社,2000.

龚云表,陈逸鸣. 青年陈逸飞［M］. 上海：上海人民出版社,2015.

姚巍. LOFT创意产业区的经济：空间关系研究［D］. 合肥：合肥工业
大学硕士学位论文,2010.

武洪滨. "巴塞尔模式"的启示——"学术引领市场"理念下当代艺术
博览会的市场机制生成［J］. 艺术管理研究,2012（4）.

王志亮. 艺术博览会的时代到来了吗［J］. 美术论坛,2007（3）.

皮力. 从巴塞尔博览会看当代艺术博览会的模式［J］. 美术研究增
刊·艺术管理学专号,2004.

吴山. 中国画廊业经营管理现状［J］. 艺术与投资,2005.

尔沧川. 上海古玩城乱象［J］. 投资有道,2014.

方家平. 合作营销——营销观念的革命［J］. 商业经济文荟,2001.

冷克平,杜鑫. 我国中小企业的营销新思路——合作营销［J］. 工业技
术经济,2005（5）.